Der musikalische Funke

Helen Epstein

Der musikalische Funke

Von Musik, Musikern und vom Musizieren – Begegnungen mit berühmten Interpreten

Vorwort von
Joachim Kaiser

Scherz

Für meine Musiklehrer,
besonders aber für Ruth Katz und Ralph Dale

Erste Auflage 1988
Einzig berechtigte Übersetzung aus dem Amerikanischen
Titel des Originals: «Music Talks – Conversations With Musicians»

Schutzumschlag von Manfred Waller.

Inhalt

Zur Einstimmung

Kann man über Musik und über Musiker überhaupt sinnvoll reden? Ist nicht, wie Franz Grillparzer einmal gespottet hat, alle beschriebene Musik etwas genauso Fades und Unzureichendes wie ein erzähltes Mittagessen?

Diese wohlerworbene Angst erfüllt jeden Musikfreund, wenn ein Buch um Aufmerksamkeit bittet, in dem Musik beredet wird. Es scheint, als ob Musik für ihre eigentümliche Sprachlosigkeit – man muß nicht Russisch können, um Tschaikowsky zu verstehen, nicht Deutsch, um Bach zu begreifen, nicht Französisch, um Debussy zu schätzen – denn doch den Preis zu zahlen hat. Musik wirkt über alle Sprachgrenzen hinweg, kann allerorten jedem empfänglichen Ohr verständlich werden: Aber dafür scheint es den meisten Musikern und Musikschriftstellern auch fast unmöglich, zu verbalisieren, was in den Künstlern und was in der Tonkunst eigentlich vorgeht. Wie oft wünschen gerade die passionierten Freunde von Frau Musica, auch mal etwas Konkretes, Persönliches, Privates über ihre heilige Kunst zu erfahren. Aber wie selten läßt sich dieser fromme Wunsch erfüllen ...

Hier, bei der temperamentvollen und kompetenten Musikschriftstellerin Helen Epstein, wird er erfüllt. Helen Epstein hat offenbar, als sie ihre Gespräche führte, als sie Teilnehmer und Juroren des Leventritt-Wettbewerbs beobachtete und interviewte, gewußt, daß man bei Musikern – falls diese sich mit Worten ausdrücken und nicht in Tönen – sozusagen nach zwei Seiten hin vorsichtig sein muß. Komponisten, Dirigenten oder Solisten neigen nämlich dazu, sich entweder allzu sachlich-fachlich hinter einem undurchdringlichen Spezial-Jargon und Werkstatt-Vokabeln zu verstecken, oder aber, allzu unsachlich-unfachlich, bloß noch Anekdoten, schadenfrohe Witze, albernen Klatsch von sich zu geben.

Man darf das den Musikern nicht einmal verargen. Sie wollen sich, was ihnen wichtig und heilig ist, nicht wohlfeil zerreden lassen von irgendwelchen neugierigen und unzuständigen Journalisten, Fans, Kultur-Menschen. Darum haben sie sich, wie die Mediziner, eine Art Schutz-Zynismus zurechtgelegt. Wie sagte doch der zu Albernheiten aller Art aufgelegte Richard Wagner nach anstrengenden «Parsifal»-Proben? Er sagte, und wer fühlte da nicht mit dem großen Komponisten, dem (laut Nietzsche) *Orpheus alles heimlichen Elends* – «und nu keen ernsthaftes Wort mehr». Musiker setzen ja nicht bloß ihre Technik, ihren Leib und ihre Erfahrung ein, sondern auch ihre Seele. Wenn sie ihre Arbeit getan haben, ist ihnen schwerlich nach hochbedeutendem Kultur-Gerede zumute.

Eben darum gibt es so besonders viele Musiker-Witze, raffinierte Wortspiele – «Im Fliegen fängt der Teufel Noten» (statt: «In der Not fängt der Teufel Fliegen») –, spöttische, kindische Verballhornungen: «Die Meisterswinger von Nürnberg», «Der Ring, der nie gelungen». Oder den tapferen Komponisten Paul Dessau nannten sie, das *Des* seines Namens enharmonisch in ein *Cis* verwandelnd: Paul Cisschwein.

So sind die «Künstler», deren Größe oft genug Kindlichkeit, ja Infantilität nicht nur nicht ausschließt, sondern braucht wie etwas Notwendiges und Produktives.

Bedenkt man dies alles, dann geht einem auf, wie klug – nämlich weder fachmännisch-überdreht noch nur witzig-platt – Helen Epstein ihre Opfer, nein: ihre Partner befragt und beschrieben hat. Sie enthält sich aller Besserwisserei. Sie sieht, sie fixiert, sie unterbricht auch einmal, wenn es ihr nötig scheint. Ganz unauffällig setzt sie, wo es ihr wichtig wird, die Akzente. So, wenn sie bei der Schilderung, wie sich die armen Konkurrenten bei einem über künstlerisches Leben oder künstlerischen Tod entscheidenden Wettbewerb verhalten, die entsetzlich richtige Aussage eines Teilnehmers unterstreicht, daß man, um zu gewinnen, nicht *mensch-*

lich spielen dürfe, während ein großer Künstler doch nichts anderes als eben «menschlich» musizieren müsse.

Helen Epstein teilt mit. Sie urteilt nicht, «interpretiert» auch nicht – trotzdem ist sie alles andere als demütige Hofbericht-Erstatterin. Dazu schreibt sie zu souverän. Dazu ist ihr Sinn für Macht-Verhältnisse zu ausgeprägt. Um Macht, Selbstverwirklichung, Bitterkeit oder kompromißlose Ungefälligkeit geht es gewiß nicht nur, wenn eine Geigerin sich in einem Orchester zu behaupten, gar als Konzertmeisterin durchzusetzen hat, wie Helen Epstein es in ihrer Schilderung der künstlerischen Biographie von Cecylia Arzewsky, einem Glanzstück des Buches, vorführt. Mit durchschauten Machtverhältnissen (über die nur sonst kaum jemand spricht) hat durchaus auch zu tun, wenn Helen Epstein die ebenso zutreffende wie brutale Bemerkung von Horowitz festhält, für seine Karriere sei das Interview nicht wichtig – doch für die Karriere der Reporterin gewiß. Oder ihre Beobachtung: wie Bernstein darauf bestehe, daß jeder im Raum zuzuhören habe, wenn er spricht. Wobei hinzuzufügen ist, daß der große Lenny mit der New York Times, als deren Redaktionsangehörige er Helen Epstein betrachtet, verdammt schlechte Erfahrungen gemacht hat ... So etwas kann schon dazu beitragen, einen Künstler etwas ungeduldig werden zu lassen.

Helen Epstein nimmt nie die Pose der Überlegenen ein. Wie schrieb doch Ingeborg Bachmann über Malina? «Ich habe den Verdacht, daß er die Menschen nicht durchschaut, demaskiert, denn das wäre sehr gewöhnlich und billig, es ist auch nichtswürdig den Menschen gegenüber. Malina erschaut sie, und das ist etwas ganz anderes, die Menschen werden nicht kleiner, sondern größer davon, unheimlicher ...»

Ja, auch bei Helen Epstein werden die Künstler nicht kleiner, sondern eher größer und bewunderungswürdiger. Sie hat ein spannendes Buch geschrieben – weil sie Sinn besitzt für Menschen, für Fragen der Macht und vor allem für die Probleme der Musik und der Musiker. Respektvoll, doch niemals unterwürfig reagiert sie auf Größe. Übrigens macht sie, vielleicht ohne es ausdrücklich zu wollen, dem alten Europa gewichtige Komplimente. Gleich auf den ersten Seiten, wenn sie über ihre Jugend in New York Auskunft gibt, teilt sie mit, sie habe während ihrer ganzen Kindheit, so oft sie auch

Konzerte in der Carnegie Hall besuchte, dort niemals einen Amerikaner erlebt – sondern immer nur Polen, Tschechen, Deutsche, Russen oder Ungarn. (Die schlimme europäische Geschichte, Nazizeit und Emigranten-Schicksal waren, so gesehen, für Amerika wirklich enorm befruchtend.) Aber weiter: In einer Zeit, da die Kommerzialisierung des Musikbetriebs in Amerika bei den Orchestern zu immer größerer Sparsamkeit und immer weniger Probieren führt, scheint wiederum Europa das Gelobte Land. Celibidache in München, so zitiert Helen Epstein eine Gesprächspartnerin, dürfe weitaus mehr probieren. Er probe so ausführlich, daß er in den Konzerten, die er dirigiert, dann ruhig wie aus dem Sitz eines Zuhörers lauschen könne.

Helen Epsteins Buch demonstriert: Es ist sehr wohl möglich, über Musik und Musiker fesselnd, einleuchtend, informiert und informierend zu schreiben. Auch dazu, wie zum Musizieren, sind nur zwei Voraussetzungen nötig. Daß man sein Metier liebt. Und, noch wichtiger: daß man es kann.

Joachim Kaiser

Einleitung

Musik hören – Musik erleben

Als ich ein Kind war, glaubte ich, daß ein Musiker, der sein Instrument in den Straßen von New York mit sich trug, gefeit wäre gegen jegliche Gefahr. Es kam nicht darauf an, ob das, was er da trug, eine Tuba, ein Saxophon, eine Fiedel, eine Harfe oder eine Flöte war. Sein Instrument beschützte ihn und signalisierte, wer er war. Alles, was er zu tun hatte, war, es sichtbar vor sich herzutragen, damit Straßenräuber und schwere Lastwagen in ihrer Bewegung innehielten, von seiner Zauberhand gebannt. Aufmerksam hatte ich Geschichten über Musiker gelauscht, etwa der in der Bibel, wo David für einen König, der keinen Schlaf finden konnte, Harfe spielte; dem Märchen über einen Pfeifer, der die Kinder von Hameln mit seinen Tönen verlockte; dem Mythos von Orpheus, der in die Unterwelt hinabstieg und lebendig zurückkehrte. Beredter aber als alle Geschichten war das Gesicht meiner Mutter bei einem Konzert – ruhig, hingerissen und vor Liebe glühend, manchmal für zwei oder drei Männer gleichzeitig.

Wir ließen meinen Vater an solchen Abenden in seiner Arbeitskleidung auf der Couch schlafend zurück, mit einer aufgeschlagenen Zeitung, die sich rhythmisch auf seiner Brust hob und senkte. Meine Mutter legte ein Seidenkleid und Schmuck an; sie hüllte sich in einen Pelzmantel oder doch wenigstens einen Pelzkragen. Auch mich machte sie zurecht und steckte mich in ein Samtkleid und schwarze Lackschuhe, und ich tanzte vor Freude, weil ein Wochentag war, weil ich am nächsten Morgen Schule hatte und doch mit meiner Mutter in die Carnegie Hall ging. Um halb acht eilten wir zur Bushaltestelle am Broadway, an der sich die Leute drängten. Die Frauen waren sämtlich geschminkt und wie meine Mutter aufgemacht; die Männer schauten geschniegelt und fesch aus; das Kind, das gelegentlich dabeisein durfte, bewegte sich langsam und bedächtig unter der Bürde seiner Festtagskleider. Alle trugen einen erwartungsvollen Blick zur Schau, als gingen sie zu einer Party, und hoben sich deutlich von den anderen Leuten im Bus ab. Es waren die Zeiten, als es noch Verbrecherbanden in der Upper West Side gab, als viele Familien geräumige Wohnungen in der Gegend zwischen Riverside Drive und Central Park West mieteten und in den Geschäften der Nachbarschaft noch häufig Deutsch und Jiddisch zu hören war. Musiker und Musikliebhaber waren in unserem Haus stets und zahlreich vertreten gewesen; wenn man die Treppen hinaufstieg, hörte man häufig die Intonationsübungen von Sängern, und in der Eingangshalle kreuzten sich meine Wege mit denen einer ganzen Generation von Geigenschülern, die auf dem Wege zum Unterricht in der Meisterklasse von Ivan Galamian waren.

Wenigstens die Hälfte der Fahrgäste stieg aus, wenn der Bus an der Haltestelle vor der Carnegie Hall vorfuhr, und sie hielten einander mit besonderer Höflichkeit die Tür auf. Nahezu immer machte meine Mutter in der Menschenmenge, die sich vor den Stufen drängte, Freunde aus. Nie wäre mir in den Sinn gekommen, daß es Erwachsene geben könnte, die nicht in die Carnegie Hall gingen, geschweige denn nicht wußten, was das war. Beim Eintreten in das vollgestopfte Foyer empfand ich mehr Ehrfurcht als an jedem anderen Andachtsort, den ich besucht hatte. Tatsächlich diente vielen Konzertbesuchern die Carnegie Hall als Kirche oder Synagoge, als Ort, an dem sie das ewige Leben feierten.

Meine Mutter gab mir die Eintrittskarten, damit ich sie dem Billetteur aushändigte, und ich hörte mir seine Anweisungen mit einer Spur von Überlegenheit an, denn ich kannte die Bezeichnungen der Ränge und die Lage der Sitzplätze damals besser als heute. Meine Eltern verfügten nicht über unumschränkte Mittel, als ich ein Kind war, aber Konzerte waren für das seelische Wohlbefinden meiner Mutter einfach unabdingbar; sie wählte unsere Plätze mit Bedacht aus. Entweder stiegen wir zu einer der ersten Reihen des obersten Ranges hinauf, oder wir saßen auf Klappstühlen auf dem Podium, an einer Stelle, wo ich einen ungehinderten Blick auf die Finger des Pianisten hatte. Als Kind hatte meine Mutter in Prag Konzertpianistin werden wollen, und wie ich später entdeckte, als ich Musiker interviewte, gehörte sie zu den ungezählten Eltern, die ihre eigenen ehrgeizigen Strebungen auf ihre Kinder übertragen hatten. In ihrem Fall hatten der Börsenkrach, der Krieg und die Emigration eine musikalische Laufbahn vereitelt. Sie war Schneiderin geworden und nähte Kostüme für Opernsängerinnen, Schauspielerinnen und andere Künstlerinnen, anstatt selbst eine zu werden. Manchmal waren unsere Sitzplatzkarten in der Carnegie Hall Geschenke von einer ihrer Kundinnen; manchmal luden diese uns in der Pause in ihre Loge ein; und zumindest sah ich gelegentlich, wie ein Kleid oder ein Mantel, der in unserer Wohnung gehangen hatte, jetzt von seiner Besitzerin in der ihm angemessenen Umgebung getragen wurde.

Ungefähr die Hälfte der Plätze war bereits besetzt, wenn wir uns niederließen. Meine Mutter begann sich umzusehen und nach Freunden, modischen Toiletten und berühmten Leuten Ausschau zu halten, manchmal mit Hilfe eines perlmutternen Opernglases. «Da ist Firkusny!» rief sie etwa aus, meinen Arm umfassend, und ich betrachtete mir durchs Opernglas das Gesicht des tschechischen Pianisten, dessen Präsenz sie so erregte. «Wer ist das?» fragte ich. «Warum magst du ihn?» Und meine Mutter erzählte mir alles, was sie über Rudolf Firkusny, Rudolf Serkin oder Arthur Rubinstein wußte, Geschichten, die sie in Europa gehört hatte, Dinge, die sie in der Sonntagsausgabe der *New York Times* gelesen oder von einer Kundin oder Freundin auf dem Wege der Flüsterpropaganda unter Emigranten in Erfahrung gebracht hatte. Die Namen der auftretenden Künstler, die wir hören sollten, waren allesamt polnisch, tschechisch, deutsch, russisch oder ungarisch. Ich kann mich nicht erinnern, in meiner Kindheit je einen Amerikaner in der Carnegie Hall gehört zu haben, und langsam dämmerte mir, daß alle diese Leute auf dem Podium Teil einer Welt waren, die Kriege und Naturkatastrophen zu überleben vermochte, die keine zwischenstaatlichen Grenzen kannte und deren Traditionen irgendwie unverändert blieben, während die äußeren Lebensumstände sich wandelten.

Schließlich hörte meine Mutter auf, sich im Saal umzusehen, und begann im Programmheft zu lesen und mir von der Musik zu erzählen, die wir zu hören bekommen sollten. Sie erklärte mir, was ein Requiem war, warum ein bestimmtes Stück *Pathétique* hieß oder warum Liszt so schwer zu spielen war. Dann erloschen die Lichter, und der oder die Musiker betraten die Bühne und bedankten sich für den Auftrittsapplaus mit einem Lächeln, einem Stirnrunzeln, einer Verbeugung oder einem Wink, hochnäsig oder freundlich oder gequält oder geschäftsmännisch dreinschauend, was, wie meine Mutter sagte, von ihrer Temperamentsart abhing. Damals waren meine unmittelbaren Reaktionen noch nicht von langen Studienjahren in Musik und Musikwissenschaft eingeschläfert. Für mich waren sie alle gleichermaßen berühmt; kein Wust von Kenntnissen verstellte mir den Blick, und ich war wahllos zugänglich für jene unerklärliche Chemie des Austausches zwischen Ausführendem und Hörern/Zuschauern, die den einen begabten Musiker zu einem charismatischen Stern erhebt und den anderen, ähnlich begabten, zu einem Langweiler macht. Ich kümmerte mich nicht darum, wie die betreffende Person aussah; woran ich mich erinnere, ist die Erregung, die «er» (denn es war immer ein «er») auslöste. Wie die meisten Erwachsenen bevorzugte ich, wie ich später entdeckte, Musiker, die ihre innere Erregung in Dinge zu übersetzen vermochten, die ich gleichermaßen hören und sehen konnte. Ich liebte Leonard Bernstein und Emil Gilels; das Budapester Streichquartett schläferte mich ein. Erst im Teenager-Alter hörte ich Jacqueline Du Pré und erkannte jemanden auf der Bühne, der mir selbst ähnelte; bis dahin war ich der Meinung gewesen, nur Männer verfügten über diese Art von Zauberkraft, und ich hatte kein Gespür für die Bedeutsamkeit außermusikalischer Faktoren – Glück, Ausbildung, gutes Management, Geburtstag und -ort, Geld –, die für einen Künstler unabdingbar waren, damit er es schaffte, ein Konzert in der Carnegie Hall geben zu können.

Damals war ich mir der Momente von Schönheit in den außergewöhnlichen Aufführungen, die ich hörte, weitgehend nicht bewußt. Beinahe den ganzen ersten Satz über saß ich still da. Dann kam der zweite Satz, und plötzlich schien es mir, als gäbe es da weniger zum Zuhören. Erst sehr viel später, als ich verheiratet war und selbst ein Kind hatte, begann ich zu verstehen, wie notwendig ein in der Carnegie Hall verbrachter Abend für meine Mutter gewesen war, daß ein Konzert ihr eine Gelegenheit bot, der Tretmühle der Alltagsroutine zu entrinnen, sich zu entspannen und neue Kraft zu schöpfen. Nach dem ersten Teil des Konzertprogramms streiften wir durch die Korridore, und ich lauschte den Unterhaltungen, die über meinen Kopf hinweg geführt wurden, über die Musik, die Musiker und private Ereignisse. Die Musik war für die Erwachsenen um mich herum ein Stimulans. Auch meine Mutter schien ungewöhnlich lebhaft, leidenschaftlich erregt, mehr zum Lachen aufgelegt. In diesen Pausen lagen Flirts in der Luft, und wenn ich zu meinem Sitz zurückkehrte, hatte ich gewöhnlich etwas gehört oder gesehen, das Anlaß zum Grübeln bot.

Jahre später behauptete meine Mutter, ich habe ganze Konzerte hindurch wie festgenagelt dagesessen. Sie kaufte mir ein Klavier, schickte mich im Alter von sieben Jahren aufs Konservatorium und hätte die Hoffnung, daß aus mir eine Konzertpianistin werden würde, wohl noch sehr viel länger gehegt, wenn sie sich nicht eines Tages beim Festival von Tanglewood zufällig neben eine Europäerin ihres Alters mit einem kleinen Jungen meines Alters gesetzt hätte. Die beiden Mütter begannen über ihre Kinder zu reden, die angehenden Konzertpianisten, und erst als die Mutter von André Watts bemerkte, daß ihr Sohn vier Stunden täglich ohne Anstoß ihrerseits übte, ließ meine Mutter den Plan meiner potentiellen Laufbahn fallen.

Inzwischen hatte ich meine Leidenschaft für die Musikausübung entdeckt. Nicht das Klavierspielen begeisterte mich, sondern das Singen, allein und in Gruppen, mit Begleitung von Klavier oder Gitarre oder auch ohne Instrument. Erst mit der Beteiligung an Chören und Madrigalgruppen begann ich regelmäßig jenes Gefühl völligen Zeit- und Selbstverlustes zu erleben, über das ich später Leonard Bernstein mit Studenten seines Dirigierkurses reden hörte, das Gefühl der Verbundenheit mit dem Universum, das, wie viele Musiker mir später erzählten, sie trotz aller Mißhelligkeiten an einer musikalischen Laufbahn festhalten ließ. Eine Zeitlang war auch ich der Meinung, ich sollte Musik studieren. Ich belegte Musikwissenschaft als Hauptfach an der Hebrew University in Jerusalem, wo es angeblich mehr Musikwissenschaftler auf einen Quadratkilometer gibt als irgendwo sonst auf der Welt, aber es stellte sich heraus, daß ich mehr noch als Musikhören das Lesen liebte. Jene Momente intensiven Erlebens stellten sich in der Musik nur gelegentlich ein, während sie bei der Lektüre oder beim Verschlingen eines Buches nahezu immer gegenwärtig waren. Hinzu kam auch noch die Frage der Gewißheit. Nie hatte ich meinem Gehör völlig vertraut; meine Lehrer waren von der Art gewesen, die mich eher einschüchterte als weiterentwickelte. Da ich mich letztlich der Genauigkeit meines Auges sicherer fühlte als der meines Ohres, wurde ich Schriftstellerin.

An der Journalisten-Schule begann ich über Musiker zu schreiben. Dort galt Kulturberichterstattung – geschweige denn Berichterstattung über klassische Musiker – als marginal, wenig herausfordernd und zweifellos auch weit weniger lukrativ als die Tätigkeit eines Auslandskorrespondenten oder die Anprangerung heimischer Korruption. Enthüllungsjournalismus stand hoch im Kurs, eng begrenzt auf Politik. Das bekümmerte mich nicht sonderlich, denn so wenig sicher ich mir meiner musikalischen Begabung immer gewesen war, so sicher war ich mir meines journalistischen Instinkts. Für mich waren Kunst und Musik die interessantesten und wichtigsten Dinge der Welt, über die sich schreiben ließ.

Ich fühlte mich als Teil der Kulturgeschichte und tue das immer noch, wenn ich in der Carnegie Hall sitze. Ich spüre, daß ich mit der Musik auch dem Leben lausche und daß die Geschichten der Musiker auf der Bühne nicht weniger als die der Leute rings um mich ebenso fesselnd sind wie die Musik, die zur Aufführung gelangt.

Die Welt der Musik ist natürlich viel komplexer, als ich mir das je vorgestellt habe. Manche ausübenden Musiker, die aus der Distanz Bewunderung wecken, erweisen sich von nahem als schreckliche Menschen; musikalische Intelligenz überträgt sich nicht immer auf die Intelligenz im Leben, und im Gegensatz zu dem, was ich André Previn eines Nachmittags gegenüber jungen Dirigenten sagen hörte, glaube ich, daß es außergewöhnliche Musiker gibt, die *nicht* zur Spitzenklasse ihres Berufsstandes aufsteigen. Ich bin solchen Musikern begegnet und habe sie spielen gehört. Mit der Musik ist es in Amerika wie mit jedem anderen Gebiet: Erfolg bedarf des Talents, hängt aber nur allzu oft von einem Gespür für *public relations* und der Bereitschaft ab, sich an außermusikalischen Aktivitäten zu beteiligen, zu denen Musiker sich ehedem nicht hergegeben hätten. Musiker, die es ablehnen, sich wie exotische Früchte vermarkten zu lassen, die nicht bereit oder auch nicht in der Lage sind, jovial in Talk-Shows des Fernsehens aufzutreten, Musiker, die es sich nicht leisten oder sich nicht dazu aufraffen können, einen Presseagenten anzuheuern, Musiker, die nicht extrovertiert oder kein Blickfang sind, werden es nie dazu bringen, in der Carnegie Hall aufzutreten.

Trotz alledem halte ich an der Überzeugung fest, daß Musiker Dingen gegenüber, die uns andere hemmen, irgendwie immun sind. Der Anblick eines jungen Mannes oder Mädchens, das auf der Straße ein Musikinstrument trägt, erfüllt mich mit Freude, Stolz und einem gewissen Neid. Natürlich werden Musiker mit ebenso großer Wahrscheinlichkeit auf der Straße überfallen oder von einem Lastwagen angefahren wie irgend jemand sonst. Trotzdem denke ich lieber, daß dies nicht stimmt, weil nach meiner Vorstellung Leute, die jahrhundertelang derart viel Freude bereitet haben, die immer, wenn sie spielen, an einer Neuschaffung des Lebens beteiligt sind, der Unsterblichkeit näher stehen als der Rest von uns.

1
Vladimir Horowitz

Vladimir Horowitz gibt nicht mehr als zwanzig Konzerte jährlich, immer nur Sonntag nachmittags um vier Uhr und lediglich an Orten, die er mag. Er spielt nicht in Denver, weil er die Höhenlage unangenehm findet, ebensowenig in St. Louis, weil er der Meinung ist, die Akustik des dortigen Konzertsaals halte keinen Vergleich mit der seines Badezimmers aus. Er spielt nicht in Poughkeepsie, N. Y., weil dort «das Publikum nicht musikalisch genug» ist, oder irgendwo in Montana oder Idaho, Staaten, die zu besuchen er keinerlei Verlangen hat. Er will nicht in Europa spielen, weil er lange Flugdistanzen haßt,* und obwohl er Japan besuchen möchte, wirft der bloße Gedanke an die Reise einen Schatten über sein großflächiges, außergewöhnliches Gesicht. «Man fliegt samstags und kommt freitags an», sagt er, wie wenn er ein Leichenbegängnis ankündigte. «Man muß zehn Tage warten, bis man sich wieder auf der Höhe fühlt, und das schreckt mich ab.»

Die Städte, die Horowitz für einen Konzertbesuch auswählt, müssen über einen akustisch einwandfreien Konzertsaal verfügen, der sowohl an dem betreffenden Sonntag als auch am vorhergehenden Tag um vier Uhr frei ist, so daß ihn der Pianist zu einer Generalprobe benutzen kann. Er braucht diese Zeit, um sich wieder mit der Akustik und den Raum- und Lichtverhältnissen im Saal vertraut zu machen und die Position des Flügels auf die Art und Weise

* Dieses Porträt entstand vor der Reise nach London 1982, auf welche in größeren Abständen Konzerte in anderen europäischen Städten – so auch in Moskau im April 1986 – folgten. Nach Japan fuhr Horowitz zum erstenmal 1985. (Anm. d. Red.)

festzulegen, die ihm am meisten zusagt. (In der Carnegie Hall ist seine einmal gewählte Position seit 1965 auf dem Bühnenboden durch eine «Horowitz screw» [Horowitz-Schraube] fixiert, nach der andere Pianisten sich richten, wenn *ihre* Instrumente in «Stellung» gebracht werden.) Die Ausmaße des Saales sind ebenfalls von Bedeutung: Er muß wenigstens 1800 Zuhörer fassen, die bereit sind, den höchsten je von irgendeinem Solisten geforderten Eintrittspreis zu zahlen. Horowitz mag sich nicht dazu äußern, wieviel Geld er verdient. «Meine Ausgaben sind sehr hoch», murmelt er statt dessen. Und sie sind es in der Tat.

Wo immer der [heute] vierundachtzigjährige Pianist in den späten siebziger und beginnenden achtziger Jahren konzertierte, war er in Begleitung seiner Frau Wanda, der fülligen, lebhaften Tochter des verstorbenen Dirigenten Arturo Toscanini, ferner seines italienischen Konzertagenten Giovanni Scimonelli, seines Kammerdieners/Vorreiters/Spediteurs Duane Lewin sowie seines «Babys» – eines mattglänzenden Steinway-Konzertflügels, den ihm die Firma 1933 als Hochzeitsgeschenk verehrt hatte. Sein Gefolge mußte in Hotels untergebracht werden, die dem Pianisten eine genaue Nachbildung jener Lebensumstände ermöglichten, die in seinem Haus in der Upper East Side von New York herrschen; das heißt, es war etwas wie die Präsidenten-Suite erforderlich. Seine Schlafzimmerfenster wurden hermetisch dicht geschlossen (manchmal mit Aluminiumfolie) und das Telefon abgestellt, so daß Horowitz bis zum Nachmittag schlafen konnte. Das Wohnzimmer hatte so groß zu sein, daß es für Besucher ebenso ausreichte wie für einen zweiten Konzertflügel – für den Fall, daß der Meister sich zum Spielen aufgelegt fühlte. Darüber hinaus mußte für eine volleingerichtete Küche mit Backofen gesorgt sein, so daß die Mahlzeiten des Pianisten auf genau dieselbe Weise zubereitet werden konnten wie zu Hause, und wenn Horowitz sich aufregte, wie das einmal vor einem Konzert in Miami Beach passierte, konnte er sich weigern zu spielen, wenn ihm nicht zuvor ein bestimmtes Essen – in diesem Fall frische Seezunge – serviert wurde.

Am 8. Januar 1978, einem Sonntag, spielte Horowitz um vier Uhr ein Benefizkonzert für die New Yorker Philharmoniker. Es war der fünfzigste Jahrestag seines Amerika-Debüts, und volle fünfundzwanzig Jahre waren verstrichen, seit er zuletzt mit Orchesterbegleitung konzertiert hatte. Wie gewöhnlich bedang sich der Pianist auch diesmal besondere Vorkehrungen aus. In frisch-fröhlicher Umkehrung des herkömmlichen Konzertrituals, das dem Dirigenten die Wahl des Solisten und des Repertoires überläßt, bedeutete Horowitz dem New York Philharmonic Orchestra nicht nur, daß er sich Eugene Ormandy als Dirigenten wünsche, sondern auch, *was* das Orchester zu spielen habe. Weil Horowitz den angestammten Konzertsaal des Orchesters, die Avery Fisher Hall, verabscheute («Ich werde nie dort spielen! Nie!»), begab sich das Orchester in die Carnegie Hall. Und weil Horowitz bei RCA Records unter Vertrag stand, während das New York Philharmonic Orchestra seine Aufnahmen bei Columbia machte, hatte letztere Gesellschaft die Schallplattenrechte freundlicherweise zur Verfügung gestellt, eine Geste, die sie wahrscheinlich um eine der potentiell meistverkauften klassischen Schallplatten neuerer Zeit brachte.

Vladimir Horowitz empfand über solche Siege keinerlei Triumphgefühle; er hielt sie für selbstverständlich. Volle fünfzig Jahre hatte der Pianist nun schon seinen Willen auf diese Weise beim Publikum, bei seinen Freunden, seiner Familie und sogar bei den eigenwilligsten seiner Kollegen durchgesetzt. Als er 1928 zum erstenmal auf einer amerikanischen Bühne auftrat und dabei mit den New Yorker Philharmonikern unter der Leitung von Sir Thomas Beecham das b-Moll-Klavierkonzert von Tschaikowsky spielte, geriet das Publikum außer sich. «Mob ist Mob; Blut ist Blut», schrieb Olin Downes, der Musikkritiker der *New York Times.* «Der Ruf der Wildnis findet Gehör, gleichgültig ob es sich um einen trommelschlagenden Eingeborenen oder einen jungen Russen handelt, der, rasend vor Erregung, motorischer Geschwindigkeit und Kraft, eine Tastatur bearbeitet.»

In den nächsten sieben Jahren – den Jahren der Weltwirtschaftskrise – spielte Horowitz in jeder Saison vor siebzig ausverkauften Häusern und verdiente mehr als eine Viertelmillion Dollar jährlich. Der Ruf blendender Virtuosität, anstrengungsloser Technik und dämonischer Interpretationsneigung, der ihm vorauseilte, verbreitete sich über die ganzen Vereinigten Staaten und Europa. «In den letzten Monaten hat eine ganze Reihe von Musikern mir zu verstehen gegeben, daß Horowitz der größte lebende Pianist ist», schrieb der Musikkritiker des *Manchester Guardian* im Mai 1933. «Als ich aus dem Konzert heimkam, merkte ich, daß man mir noch nicht einmal die halbe Wahrheit gesagt hatte. Ich bin geneigt zu glauben, daß er der größte Pianist aller Zeiten ist. Seine Technik und sein Stil sind umfassend, meisterhaft und sensibel. Er bringt die wesentlichen Eigenschaften des Klaviers zum Klingen; er findet zu einer höchst befriedigenden Synthese aller jener Attribute des Klavierspiels, nach denen wir sonst gewöhnlich bei verschiedenen Künstlern Ausschau halten mußten.» Die internationale Presse ging bald dazu über, den Pianisten in den überschwenglichsten Tönen zu beschreiben. «Es ist buchstäblich wahr», schrieb ein Interviewer in voller Überzeugung, «daß er keine Etüde, Tonleiter oder einen Lauf geübt hat, seit er sechzehn ist. Seine einzige Quelle ist das Naturtalent.»

Der Glanz, der seine Auftritte umstrahlte, steigerte sich noch in den frühen dreißiger Jahren, als Horowitz mit dem Dirigenten Arturo Toscanini zu konzertieren und dessen jüngere Tochter, Wanda, zu umwerben begann. Sie heirateten im Dezember 1933, und Horowitz nahm für kurze Zeit Urlaub von seinem kräfteraubenden Konzertprogramm. Im Jahre 1935 widerfuhr ihm dann, was verschiedentlich als «Blinddarmoperation», «Venenentzündung» oder «Kollaps» bezeichnet worden ist. Er verschwand in die Schweiz, und gerüchtweise wurde bekannt, er habe zwei Jahre lang kein Klavier angerührt. Im Jahre 1938 gab er ein Konzert in Zürich, und binnen eines Jahres nahm er seine regelmäßige solistische Tätigkeit wieder auf. Nach dieser Rückkehr hielten ihn die Kritiker für besser denn je zuvor. «Mr. Horowitz kehrt zu uns als der außergewöhnliche Virtuose zurück, der er immer war, aber als ein weitaus größerer Künstler», schrieb ein New Yorker Kritiker. «Er ist immer noch ein verblüffend guter Spieler mit einer Beherrschung des Klaviers und einer Meisterschaft über seine Klangmöglichkeiten, die auch in diesen Tagen technischer Bravourleistungen unheimlich sind. Jetzt aber geht es ihm einzig um die Kraft des Ausdrucks, in deren Dienst er seine wunderbaren pianistischen Fähigkeiten gestellt hat.»

In den folgenden fünfzehn Jahren galt er als der vollendete musikalische Künstler, als angemessener Schwiegersohn von Maestro Toscanini und als internationale Berühmtheit. Die Musikkritiker beteten ihn an und berichteten derart unkritisch über seine Konzerte, daß der Komponist und Kritiker Virgil Thomson sich veranlaßt sah zu entgegnen: «Wenn jemand die Werke, die Mr. Horowitz spielte, nie zuvor gehört hätte, wäre er wohl leicht davon zu überzeugen gewesen, daß Bach ein Musiker vom Schlage Leopold Stokowskis, Brahms eine Art vorlauter Gershwin, der in einem vornehmen Nachtklub gearbeitet hat, und Chopin ein Zigeuner-Geiger sei.» Im Grunde aber war Thomson eine Ein-Mann-Minorität in seinem Widerstand gegen Horowitz' sehr persönlich geprägte Interpretationen, die, wie er spürte, den Komponisten zu einem bloßen Schatten des ausübenden Musikers reduzierten. Die meisten Kritiker hoben Horowitz' Reife und persönliche Entwicklung hervor. «Er hat sich von einem feuerschluckenden Virtuosen zu einem selbstkritischen, suchenden Künstler gewandelt», schrieb Howard Taubman von der *New York Times* im Januar 1953.

Im folgenden Monat ließ Horowitz in Minneapolis einen Konzerttermin ausfallen und trat zwölf Jahre lang nicht mehr öffentlich in Erscheinung. Während dieser zwölf Jahre seines zweiten Verschwindens aus der Öffentlichkeit verbreiteten sich Gerüchte, er lebe in einem Sanatorium, sei drogenabhängig geworden und unterziehe sich ärztlicher Behandlung, er leide unter der Zwangsvorstellung, daß seine Hände aus Porzellan seien und zerbrechen würden, wenn er eine Tastatur berührte; schließlich hieß es gar, er sei gestorben.

Der Pianist tat nichts, um irgendeines dieser Gerüchte zu zerstreuen. «Ich wäre gar nicht überrascht, wenn manches davon in seinem eigenen Wohnzimmer ausgeheckt worden wäre», sagte ein ihm Nahestehender. Horowitz selbst gibt die Schuld an seinem zweimaligen Verschwinden gern «den Zügen». Er lächelt dann hilflos, wedelt mit den Händen und sagt: «Ich kann nicht mit dem Zug fahren. Ich hatte keine Zeit für Zugaben – immer mußte ich bereits den nächsten Zug erreichen. In Zügen konnte ich nie gut schlafen, es war zu laut und rüttelte zu sehr. Wenn man zwanzig Jahre lang so lebt, passiert etwas mit einem. Man wird nämlich müde. In einer bestimmten Stadt war ich so erschöpft, daß ich dachte, ich sollte jetzt mal ein oder zwei Jahre aussetzen. Ich machte Schallplattenaufnahmen und ließ die Schallplatten auf Reisen gehen. Aber nach zwei Jahren fand ich daran so viel Gefallen, daß ich ein Jahr zugab, dann noch eines und noch eines, bis ich auf zehn kam.»

Im Jahre 1965 machte Horowitz Schlagzeilen auf den Zeitungstitelseiten von ganz Amerika, und zwar einfach dadurch, daß er in den Konzertsaal zurückkehrte. «Er hat das beste Gespür für Absatzförderung, das mir je bei einem Künstler begegnet ist», sagt ein Presseagent, der einer von mehreren Leuten ist, die für die Regelung des Verkehrs zwischen Horowitz und der Außenwelt bezahlt werden. «Er ist sich der Gefahren zu häufiger Auftritte deutlich bewußt. Das ganze Image, das er sich aufbaut, besteht darin, daß man nie weiß, ob seine Hände nun nachlassen oder nicht.»

Im Jahre 1969 zog sich Horowitz in Boston eine Erkältung zu und pausierte weitere drei Jahre. Seit 1972 aber hat er wieder regelmäßig konzertiert, in den größeren Städten Nordamerikas ebenso wie in kleineren Universitätsstädten, wobei er das Publikum, das mit ihm gealtert war, um Tausende junger Leute vermehrte. Und wenn die Musikkritiker auch nicht mehr die einseitige Götzenverehrung der Vergangenheit an den Tag legen, so erhält er doch nur selten schlechte Kritiken.

«Ich kenne keinen anderen Künstler, der sein Publikum auf die Weise fesselt, wie er das tut», hat der frühere Chefkritiker der *New York Times*, Harold Schonberg, über ihn gesagt. «In dem Mann steckt eine Art von innerer Spannung, eine Elektrizität, die erschreckend ist. Es ist, als ob man mit 10 000 Volt herumspielte. Man *weiß*, daß dieser Künstler einzigartig ist. Es gibt eine Menge guter Pianisten, Horowitz aber ist einzigartig.»

Aus der Nähe gesehen, ist Horowitz ein erstaunlich schlanker Mann mit klugen, hellbraunen Augen. Seine Hände sind nicht besonders groß und auch seine Finger nicht ungewöhnlich lang. Seine Ohren allerdings sind von enormer Größe. Er redet gern und tut das mit großer Lebhaftigkeit, mit kehliger, klingender Stimme, die sich von dramatischem Gewisper bis zu lärmendem Gewieher erheben kann. Seit sechzig Jahren erzählt er immer wieder dieselben Musikeranekdoten; sie bilden den Grundstock seiner Konversation, und er pflegt sie einem ehrerbietigen und dankbaren Publikum ohne Unterbrechung vorzutragen. Wenn er nach etwas gefragt wird, für das ihm keine angemessene Anekdote einfällt, heben sich seine Augenbrauen nachdenklich und überrascht, und die Ablenkung vom vorgespurten Weg scheint ihn einen Augenblick aus dem Konzept zu bringen. «Das ist keine dumme Frage», räumt er dann wohl ein, wobei sein Englisch von dem starken russischen Akzent übertönt wird, den er sich auch noch nach mehr als einem halben Jahrhundert bewahrt hat, seit er seine Geburtsstadt Kiew in der Ukraine verließ.

«Ich stamme aus einer reichen Familie», sagt er würdevoll. «Mein Vater war ein sehr bedeutender Ingenieur. Er erbaute eine Zuckerfabrik; er vertrat große Gesellschaften wie Westinghouse. Er fuhr nach Deutschland und sprach deutsch und französisch so fließend wie russisch. Er übersetzte Bücher und ließ seiner Familie die denkbar beste Erziehung angedeihen. Er war ein bißchen snobistisch und Halbjude. Er knüpfte enge freundschaftliche Beziehungen zur antisemitischen Welt. Ich weiß, ich besuchte eine Schule mit Aufnahmebeschränkungen, und sie machten bei mir eine Ausnahme.

Meine Familie dachte nie daran, Rußland zu verlassen. Die Pogrome zogen sie nicht in Mitleidenschaft. Nicht meinen Vater. Ihn nicht. Der Pogrom von 1905 hätte mich beinahe ums Leben gebracht. Man erzählte, die Kugel sei durchs Fenster geflogen gekommen. Aber wir lebten in sehr guten Vierteln, in aristokratischen Vierteln, wo gewöhnlich keine Juden wohnen ...»

Horowitz gerät in offensichtliche Verwirrung, wenn er nach seinen Gefühlen in bezug auf Judentum oder jüdische Identität befragt wird. Er spricht nur ungern über solche Dinge, ebenso ungern, wie er seine Geschäftspraktiken ausplaudert, und wehrt derartige Fragen mit unwahrscheinlichen Äußerungen ab. «Ich glaube, daß es den Antisemitismus in Rußland erst seit der Gründung Israels gibt», kann er dann allen Ernstes sagen. «Ich glaube, es ist eine politische Angelegenheit, keine Gefühlssache.» Er beschreibt sein Leben gern ganz im Sinne seiner musikalischen Ausbildung, und wenn er beispielsweise von seiner Mutter spricht, sagt er, sie sei ausgebildete Pianistin gewesen und habe ihre Laufbahn ihren vier Kindern geopfert. Seine Mutter war es, die ihrem Sohn erste Klavierstunden zu geben begann, als er sechs Jahre alt war.

Horowitz erinnert sich, als Kind in Konzerten Salonstücke und Opernauszüge gehört zu haben. «In meinen Entwicklungsjahren habe ich zumeist italienischen *Belcanto*-Gesang gehört und liebe ihn noch heute. Tetrazzini. Caruso. Ich hörte das von morgens bis abends und fand es wundervoll. Ich wollte das Klavier auf ähnliche Weise zum Klingen bringen. Das war der Haupteinfluß, der sich auf alles erstreckte. Ich hörte mir Auszüge an, nicht die ganze Oper. Und das Orchester war lausig; es klang wie ein Balalaika-Orchester. Aber das ist nicht so wichtig.

Als Kind brachte ich meinem Professor die Notenalben mit, die ich liebte, und nicht die, die ich zu üben aufhatte. Meine Mutter suchte ihn auf und fragte ihn: ‹Aber was machen Sie denn? Anstelle von Bach spielt er Rachmaninow!› Man erwartete, daß ich dieselben Dinge übte, wie sie Klavierschüler auch heute noch spielen: Präludien, Fugen und Suiten von Bach; Sonaten von Mozart; Konzerte von Mozart; Beethoven-Sonaten; Beethoven-Konzerte; Schumann, Schubert. Ich aber brachte meinem Lehrer die moderne Musik. Ich ging in die Musikalienhandlungen und kaufte neue Musik. Ich trug die Noten heim und spielte sie. Wenn man heute ein Stück nicht kennt, kauft man eine Schallplatte, hört sie sich an und sagt dann: ‹Ich kenne es.› Aber als ich ein Junge war, gab es das noch nicht. Niemand in Rußland kannte beispielsweise Brahms. Ich lernte Wagner kennen, als ich die Klavierbearbeitungen von *Tannhäuser* und *Lohengrin* und *Parsifal* spielte. Ich habe bis heute keine Aufführung des *Parsifal* gesehen, aber die Partitur kannte ich auswendig. Dasselbe war der Fall mit Rachmaninow. Ich lernte den ganzen Rachmaninow auswendig.»

Horowitz war im Jahre des Ausbruchs der russischen Oktoberrevolution gerade dreizehn Jahre alt, aber sein Leben wurde, wie er sagt, erst drei Jahre später davon ernstlich in Mitleidenschaft gezogen und zeitweise sogar bereichert. «Die Revolution begann im Norden», erzählt er, «und die besten musikalischen Kräfte kamen aus Petersburg und Moskau nach Kiew, um dem Bolschewismus zu entrinnen und weil sie Hunger und wir zu essen hatten. So spielte ich in unserem Konservatorium vierhändig mit dem Lehrer von Gilels und Richter. Glasunow war da. Glière war da. Damals wollte ich Komponist werden und schrieb schrecklich viel. Ich schrieb Gedichte auf russisch und vertonte meine eigenen Texte, und das Ganze wurde im Konzertsaal aufgeführt. Gott war mir sehr gnädig und gab mir die Fähigkeit, gut zu spielen, so daß ich nicht allzuviel üben mußte. Ich hatte stehenden Fußes Erfolg. Den hatte ich eigentlich gar nicht erwartet. Nicht einmal gewünscht. Ich wollte ja Komponist werden.

Die Revolution zwang mich, Konzerte zu geben. Alle zwei Monate hatten wir eine neue Regierung. Jeden Tag spielten sich Straßenkämpfe ab. Und ich ging ins Konservatorium. Als ich meine Abschlußprüfung vor dem gesamten Lehrkörper ablegte, saßen alle da wie Richter des Obersten Gerichtshofes, aber anstatt neun waren es beinahe vierzig. Wir hatten ein Stück von Bach, Mozart, Beethoven, ein modernes und dann ein Bravourstück zu spielen. Als ich mein letztes Pflichtstück beendete, standen alle vierzig Prüfer auf und applaudierten. Das hatte es im Konservatorium nie zuvor gegeben. *Sie* machten mir bewußt, daß ich besser war als der typische Pianist. Ich wußte das nicht. Ich war mir selbst gegenüber immer sehr bescheiden und wollte Komposition studieren.

Ich bin ein Produkt der Revolution. Die Revolution zwang mich, mein Studium aufzugeben und Konzerte zu geben. In vierundzwanzig Stunden kamen die Soldaten. Sie nahmen alles. Sie warfen mein Klavier durchs Fenster. *Durchs Fenster*, meine Liebe! Auf die Straße. Sie nahmen alles. Alle Kleidungsstücke aus den Schränken. Wir waren die Bourgeois und sie das Proletariat. Ich bin ein alter Hase. Ich kann mich an vieles erinnern. Die Kugeln flogen mir auf der Straße um die Ohren. Hunderte von Menschen, die ich kannte, wurden getötet. Auch ich hätte getötet werden können. Jeder nahm Reißaus. Ich wußte nicht, wohin. Ich wußte nicht, was außerhalb von Rußland war. Ich kannte keine andere Welt; ich wußte nicht, ob es etwas Besseres gab. Sie können sich das nicht vorstellen. Ich dachte, diese Revolution sei eine Übergangserscheinung. Man kann nur eine bestimmte Zeitlang schießen, und dann beruhigt sich alles wieder. Nach [neunzehnhundert]zweiundzwanzig wurde nicht mehr geschossen. Aber mein Vater hatte alles verloren, was er besaß. Wir lebten mit drei Familien in drei Zimmern, und ich mußte meinem Vater helfen.

Ich bin ein Produkt des allgemeinen Mangels, nicht des persönlichen. Manchmal hatten wir nichts zu essen. Lebensmittel waren rationiert. Wenn man auf diese Weise in See sticht, bekommt die Persönlichkeit der Menschen, insbesondere junger Menschen, eine gewisse Dynamik mit auf den Weg. Das ist etwas, was den jungen Leuten heute fehlt. Sie sind etwas phlegmatisch, ein bißchen selbstgefällig, weil alles zu leicht geht. Für uns war es schwer. Für uns war es wichtig, etwas zu tun und jemand zu werden. Als ich nach New York kam, schrieben die Kritiker «aus der Steppe auf uns losgelassen» und ähnliches Zeug. Das war die Revolution. Ich hatte das Gefühl, mir einen eigenen Platz suchen zu müssen. Ich hatte Lebenshunger und Drang zum Überleben. Ich wollte es zu etwas bringen. So begann ich Konzerte zu geben, anstatt mein Studium abzuschließen.»

Eines Sonntag nachmittags um halb drei, in der Premierminister-Suite des Sutton Place Hotels in Toronto, begann sich Vladimir Horowitz auf seinen zweiten Soloauftritt der Konzertsaison 1977/78 vorzubereiten. Obwohl der Pianist jetzt bis zu 45 000 Dollar pro Konzert verdiente, während er in den frühen zwanziger Jahren in Rußland häufig noch in Butter- oder Mehlwährung bezahlt wurde, war seine Vorstellung von dem, was ein Künstler sein sollte, unverändert geblieben. «Ganz ohne falsche Bescheidenheit», sagte er, «spüre ich, daß ich auf der Bühne König und Herr der Situation bin, und so muß ich auch aussehen. Ich möchte, daß mein Anzug gut sitzt, meine Haare ordentlich gekämmt sind; ich möchte mich an Körper und Händen völlig sauber fühlen, in Parfüm gehüllt. Und zwar nicht deshalb, weil ich ein *Showman* bin; sondern weil das ganz natürlich ist. Wenn ich zu Hause im Pyjama spiele, benehme ich mich anders. Da bin ich zwangloser. Man kann geniale Ideen haben, wenn man aus dem Bett aufsteht; wenn man sie aber einem Publikum erläutern will, muß man sich mehr konzentrieren, und die Vorstellungen werden klarer.

Zu Mozarts Zeiten hatte das äußere Erscheinungsbild überaus durchdacht und verfeinert zu sein. Jede Geste bedeutete Ehrerbietung. Spitze, etwas Tabak, ein kleiner Leberfleck im Gesicht. Wenn man Mozart spielt, muß man dem Erscheinungsbild des Komponisten der damaligen Zeit nahekommen. Nehmen Sie Chopin! Er war ein Dandy. Jedes Detail seiner Kleidung war wichtig. Jede Silberlitze brachte er zur Geltung. Liszt auch. Es war zwar etwas ganz Oberflächliches, aber man konnte sehen, daß es sich da nicht um eine x-beliebige Person handelte. Das Publikum zahlt Eintrittsgeld und möchte dafür etwas Ästhetisches zu sehen und zu hören bekommen. Das ist nicht der Zirkus Barnum – das ist Ästhetik.»

Am Tage eines Konzertes steht Horowitz gegen Mittag auf. Er frühstückt, läßt das Klavier links liegen, hebt den Telefonhörer nicht ab und spricht mit niemandem. Gegen halb drei beginnt er sich langsam zu waschen, zu rasieren und anzuziehen. «Ich gebe acht auf alle kleinen Details», sagt er. «Strümpfe anziehen, die nicht einengen. Nachschauen, ob die Schuhe gut zugeschnürt sind. Ob der Hosenschlitz geschlossen ist. Wenn der aufgeht, ist das schrecklich ...» (Er kichert heiser bei dem Gedanken, so wie er das bei nahezu jeder Anspielung auf die Geschlechtsteile tut.)

«Vor einem Konzert versuche ich, nicht nervös zu werden. Nichts zu überstürzen. Alle Bewegungen ganz ruhig. An Musik denke ich überhaupt nicht, denn wissen Sie, die Tragödie eines Künstlers ist doch das ‹Lache, Bajazzo!›. Zu einer bestimmten Zeit muß man inspiriert und zum Spielen aufgelegt und gut in Form sein. Dabei könnte ich doch um vier – genau um vier – Magenschmerzen haben. Dann müßte ich trotzdem aufs Podium gehen. Also versuche ich, ganz ruhig zu sein. Niemand darf mich stören, und *wenn* einer mich stört, kriegt er einen solchen Skandal, wie er ihn noch nie erlebt hat!»

Für den Nachmittag legt Horowitz seine «Amtstracht» an: schwarze Hosen mit dünnen weißen Streifen, weißes Hemd, graue Weste, eine seiner nach Hunderten zählenden Fliegen und schwarzen Cut. «Der Augenblick, wo ich diesen Cut spüre – der Augenblick, wo ich in Uniform bin – ist wie bei einem Pferd vor dem Rennen. Man beginnt zu schwitzen. Man spürt ein gewisses Kribbeln in sich, etwas zu tun. Zu diesem Zeitpunkt bin ich bereits Künstler. Ich fühle einen Drang in mir, pünktlich zu sein, obwohl ich immer etwas zu spät komme – weil ich so gewissenhaft bin. Ich möchte gern zehn oder fünfzehn Minuten zu früh kommen, um mir die Finger aufzuwärmen. Ich bin ein General. Die Tasten sind meine Soldaten, und ich habe sie zu kommandieren.»

Gegen halb vier füllte sich die Massey Hall von Toronto mit Konzertbesuchern, von denen manche eigens aus New York und Montreal herbeigeeilt waren, um Horowitz' Auftritt beizuwohnen, wenn der einzige Hinweis darauf auch nur eine kleine Zeitungsnotiz gewesen war. Um vier Uhr waren 2763 von 2765 Sitzplätzen des Saales besetzt, und auf der Bühne waren noch 150 zusätzliche Klappstühle aufgestellt. Horowitz und Gefolge trafen in einer ausladenden, mattglänzenden Limousine ein, und der lokale Konzertagent, Walter Homburger, lächelte, rieb sich die Hände und versuchte die Dinge voranzutreiben, ohne allzu umtriebig zu wirken. In dem Raunen, das das Auditorium erfüllte, war ein Beiklang von Festlichkeit und Spannung. Um zehn Minuten nach vier strebten Madame Horowitz und ein Freund den beiden verbleibenden Sitzplätzen zu. Die Lichter erloschen. Es trat völlige Stille ein.

«Die einzige unangenehme Minute ist die Minute, wenn ich in den Kulissen stehe, unmittelbar vor meinem Auftritt», sagt der Pianist. «Aber wissen Sie, ich bin etwas kurzsichtig, und das kommt mir zugute, weil ich das Publikum nicht sehe. Ich sehe nur den Flügel und ungefähr drei Sitzreihen. Ich möchte das Publikum auch gar nicht sehen. Ich möchte es *spüren*.»

Sobald Horowitz' schlanke, makellos gekleidete Gestalt aus den Kulissen auftaucht, brandet eine Woge der Erregung im Publikum auf. Die Menschen erheben sich und jubeln und applaudieren auf geradezu ehrerbietige Weise. Der Pianist grüßt den Wald von Gesichtern mit einem Lächeln, verbeugt sich und nimmt rasch auf seinem Klavierhocker Platz. Alsbald sinken die Konzertbesucher zurück auf ihre Sitze, und wieder herrscht tiefe Stille, wenn er zu spielen beginnt.

«Wenn ich einmal am Klavier sitze», sagt Horowitz, «verwandele ich mich. Ich sehe den Komponisten. Ich *bin* der Komponist. Die Musik vermittelt mir dieses Gefühl. Dazu bedarf es einer Menge Konzentration und einer Menge innerer Spannung. Dann muß der Strom das Publikum erreichen und es in Bann schlagen. Ich möchte das Publikum spüren lassen, was ich selbst spüre. Wenn ich am Klavier weine oder lache, möchte ich, daß das Publikum ebenfalls weint oder lacht. Das ist mein Ziel. Es braucht Zeit, es zu erreichen. Je länger mein Auftritt dauert, desto mehr gehen die Leute mit. Ich kann das an der Stille ablesen. Lauter Applaus ist sehr leicht zu erzielen, aber erst, wenn sie still sind, merkt man, daß man etwas bewirkt. Manchmal spüre ich, daß sie nicht mitgehen, und dann bin ich unglücklich. So versuche ich sie allmählich zu verführen. Wenn mir das mit dem einen Stück nicht gelingt, nehme ich ein anderes, mit einem anderen Klang, aus einem anderen Jahrhundert, mit einer spektakuläreren Spielweise. Worauf es ankommt, ist der Kontrast. Immer der Kontrast. Und wenn das Publikum nicht mitgeht, entsteht zehn oder fünfzehn Minuten lang ein kleines Loch. Am Schluß aber – es sei denn, ich bin nicht gut aufgelegt – werden sie auf meiner Seite sein.»

Horowitz vergleicht die Planung eines solistischen Konzertprogramms mit dem Bau eines Hauses. «Der Grundriß wird zu Hause entworfen, aber die Räume unterscheiden sich alle voneinander, und die Details lassen sich improvisieren», sagt er. «Worauf es ankommt, ist der Kontrast. Ich mag nicht ein und denselben Komponisten von Anfang bis Ende durchspielen. Wenn ich es doch tue, wähle ich Stücke aus, die vollkommen verschiedenartig sind. Es gibt Genies, deren Lebenswerk so unterschiedliche Stücke umfaßt, daß man kaum erkennt, daß sie vom selben Komponisten stammen. Beethoven beispielsweise. Und Skrjabin. Ich versuche, zwei oder drei vollständige Konzertprogramme mit Stücken aus verschiedenen Jahrhunderten und verschiedenen Stilen zur Verfügung zu haben, weil ich das Publikum auf meiner Seite sehen will.

Artur Schnabel war ein sehr intellektueller Pianist. Der erste Teil seiner Konzertprogramme bestand immer aus zwei Beethovensonaten, und auch der zweite bot etwas Schwieriges. ‹Wissen Sie›, sagte er einmal, ‹der Unterschied zwischen mir und meinen Kollegen besteht darin, daß bei mir, wenn ich ein Programm entwerfe, die zweite Hälfte *genauso langweilig* ist wie die erste!›»

Horowitz bricht in lautes Gewieher aus. «Er hielt sich für sehr witzig. Er spielte eine Schubert-Sonate in der zweiten Hälfte, die für das Publikum schwer zu erfassen ist. Ich möchte so etwas nicht tun. Ich möchte so etwas nicht tun. Ein Konzertprogramm ähnelt ein wenig einem Abendessen; am Schluß gibt es etwas Süßes. Der zweite Teil eines Programms sollte kleinere Sachen bieten, etwas virtuosere. Dazu wähle ich Stücke aus, die dem Klavier ganz besonders entsprechen, Stücke, die von Leuten stammen, die sich mit diesem Instrument auskannten: Schumann, Liszt, Chopin.

Ich spiele gern Solo-Konzerte, weil ich da meine eigenen Nuancen setzen kann. Alles ist mir überlassen. Ich kann das Tempo ein wenig beschleunigen oder so laut spielen, wie ich will. Wenn man ein symphonisches Konzert bestreitet, gibt einem das Orchester die Gangart vor. *Sie* bestimmen über laut und leise. Ich möchte das lieber selbst tun, weil ich weiß, daß ich es kann. Und mein Repertoire ist sehr viel interessanter. Für Solo-Auftritte gibt es viel mehr Stücke. Die Zahl der Klavierkonzerte dagegen läßt sich an den Fingern abzählen. Es werden immer dieselben gespielt. Ich kann Hunderte von Stücken spielen, und bessere Stücke als die Klavierkonzerte. Chopin beispielsweise schrieb zwei Klavierkonzerte, und die zählen nicht zu seinen besten Werken. Schumanns Klavierkonzert ist nicht sein bestes Werk. Beethoven, ja. Mozart, ja. Ich habe noch keine Mozart-Konzerte gespielt, werde es aber tun. Irgend jemand hat gesagt, Mozart solle man vor dem zwölften und nach dem achtzigsten Lebensjahr spielen.

Es gibt natürlich auch sehr viel schöne Musik, die ich nur zu Hause, aber nicht auf dem Konzertpodium spiele. Da gibt es sehr, sehr viel – ich will gar nicht sagen, was alles. Die späten Beethoven-Sonaten beispielsweise. Ich bin im Jahre 1938 der Tochter von Hans von Bülow und Cosima Liszt begegnet, deren Stiefvater Richard Wagner war. Einmal war sie im Zimmer, als Wagner Liszt bat, die letzten Beethoven-Sonaten zu spielen. Liszt war damals schon ein alter Mann, aber er spielte sie, und hinterher sagte Wagner: ‹Wissen Sie, das hier sind die Bekenntnisse eines großen Genies; aber ein Bekenntnis gehört ins stille Kämmerlein, nicht aufs Podium. Das ist keine Musik, die dem Publikum vermittelt werden sollte; es ist die Musik eines sehr kranken Mannes.›

Manchmal empfinde ich das ebenso. Ich führe ein privates Tagebuch, aber ich möchte Ihnen nicht daraus vorlesen. Es ist meine eigene Angelegenheit, was ich darin aufschreibe. Vielleicht wird meine Frau es nach meinem Tode lesen. Diese letzten Beethoven-

Sonaten mögen die allerschönste Musik sein, aber sie sind die privaten Bekenntnisse eines großen Mannes.»

Horowitz selbst ist ein eher privater Künstler. Sein Körper verharrt reglos, wenn er langsame Sätze spielt, sein Gesicht bleibt leidenschaftslos – so als ob er sich das Schaufenster eines Warenhauses anschaute anstelle der Tastatur. Wenn er schnelle Sätze spielt, bewegt sich der Pianist notgedrungen mehr, aber kaum einmal zeichnet sich auf seinem Gesicht die Spur einer erkennbaren Gefühlsregung ab. Das Gefühl geht in seine Finger über. Jede seiner musikalischen Phrasen ist so spannungsgeladen, daß sie ebenso direkt und verständlich wird wie Sprache. Diese Klarheit ist ein wegweisendes Merkmal des Horowitz-Stiles und mit einer sinnlichen Verehrung der reinen Klangschönheit verschwistert. «Der Klang kam vor dem Wort», wiederholt Horowitz gern. Gelegentlich bricht er in eine Folge von Babylauten aus – «ooo ... mmaaahhhh ... eeehhh» –, um seine Behauptung zu verdeutlichen und zu erklären, daß der Klang ausreicht, um große Gefühlstiefe zu vermitteln. Viele Musiker und Kritiker sind sich darin einig, daß niemand dem Klavier mehr Klangnuancen zu entlocken vermag als Horowitz.

«Er ist stark von der menschlichen Stimme beeinflußt», sagt der Konzertpianist Gary Graffman, einer der wenigen Schüler von Horowitz. «Er brachte mich dazu, Opern zu hören, die Art und Weise wahrzunehmen, wie große Sänger bestimmte Phrasen ausführten, wo sie Atem holten, wie sie Atem holten, und ließ mich ihre Art der Stimmführung dann nachahmen, besonders bei Chopin und Schumann. Diese Sorge um Klangfülle charakterisiert die russische Schule der Geiger und Pianisten, der Horowitz angehört, während die deutsche Stilrichtung (vertreten etwa durch Horowitz' Zeitgenossen und Freund Rudolf Serkin) sich mehr der Form annimmt. Er nimmt Klänge wahr und möchte sie reproduzieren. Es ist eine Kombination von phantastischer Technik und außerordentlicher Mitteilungskraft.»

«Was Horowitz von jedem anderen unterscheidet, ist sein charakteristischer, zutiefst individueller Klavierklang», schreibt der Konzertpianist und Musikkritiker Samuel Lipman. «Sein Geheimnis liegt allem Anschein nach in Horowitz' Beherrschung eines Steinway-Konzertflügels von derart großer Klangfülle und Brillanz, daß er in den Händen jedes anderen Spielers das Publikum zerschmettert zurückließe. Die Vorteile eines solchen Klaviers – das sich so weitgehend vom gewöhnlichen satten, vollen und verhalten brillanten Steinway unterscheidet – liegen vor allem in seiner Tragfähigkeit und leichten Artikulation rascher Passagen; sehr viel bedeutsamer noch ist die Bandbreite möglicher dynamischer Kontraste und die daraus resultierende Differenzierung von Baß-, Mitten- und Höhenregistern. Diese Differenzierung ermöglicht die Hervorhebung der melodischen Linie und läßt es zu, daß die extremen dynamischen Kontraste des Instrumentes ohne Blockierung der Hörbarkeit der gespielten Tonhöhen genutzt werden können.»

Eine Viertelstunde nach Beginn des ersten Teiles des Solo-Konzerts in Toronto lauschten nahezu 3000 Personen so aufmerksam, daß sogar ein verstohlenes Hüsteln oder Räuspern als empörender Frevel wirkte und man den Übeltäter am liebsten gelyncht hätte. Horowitz behauptet von sich, er selbst habe kein einziges Mal in diesen fünfzig Jahren im Konzert niesen müssen, und glaubt, daß, wenn er sich zurückhalten kann, das auch jedem anderen möglich sein sollte. «Aber sie tun es *nicht*», sagt er emphatisch. «Sie hüsteln. Manchmal hat alle Welt die Grippe. Manchmal habe ich ein schlechtes Publikum, und dann besuche ich diese Stadt nie wieder.

Manchmal ist das, was ich zu sehen bekomme, schrecklich und kann das ganze Konzert verderben. Einmal saß eine Frau in der ersten Reihe, die bei allem, was ich tat, den Kopf schüttelte. Eine alte Frau. Alles, was ich tat, mißbilligte sie. Nachher suchte sie mich auf, und mir wurde klar, daß es sich dabei um einen nervösen Tic handelte. Aber während des Konzerts hatte ich davon keine Ahnung. In Milwaukee war einmal ein Mann, der drei Zentner schwer war und sich mit ausgestreckten Beinen in seinem Sitz zurücklehnte, wobei er in der Nase bohrte. Mein Programm sollte mit Beethoven beginnen, und ich war wütend. Also nahm ich Platz, schaute ins Publikum, streckte meine Beine aus und starrte ihn geradewegs an. Niemand begriff, was da vor sich ging. Er wurde rot. Ich genierte mich gar nicht. Wissen Sie, ich habe in meinem Leben schon so viele Dinge getan. Alles, was da über meine Scheu erzählt wird, ist *Quatsch – reiner Quatsch*! Ich war nie nervös. Ich bin nervös, wenn ich tun will, was ich tun möchte. Ich bin nervös, wenn ich die Konzeption spielen will, die ich im Kopf habe. Ich bin nervös, weil ich nicht weiß, ob mir das gelingt oder nicht. Vielleicht bekomme ich einen Magenkrampf. Ich bin auch nur ein Mensch. Aber das Publikum macht mich nicht nervös. Trotzdem will ich ihre Gesichter nicht sehen.»

In der Pause absolvierte Horowitz seine Verbeugungen und eilte dann zurück in seine Garderobe. Sein Kammerdiener half ihm aus dem Cut, und dann machte der Pianist ein viertelstündiges Nickerchen im Dunkeln. Er sagt, daß sich sein Blutdruck während dieser kurzen Pausen unverzüglich senkt, und er ist in der Lage, völlig zu vergessen, daß er ein Konzert bestreitet und sich mitten in einem Auftritt befindet. Wenn er sich erhebt, zieht er ein frisches Hemd an, kämmt seine Haare und überprüft alle Details seiner äußeren Erscheinung. «Er tut das, ohne nachzudenken», sagt Madame Horowitz, die sich mit ihrem Gatten in dem Abscheu vor dem nachlässigen Kleidungsstil und Gehabe einig ist, das manche jüngeren Künstler heute an den Tag legen. «Er spürt, daß er Menschen von einem gewissen Ansehen repräsentiert, Leute wie Chopin und Beethoven. In Rollkragenpullover und Blue jeans aufs Podium zu kommen, heißt dem Publikum und dem Komponisten gegenüber mangelnden Respekt bezeugen. Wenn man ins Konzert geht, möchte man aufschauen, und wenn man aufschaut, möchte man etwas sehen, das ein bißchen anders ist, ein bißchen besser.»

Als Horowitz wieder die Bühne der Massey Hall betrat, schlug ihm ein Beifall entgegen, der noch ausdauernder war als der zu Ende der ersten Hälfte seines Auftritts. Wieder erstarb der Applaus, und es herrschte Totenstille, als er begann. Im ersten Teil hatte er zwei Klaviersonaten gespielt, eine von Chopin und eine von Mozart. Jetzt, seiner Auffassung getreu, ein Klavierabend habe wie ein Diner zu verlaufen, spielte er kleinere «Nachtisch»-Stücke von Fauré, Rachmaninow (einem engen Freund und Bewunderer des Pianisten), Skrjabin und noch einmal Chopin. Ein halbes Jahrhundert lang hatte er diese Stücke nun gespielt, und doch war er sich bewußt, in manche davon erst allmählich hineinzuwachsen. «Man wird milder», sagt er. «Wenn man jung ist, denkt man mehr an physische als an geistige Glanzleistungen. Aber die Situation bleibt sich für mich immer gleich: Ich bin das Medium zwischen dem Komponisten und dem Publikum. Ich muß den richtigen Zugang zu Gefühlen und Geist des Komponisten finden. *Diese* Konzentration verleiht dem Künstler die Aura. *Diese* Konzentration bringt die elektrisierende Spannung hervor.»

Im Gegensatz zu vielen anderen Künstlern ist Horowitz durchaus nicht abgeneigt, ein Programm aus einem Dutzend kleinerer Stücke zusammenzustellen. «Eine Mazurka von Chopin kann gewichtiger sein als eine Symphonie von Mahler», sagt er. «In einem Fünf-Minuten-Stück kann mehr Musik enthalten sein als in einem Ein-Stunden-Werk.» Gleichzeitig sagt diese Art von Programmgestaltung natürlich auch dem Publikum zu, weil sie nur kurze Phasen angespannten Zuhörens verlangt und scharfe Kontraste in bezug auf Tempo und Stimmung erlaubt. Die Gewitztheit dieser Strategie des Pianisten ist offenkundig: Sein Publikum ist in der Tat «elektrisch geladen», und immer wenn Horowitz ein Stück beendet, kommt es, unmittelbar vor dem Ausbruch des Beifallssturms, zu lächelnder Zustimmung, Seufzen, zu jenen Augenblicken ruhiger Wertschätzung. Momente wie diese haben einen fast religiösen Anstrich, und in religiöse Begriffe kleidet ein Großteil der Horowitz-Anhänger auch sein Lob.

«Mich oder irgendeinen anderen Pianisten mit Horowitz zu vergleichen, ist ein Sakrileg, eine Lästerung, wie das Bespucken eines Heiligenbildes in einer Kirche», hat der russische Pianist Lazar Berman gesagt.

«Sein Spiel entzieht sich jeder Analyse», sagt der Horowitz-Archivar Caine Alder, der in Salt Lake City, Utah, ein ganzes Museum von Horowitziana zusammengetragen hat.

«Er ähnelt niemandem sonst; er klingt nicht wie irgendein anderer. Er ist der einzige, der noch jener großen, heroischen Klasse legendärer Konzertpianisten angehört», sagt Tom Shepard, der Direktor der Schallplattengesellschaft, die Horowitz-Aufnahmen vertreibt, und selber Komponist. «Bevor er noch einen Fuß aufs Podium setzt, hat sich schon jene Erregung eingestellt, weil man weiß, daß man in den nächsten zwei Stunden mit jeder Fiber von Leib und Seele dieses Mannes verbunden sein wird. Es spielt keine Rolle, wieviel man für die Eintrittskarten bezahlt hat, man empfindet es als eine Gunst, daß er seine Zeit mit einem teilt.»

«Es geht über alles hinaus, was er musikalisch oder technisch vollbringt», sagt der Kritiker Samuel Lipman. «Seine Laufbahn ist die letzte große dämonische Pianistenkarriere. Er ist der letzte Musiker, dessen Erfolg von seinen Kollegen für *übernatürlich* gehalten wird.»

Nach vier Zugaben, eine davon eine eigenhändige Transkription von Horowitz, zog er sich in die Garderobe zurück, wechselte die Kleidung und begab sich dann in den Empfangsraum, um Besucher zu begrüßen. Nachdem er Autogramme gegeben und die Glückwünsche zahlreicher Pianisten entgegengenommen hatte, die gekommen waren, ihm Tribut zu zollen, nahm er in einem Sessel hinter einem kleinen Tisch Platz und hielt wie ein General in einem Kriegsfilm Hof, umgeben von einer kleinen Gruppe gutgekleideter Männer in mittleren Jahren, die ihn im Halbkreis umstanden und dabei, scheu wie kleine Kinder, von einem Fuß auf den anderen traten. Es waren Manager, Vertreter seiner Schallplattengesellschaft und Freunde, die hebeigeeilt waren, um ihm ihre Aufwartung zu machen.

«Wir möchten Sie in Italien sehen», sagte ein graumelierter RCA-Repräsentant jenes Landes. «Die *Scala* erwartet Sie. Auch die jungen Leute warten.»

«Sie müssen nach England kommen», sagte ein Mann mit ausgesprochen britischem Akzent.

«Ich *muß*, hmmmmmhh?» erwiderte Horowitz und runzelte die Augenbrauen. «Ich fürchte, Sie werden enttäuscht sein. Ich mag die *Festival Hall* nicht. Amerika ist ein so großes Land. Es gibt so viele Orte, an denen man Konzerte geben kann.»

Nach mehreren solcher Wortwechsel erklärte Madame Horowitz die Audienz mit einem Kopfnicken für beendet, und die Gruppe von Männern defilierte wieder auf den Korridor zurück. Horowitz verlangte nach seinem schwarzen Überzieher und seinem schwarzen Filzhut. Dann begaben sich er, Madame, Tournee-Manager Scimonelli, sein persönlicher Manager Harold Shaw (der mit dem Flugzeug aus New York gekommen war) und der ortsansässige Impresario Walter Homburger zum Bühnenausgang, ließen ein Blitzlichtgewitter aus den Kameras von Berufs- und Amateurfotografen und vereinzelten Beifall über sich ergehen und stiegen in die wartende Limousine. Als die Gruppe im Sutton Place Hotel eingetroffen war, zog sich Horowitz in sein völlig abgedunkeltes Schlafzimmer zurück. «Ich schlafe eine halbe Stunde. Ich wache auf. Ich esse», sagte er. «Ich fühle mich, als ob es gar kein Konzert gegeben hätte.»

Zu Hause, in seiner Stadtwohnung in New York, erlegt sich Horowitz einen streng eingeteilten Tagesablauf auf. Im Gegensatz zu den meisten anderen Künstlern gibt er keinen Unterricht, und sein Konzertplan, der, wie erwähnt, aus zwanzig Auftritten pro Jahr besteht, läßt ihm ein Gutteil Freizeit. Er beschäftigt einen Privatsekretär, der sich seiner Korrespondenz annimmt, einen Koch, der ihm seine Mahlzeiten bereitet, einen Manager, der sich ums Geschäft kümmert, und einen Presse-Agenten, der die nahezu täglich anfallenden Entscheidungen bearbeitet, die nun einmal hinsichtlich der Publicity getroffen werden müssen. Seine Frau dient für alle diese Menschen als eine Art Kugelfang, so daß Horowitz selbst in der Lage ist, ein Leben zu führen, das von dem, wie es sich jenseits seiner dichtgeschlossenen Schlafzimmerfenster abspielt, so weit wie möglich abgeschottet ist. In dieser selbstgeschaffenen Umgebung bestimmt er die Definition von Tag und Nacht genauso wie alles übrige. Er steht gewohnheitsmäßig gegen Mittag auf, frühstückt und arbeitet etwa eine Stunde lang mit seinem Privatsekretär. Dann verbringt er einige Zeit am Klavier, schläft eine halbe Stunde und ißt um halb vier zu Mittag. Wie er selbst sagt, ißt er kein Fleisch, trinkt keinen Alkohol und erlaubt sich ein Maximum von sechs Zigaretten täglich («Ich habe eine ungeheure Willensstärke. Ungeheuer!»). Dann unternimmt er seinen täglichen Spaziergang um die Häuserblocks, kehrt heim, beantwortet Telefonanrufe und schläft noch einmal eine halbe Stunde vor dem Abendessen.

Ab halb zehn Uhr abends gibt Horowitz in seinem warmen, elegant ausstaffierten Wohnzimmer Interviews, tätigt geschäftliche Transaktionen und empfängt persönliche Freunde. Der Besucher betritt das fünfgeschossige Stadthaus der Horowitz' im Parterre und steigt dann die Treppen zum Wohnzimmer empor. Vladimir Horowitz liebt dramatische *entrées*; also wird der Besucher zunächst zu einem Sessel komplimentiert und mit einem Drink bewirtet. Einige

Minuten später kommt der Pianist die Treppenstufen herab, untadelig gekleidet, mit einer kecken, das Kinn streifenden Fliege angetan, ganz Lächeln und Herzlichkeit. Alle im Wohnzimmer Anwesenden erheben sich zu seiner Begrüßung. Dann nimmt er Platz. Daraufhin nehmen alle anderen ebenfalls Platz. Horowitz hat keine hohe Meinung von der Presse, und alle Interviewer sehen sich in eine streng kontrollierte Situation einbezogen, die dem besonderen Horowitz-Protokoll gehorcht. «Wir sind nicht so wie Lenny Bernstein. Wir wollen nicht unbedingt in die Zeitschrift *People*», sagt Madame Horowitz und gibt damit den Ton für den Abend an; sie nimmt neben ihrem Gatten Platz und bittet den Tournee-Manager, Giovanni Scimonelli, ebenfalls dazubleiben. «Tss, tss», gluckst sie manchmal, wenn ihr Mann etwas sagt, das sie für indiskret hält, oder sie schaltet sich ein, um die Frage des Interviewers oder die Antwort ihres Gatten zu verdeutlichen. Horowitz selbst scheint ihre Teilnahme zu genießen. Er überprüft seine Interviewpartner im voraus (ich wurde zu einer Art «Sprechprobe» gebeten, und zwar an einem der vorherigen Abende um halb zehn, so daß der Pianist selbst entscheiden konnte, ob er meine Fragen beantworten wollte oder nicht) und geht mit Interviews um, als ob sie eine Art Kartenspiel wären.

«Wissen Sie», sagt er wohlüberlegt, die Beine übereinanderschlagend und dabei mit einer seiner sechs selbstbewilligten Zigaretten spielend, «dieser Artikel ist für mich unwichtig. Ich habe meine Karriere bereits gemacht. Für Sie ist er wichtig. Für Ihre Karriere. Sie werden einen guten Artikel schreiben, nnnhhh?» Dann lehnt er sich im mächtigen schwarzen Chintz-Sofa zurück und unterhält sich lebhaft bis nahezu ein Uhr nachts.

Horowitz brüstet sich mit seiner stetig fortschreitenden musikalischen Entwicklung. «Jedes Jahr», sagt er, «arbeite ich an etwas neuem. Ich stelle mir die Herausforderung, etwas einzustudieren, was ich nie zuvor gespielt habe. Um zu sehen, ob ich geistig noch auf der Höhe bin, ob die Reflexe noch gut sind. Der Komponist, der mir am nächsten steht, ist der Komponist, den ich gerade spiele. Jede Woche habe ich einen anderen Freund; ich bin promiskuitiv; was ich empfinde, spiele ich auch geradewegs. Dieses Jahr spiele ich zum erstenmal zwei Stücke von Fauré. Zunächst studiere ich den ganzen Komponisten. Ich spiele alles, was er geschrieben hat. Ensemble-Musik – einfach alles. Ich spiele *selbst*, höre mir nicht etwa Schallplatten an. Ich spiele sehr gut vom Blatt. Es gibt wunderbare Künstler, die nicht so gut vom Blatt spielen, aber ich kann es sehr gut.

Ich spiele alles, was der Komponist geschrieben hat, weil die Stimmung des Komponisten dieselbe ist, gleichgültig, ob es sich um ein kurzes oder langes Stück, um ein Stück für Soloklavier oder für ein Ensemble handelt. Man erspürt sich die Musik. Die Textur spricht mich an. Der Stil: Der eine Komponist ist episch, der andere poetisch; oder heroisch; oder dramatisch. Ich spiele die Musik selbst, weil Schallplatten nicht das Wahre sind. Sie sind wie Postkartenaufnahmen von einer schönen Landschaft. Man bringt die Postkarten heim, und wenn man sie anschaut, erinnert man sich, wie schön die Landschaft in Wahrheit ist.

Ich weiß auch alles *über* den Komponisten. Ich lese seine Briefe, weil man früher üblicherweise viel geschrieben hat. Die Briefe vermitteln mir den Charakter des Komponisten, die Ehrlichkeit des Komponisten, den Geschmack des Komponisten. Was er an der Musik anderer schätzte und was nicht. Die Briefe geben mir einen Hinweis, einen Schlüssel für seine geistige Einstellung, für den Geist seiner Musik. Ich lese keine Bücher *über* den Komponisten. Ich schenke immer dem Komponisten selbst Glauben und nicht dem, was andere über ihn geschrieben haben.

Wenn ich ein Musikstück zum erstenmal spiele, *höre ich genau hin.* Ich denke mir: Da liegt etwas verborgen. Arthur Nikisch sagte, wir haben fünf [Noten-]Linien und Punkte. Wenn man nur die Punkte spielt, ist das keine Musik. Man muß über die Punkte hinausgehen, auf die andere Seite, zur gefühlsmäßigen Bedeutung der Musik, hin zu dem, was verborgen liegt. Also spiele ich den Notentext am folgenden Tag erneut durch. Dann lasse ich ihn zwei Tage lang in Ruhe. Am dritten Tag wiederhole ich ihn. Fünf Tage. Sechs Tage. Und dann bin ich in dem Stück zu Hause, so zu Hause, wie wenn ich *Tea for Two* spiele!»

Der Pianist bricht in ein kehliges Kichern aus, das in Husten und Stirnrunzeln endet. «Wenn ich spiele, habe ich keine anderen Pianisten im Ohr, nicht einmal meine eigenen Schallplattenaufnahmen. Ich möchte nicht beeinflußt werden, nicht einmal unbewußt. Ich nehme die Noten und möchte sie so sehen, als ob ich sie nie zuvor gesehen hätte. Wenn ich ein Stück spiele, ist mir jede Note geistig präsent. Sonst könnte ich es nicht spielen. Nie. Sogar bei den größten Komponisten gibt es Stücke, die ich nicht mag und die ich nie spielen werde, selbst bei dem am meisten verinnerlichten Komponisten von allen, Robert Schumann. Ich liebe ihn, aber es gibt eine ganze Menge Stücke von ihm, die abgedroschen sind und die ich nie spielen werde, weil sie mich nicht ansprechen. Das mag an mir liegen. Möglich. Ich mache Herrn Schumann keinen Vorwurf. Aber ich tue es nicht. Ich muß ohne Angeberei bekennen, daß ich eine Art innerer Integrität habe, die mir diktiert, was ich zu tun und was ich zu lassen habe.

Ein Konzert ist kein Vortrag. Der Intellekt ist für mich stets der Wegweiser, aber nicht das Ziel des Auftritts. Wenn ein Komponist zu intellektuell ist, wie manche moderne Komponisten, komme ich nicht mehr mit. Ein Konzert ist kein Vortrag. In den vierziger und fünfziger Jahren habe ich selbst moderne Musik vorgestellt. Ich spielte die Erstaufführung dreier Sonaten von Prokofjew, einer Sonate von Barber und einer Menge kleiner Stücke von Barber. Auf Barber bin ich nicht unverzüglich angesprungen. Zunächst einmal kannte ich den Komponisten. Er war einer meiner Freunde. Ich entwickelte ein Gespür für seine Ausdrucksweise. Das war alles sehr schön, sehr idiomatisch geschrieben. Aber die Musik? Es gab da Stellen, die ich nicht verstand, nicht einmal, wenn ich sie spielte. Als Ganzes aber war es gut. Man kann nicht immer ein Genie sein. Mein Schwiegervater sagte, man könne nicht vierundzwanzig Stunden lang genial sein. Da gibt es Augenblicke ... Aber die heutige Musik? Man kann eine Fuge wie Bach schreiben, und man kann eine Fuge wie, Verzeihung, Hindemith schreiben. Eine seelenlose Fuge.»

Madame Horowitz, die ihrem Gatten aufmerksam gelauscht hat, lehnt sich auf der Couch zurück: offenbar unterhält er sich gut.

«Ich meine, jeder ausübende Musiker sollte auch etwas Komponisten-Instinkt haben», fährt er überschwenglich fort. «Gute Komponisten oder schlechte Komponisten, die besten Pianisten waren immer auch Komponisten – alle! Das verleiht einem die Phantasie, die Freiheit, das Verständnis für Musik! Und da ist ein anderer Bereich: die Improvisation. Ich kann zwei Stunden lang am Klavier sitzen und improvisieren. Manchmal kommt gar nichts dabei heraus und manchmal schöne Sachen. Für mich ist der Intellekt stets der Wegweiser, nicht das Ziel des Auftritts. Drei Dinge müssen dabei koordiniert werden und keines darf hervorstechen. Nicht zuviel Intellekt, weil es sonst pedantisch werden kann. Nicht zuviel Herz, weil es sonst schmalzig werden kann. Nicht zuviel Technik, weil man sonst zum Mechaniker werden kann. Mechanik ist etwas Körperliches, wie Freiübungen, die zum Muskelaufbau eingesetzt werden. Weil wir ein Schlaginstrument haben. Aber was jeder Komponist verlangt hat – von Mozart über Beethoven bis Chopin –, ist, daß wir versuchen müssen, aus einem Schlaginstrument ein Instrument zu machen, das singt. Wenn man über eine hochentwickelte Mechanik verfügt, besteht die Technik darin, wie man sie anwendet. Wenn es aber nur zur Fingerfertigkeit wird, dann ist es wie ... wie Detroit, wissen Sie ...»

«Fließbandarbeit», sagt Madame Horowitz.

«Sie gehen in ein Konzert, und der Pianist spielt schnelle Läufe, jeder Triller ist perfekt. Es ist schön, aber nach zehn Minuten langweilt es Sie. Alles klingt gleich. Hier und da sollte immer ein kleiner Fehler eingestreut sein – dafür bin ich. Die Leute, die keine Fehler machen, sind kalt wie Eis. Man muß das Risiko auf sich nehmen, einen Fehler zu machen. Wenn man nichts riskiert, ist man langweilig. Diese jungen Leute, die einen Wettbewerb gewinnen, sind wie ...»

«Fließbandarbeiter», sagt Madame Horowitz.

«Fließbandarbeiter», sagt Horowitz. «Nach zehn Minuten langweilen Sie sich und gehen nach Hause. Die *Kritiker* mögen es nicht, wenn man Fehler macht. Ich lese alle Kritiken, aber sie beeinflussen mich nicht. Anfangs ja. Von einem materialistischen Standpunkt aus. Mein Manager sagte mir, es sei sehr wichtig, gute Kritiken zu haben, weil ich dann mehr Engagements bekommen würde. Aber sie haben mich nie musikalisch beeinflußt. Seit dem ersten Tag nicht, als ich hierherkam. Sie können meine Einstellung nicht verändern.

Als ich zu Beginn nach Deutschland ging und das erstemal außerhalb Rußlands spielte, mußte ich mich umstellen. Ich spielte die Musik, die ich mochte – beispielsweise einen ganzen Abend lang Medtner – aber *zwei* Stücke waren für die Leute in Deutschland zuviel, und in Frankreich waren sie daran gar nicht interessiert. Also änderte ich mein Repertoire und nahm Chopin, Liszt, Schubert auf. In Frankreich lernte ich Ravel, Debussy, Dukas und Poulenc kennen. Ich ließ mein russisches Repertoire zusammenschrumpfen. Deutschland war die Hochburg der Musik zur damaligen Zeit, von 1925 bis Hitler, und alle fanden sich dort ein. Und ich kannte sie. Und sie hatten keinerlei Einfluß auf mich. Ich wahrte meine Persönlichkeit wie ein Stück Stahl. Schnabel wollte mir Unterricht geben. Cortot wollte mir Unterricht geben. Aber ich lehnte ab. Der einzige, der mich anzog, war Busoni, aber ich kam erst ein Jahr nach seinem Tode. In Europa war Chauvinismus an der Tagesordnung. In Paris hatte man französische Musik zu spielen. In Italien italienische. In Deutschland deutsche. Ich spürte das aus den Zuhörererwartungen heraus. In Wien spielte ich einiges von Ravel, und das Publikum *lachte*! Also spielte ich es beim nächsten Mal nicht mehr.

Als ich 1925 nach Deutschland kam, saß ich da und ging vier Monate lang – ohne jede Übertreibung – drei Mal in der Woche ins Konzert. Nur um mir alles anzuhören. Ich war *seeehr* enttäuscht. Schrecklich. Weil ich die ganze Musik liebte, sie aber sehr schulmeisterlich gespielt hörte. *Langweilig.* Ich schrieb nach Hause und sagte: ‹Mein Gott, dieses ganze Deutschland ist wie die Götterdämmerung. Alles geht hier zu Bruch!›»

Madame Horowitz richtet sich auf und sagt: «Tss, tss!»

«Das, was ich Ihnen jetzt erzähle, ist etwas sehr Außergewöhnliches», sagt er, sich über sie hinwegsetzend und sich vorbeugend, als sei das, was er äußern wollte, ein Staatsgeheimnis. «Ich hatte mir sehr viel mehr Wärme und Sinnlichkeit vorgestellt, mehr Leben. Ich hörte alles, was in den Noten stand, aber wenn es gespielt wurde, klang es sehr viel dürftiger. Bis heute bin ich kein Pedant. Ich bin Individualist. *Jeder* Künstler sollte das sein.» Er bricht ab und starrt in die Luft.

«Du hast über die Kritiken gesprochen», drängt ihn Madame. Scimonelli richtet sich in seinem Sessel auf und neigt sein sauber gekämmtes Haupt dem Pianisten zu.

«Ich lese alle Kritiken, aber sie beeinflussen mich nicht», wiederholt Horowitz. «Nach einem Konzert erinnere ich mich an alles, was ich gemacht habe. Manchmal spiele ich sehr gut, und die Kritiker merken es gar nicht. Aber jetzt will ich Ihnen einmal etwas sehr Eingebildetes sagen: *Selbst wenn ich nicht so gut spiele, ist es immer noch gut genug.* Sehen Sie, ich weiß das, aber das Publikum weiß es nicht, und manchmal wissen es auch die *Kritiker* nicht. Was mich selbst angeht, wenn es mir gelingt, alle Noten zu spielen, wenn es mir gelingt, alle Valenzen der Noten zu spielen, wenn es mir gelingt, alle Klangfarben herauszuarbeiten, dann weiß ich, daß es ein Erfolg ist. Es ist wie mit der Malerei. Hier plant man ein bißchen Rosa, hier ein bißchen Blau, und an manchen Stellen weiß man noch nicht, welche Farben man nehmen wird. Wenn ich fertig bin, höre ich das Ganze im Geist und sehe, daß es schön ist.»

Obwohl Horowitz das Vorkommen von Fehlern bei Live-Auftritten befürwortet, ist er doch nicht darauf bedacht, sie in seinen Schallplattenaufnahmen zu verewigen. Die moderne Aufnahmetechnik hat es ermöglicht, durch das Schnittverfahren das Problem zu eliminieren, ob es einem «gelingt, alle Noten zu spielen», und der Pianist macht sich dies weitestgehend zunutze. Er verfügt über Kontrollmöglichkeiten, die in der Klassik-Industrie einzigartig sind: Sein Vertrag legt alle Einzelheiten seiner Zustimmung zu jedem Aspekt des Herstellungsprozesses fest, von der Produktion der LP über die Aufmachung der Plattenhülle bis hin zum Wortlaut des Begleittextes.

Bei Columbia Records, wo er bis 1974 unter Vertrag war, hatte Horowitz ein «höheres garantiertes Jahreseinkommen als jeder andere Künstler, eingeschlossen Leonard Bernstein», sagt ein Mann, der dort arbeitete. «Er war auch der einzige Künstler, dessen Vertrag dahingehend lautete, daß er eine Probepressung *abzuzeichnen* habe, bevor wir sie in die Fertigung gehen lassen durften. So konnte es zu der folgenden Situation kommen, und ich übertreibe durchaus nicht. Wir nahmen ein Stück auf, schnitten die verschiedenen Teile zusammen und schickten ihm eine Kopie. Er sagt: ‹Das ist ganz gut, aber den Triller spiele ich an einer anderen Stelle besser.› Also geht man die einzelnen *takes* durch, findet den Triller, den er meint, und fügt ihn ein. Eine Woche später sagt er dann: ‹In einem anderen *take* habe ich, glaube ich, eine aufregendere Coda gespielt.› Also spult man zurück, sucht nach der Coda und schneidet *sie* hinein. Endlich hat man somit das Originalband, so daß man die Aufnahme für endgültig halten kann. Man schickt es ihm. Man besucht ihn um halb zehn Uhr abends, obwohl man den ganzen Tag gearbeitet hat und an jenem Morgen um halb sieben aufgestanden ist. Dann sagt er: ‹Wissen Sie, der langsame Satz könnte ein Dezibel leiser sein.›

Sie wissen ja sicher, daß ein Dezibel die kleinste Differenzierungseinheit in bezug auf die Lautstärke ist – man kann es kaum wahrnehmen. Der technische Ausdruck für diese Angelegenheit lautet *bullshit*. Aber der Mann heißt Horowitz, also fängt man noch einmal an und mischt den langsamen Satz neu, so daß er jetzt ein Dezibel leiser ist. Endlich ist er zufrieden. Der nächste Schritt ist eine Probepressung, etwas, das sehr selten vorkommt, es sei denn beim Umgang mit Horowitz. Der technische Betrieb stellt also sechs bis zwölf Schallplatten her, und anstatt das nächste Tausend in Angriff zu nehmen, wird eine davon an Horowitz geschickt. Er hört sie sich zu Hause an. Dann sagt er: ‹Wissen Sie, die zweite Seite rauscht ein bißchen.›

Also läßt man den Betrieb Kopf stehen (ich muß Ihnen ja wohl nicht sagen, was das die Firma kostet), sondert die Platte aus und macht eine neue. Wieder eine Probepressung von sechs Stück. Man schickt ihm eine zum Anhören. Man geht um halb zehn wieder zu ihm, und er sagt: ‹Wissen Sie, wie ich den zweiten Satz gespielt habe, gefällt mir jetzt gar nicht mehr.› Nun muß man noch einmal an den Ausgangspunkt des ganzen Prozesses zurück und von vorne anfangen. *Kein* anderer Künstler benimmt sich meines Wissens derart.»

So geht Horowitz auch mit Managern um, wobei er sich manchmal bis wenige Tage vor dem Konzert weigert, Verträge zu unterschreiben, und natürlich einen Auftritt streicht, wenn es ihm einfällt. So benimmt er sich auch seinen Zuhörern gegenüber, die manchmal eine Nacht auf dem Bürgersteig kampieren, wenn eine lokale Konzertkasse Horowitz-Karten zum Verkauf anbietet, um dann schließlich gewahr zu werden, daß eine bestimmte Anzahl von Plätzen bereits verkauft und eine andere von den Horowitz' selbst mit Beschlag belegt ist. Und so geht er auch mit seinen Freunden um, die zum größten Teil mit seiner beruflichen Laufbahn in Zusammenhang stehen und eher als Publikum denn als Gruppe von Gleichgestellten fungieren. Sie behandeln ihn wie eine zerbrechliche chinesische Vase, fügen sich seinen Launen und strengen Gewohnheiten, lauschen seinen sattsam bekannten Anekdoten und Witzen und unterstützen seine Entschlüsse mit bedingungsloser Treue.

Sie glauben, daß sie schon durch die bloße Gelegenheit, einem Genie nahe zu sein, geehrt sind, und möchten das nicht gefährden. Sie behaupten, nichts zu wissen, wenn gerüchtweise von den Nervenzusammenbrüchen des Pianisten, von seiner angeblichen Homosexualität oder davon die Rede ist, daß seine einzige Tochter sich selbst das Leben genommen hat. *Ist das nicht irgendwie nebensächlich?* mögen sie dann wohl fragen.

Um halb zwölf Uhr abends läßt sich im Wohnzimmer der Horowitz' mühelos erraten, was sie meinen. Der Pianist ist wohlauf und hat sich nach zwei Stunden Gespräch zu entspannen und echtes Interesse an dem zu finden begonnen, was er sagt. «Das Publikum ist ein sehr merkwürdiges Tier», spekuliert er. «Einzeln verstehen sie manchmal überhaupt nichts, zusammengenommen aber fängt manchmal etwas an zu dämmern. Ich spiele gern in Chicago – da gibt es keine Extreme. Boston ist gut. Washington ist sehr gut, kosmopolitisch. In New York sind sie so provinziell wie in keiner anderen Stadt in Amerika. New York, wissen Sie, das ist keine Stadt – das ist ein Land. Wenn man da ein Konzert gibt, weiß man nicht, wer im Publikum ist. Nie weiß man das. Immer sind zu viele Studenten da, die nur auf besondere Dinge achten und bereits im voraus kritisieren. Es sind zu viele Aristokraten da: das heißt, sie haben Geld, und ich habe einen Namen, also *müssen* sie da sein. Sie schlafen zwar eine Stunde lang, aber sie müssen da sein! In dieser Hinsicht ist New York die schwierigste Stadt. Es hat das intellektuellste und gebildetste Publikum, aber die sind nicht immer in der Carnegie Hall – sie können nicht immer Karten bekommen. Ich kenne die Westküste nicht, aber was für eine wunderbare Stadt ist Ann Arbor! Die Colleges sind die Aristokratie des Publikums. Ich mag junge Leute, und sie mögen mich.»

Vladimir Horowitz lächelt befriedigt. «Das Publikum hat eine

Menge gelernt in den fünfzig Jahren, in denen ich hier spiele. Weil sie sehr viel Musik gehört haben. Im Radio und auf Schallplatten. Im ersten Jahr, als ich herkam, spielte ich Chopins g-Moll-Ballade, heute eines der abgedroschensten Stücke. Damals aber, 1928, sagte mir mein Manager, die Leute beklagten sich, ich solle doch nicht solche intellektuelle Stücke spielen! Vor fünfzig Jahren konnte man ein Programm mit Strauss-Walzern und Opern-Transkriptionen spielen. Man mußte mehr pyrotechnische Dinge spielen, mehr explosive Dinge, die das Publikum von den Sitzen aufspringen und klatschen ließen. Als ich jung war, mochte ich das auch. Ich wollte *épater le bourgeois.* Ich hatte eine ungeheure Fingerfertigkeit und konnte die Leute dazu bringen, ihre Hüte vom Kopf zu reißen. Das war mein Ziel: Ich wollte, daß sie mich anerkennen sollten; ich wollte richtiggehend erfolgreich sein. Heute aber will das Publikum Musik, die von Genies für das Klavier geschrieben wurde. Echte Musik. Damals war es zirkus-ähnlicher. Heute nicht mehr.

Auch die Künstler haben sich verändert. Eines ist sehr wichtig: Niemand fährt mehr mit dem Zug. Wenn sie heute einen Erfolg haben wollen, ruinieren sie ihre Laufbahn durch die Flugzeuge. Sie können nachmittags in San Francisco singen oder spielen und abends in Los Angeles. Sie geben vier oder fünf Konzerte wöchentlich. Das Problem ist nicht die körperliche Müdigkeit. Das Problem ist, daß man, wenn man dauernd spielt, immer dasselbe wiederholt. Und wenn man dasselbe wiederholt, fängt man an, sich selbst zu imitieren, anstatt etwas Neues zu tun. Man braucht Zeit, nachzudenken. Man braucht Zeit, aufzunehmen. Wenn man ein Konzert gibt, verausgabt man sich. Man braucht Zeit, um sich wieder zu sammeln. Ich brauchte immer sechs Monate, um neue Kraft zu schöpfen. Man muß ein wenig nachdenken, sich zurücklehnen, sich selbst *sehen.* Mit den Kollegen reden.

Heute kommen die Kollegen nicht mehr so oft zusammen. Sie sind alle vereinzelt. Sie reisen mit dem Flugzeug. Sie sind allesamt verfeindet. Es gibt keine Kommunikation. In den zwanziger und dreißiger Jahren trafen wir uns, redeten über Musik und warum man dies und das tat. Die Jüngeren haben Angst und sind dauernd in Eile. Wir stehen der Musik näher, der Zeit, in der sie geschrieben wurde, als sie. Wir sind näher an der Wahrheit. Meine Lehrer waren ihr sogar noch näher als ich. In der Musik gibt es eine Menschenkette, die vom Lehrer zum Schüler geht.»

Horowitz bricht ab und zitiert ein russisches Sprichwort. «Jeder geht in den Wald», übersetzt er. «Aber manche Leute machen einen Spaziergang, um sich inspirieren zu lassen, und manche gehen, um die Bäume abzuholzen.» Er wiederholt den russischen Wortlaut und starrt düster durch den Raum. Der Pianist sieht sich selbst als Glied einer Kette von Pianisten, die 150 Jahre zurückreicht. «Heute ist die Kette zerbrochen», sagt er, «aber so geht es heute nun mal.»

Horowitz fühlt sich, wie er sagt, wie eine «altmodische Jungfer», die überzeugt ist, daß zu ihren Zeiten alles besser war als heute. Ein Großteil dessen, was er an modernem Leben in seiner Umgebung sieht, verabscheut er, und aus diesem Grund – wie auch aus persönlichen Gründen – bleibt er lieber zu Hause in seiner eigenen Welt. «Ich lese jeden Tag die Zeitung», sagt er. «Aber in dieser Stadt hat sich der Standard aufgrund des Monopols gesenkt. Die *New York Times* wird dauernd schlechter und schlechter. Kohlköpfe werden mit Cézanne durcheinandergemischt; man weiß nicht, wo man was suchen soll! Ich kann dem gar nicht mehr folgen! Ich stelle das Radio nicht oft an – zuviel Lärm. Ich sehe nie fern. Ich liebe das Theater – kennen Sie einen Russen, der das Theater nicht liebt? Mein Gott. Ich bin unter Stanislawski geboren! Aber ich muß Ihnen sagen, in diesen acht Jahren gab es nicht viel gutes Theater. Ich gehe nicht in Konzerte. Ich möchte nicht unbewußt beeinflußt werden, und außerdem ist das meine Essenszeit.

Ich lese die Briefe von Komponisten. Im 19. Jahrhundert haben sie ungeheuer viel geschrieben, und ich kann in drei Sprachen lesen. Die Klassiker habe ich bereits alle gelesen: Dickens, alle Russen, den ganzen Victor Hugo, Proust, wen immer Sie wollen. Ich habe Thomas Mann sehr gut persönlich gekannt und lese ihn auf deutsch. Aber die moderne Literatur, wie sie heute geschrieben wird, lese ich nicht so sehr. Es ist zuviel für mich. Es nimmt mir zuviel Zeit. Ich höre lieber Opern. Manchmal gehe ich ins Kino, aber lieber in Discotheken. Ich schaue mir gern an, wie sich die jungen Leute benehmen. Heute kann man *alles* sehen. Es ist nicht mehr so wie zu meiner Zeit, als alles unter dem Tisch vor sich ging. Heute liegt es *auf* dem Tisch. Ich möchte gern sehen, wie weit das geht.

Meine Frau tanzt gern. Ich tanze nicht. Ich habe kein rhythmisches Gefühl. Ich bewege mich so viel mit den Händen, daß ich es überflüssig finde, mich mit den Füßen zu bewegen.»

Horowitz bricht erneut in sein lautes, entzücktes Kichern aus, und sein eben noch verdüstertes Antlitz strahlt Heiterkeit aus. «Aber ich rede mehr davon, als ich es in Wirklichkeit tue», räumt er ein. «Ich gehe einmal alle zwei oder drei Monate. Ich stecke mir Ohropax in die Ohren und schaue mir's an. Auch wenn ich nur auf der Straße spazierengehe, amüsiere ich mich. Es ist wie Theater – die Straßen von New York. Wenn ich nach Greenwich Village gehe, ist das wie eine andere Stadt. Ich setze mich hin. Ich fühle mich wie in der Oper. Lustig, wissen Sie.

Es gibt sehr wenig Dinge im Leben, die mich schmerzen. Nur physischer Schmerz. Gelitten habe ich, als ich meine Katze verlor. Und meine Tochter, als sie starb, und als ich meine Mutter verlor. Ich empfinde Enttäuschung, daß ich Komponist werden wollte und nie einer wurde. Aber jeder Mensch ist halb glücklich, halb enttäuscht. Ich habe jetzt keine Zeit mehr. Man kann nicht sowohl Komponist als auch ausübender Musiker sein. Wenn Liszt spielte, komponierte er unglaublich schlecht. Schubert am schlechtesten von allen.

Ich meine, das Wichtigste im Leben eines Mannes ist Gesundheit – geistige und körperliche. Wenn man diese beiden Dinge hat, kann man alles tun. Wenn man älter wird, passiert etwas mit einem, und das erschreckt mich ein wenig. Ich hatte gerade eine Bronchitis, wissen Sie, und bräuchte etwas mehr Zeit, um mich zu erholen. Aber ich *habe* diese Zeit nicht. Das Rachmaninow-Konzert, das ich mit dem Philharmonic spiele, ist so schwer. Ich brauche die Zeit zum Üben.»

Es ist beinahe ein Uhr morgens. Madame Horowitz gibt ihrem Mann kleine, aber merkliche Zeichen, die andeuten sollen, daß es genug des Gesprächs gewesen ist. Das Gesicht ihres Gatten umwölkt sich, als er sagt: «Sie werden einen guten Artikel schreiben, uunnhh?»

Giovanni Scimonelli, der dreieinhalb Stunden lang kein Sterbenswörtchen gesagt hat, lächelt und meint, etwas anderes wäre wohl schwerlich möglich.

Dann zitiert Horowitz abrupt den Komponisten Domenico Scarlatti, der in einer Einleitung zu dreißig 1738 veröffentlichten Cembalo-Stücken geschrieben hat: «Leser! [...] Sei dann aber mehr Mensch als Kritiker, und Du wirst mehr Spaß daran haben.»

«Ich denke, das trifft es», sagt der Pianist mit auffälliger Betonung – und dann nichts mehr.

Als ich mich verabschiede und Madame Horowitz und Scimonelli danke, sitzt Vladimir Horowitz stirnrunzelnd auf der schwarzen Chintz-Couch.

«Kennen Sie den Pianisten Michelangeli?» fragt er aus heiterem Himmel.

«Von Schallplattenaufnahmen», sage ich.

Horowitz schüttelt den Kopf. *«Der»*, sagt er über den italienischen Eremiten, «ist, glaube ich, ein bißchen *meschugge.*»

2

Dirigierkurs in Tanglewood

Dirigieren – eine von Konzertbesuchern weitgehend mißverstandene Berufstätigkeit, von Musikern geschmäht *und* gepriesen, von ihren erfolgreichsten Praktikern als «verrückt», als «unnatürlich» und «unmöglich» beschrieben. Dirigenten sind die einzigen Musiker, die von und aus sich selbst keinerlei Klang hervorzubringen vermögen, für den ein Publikum zu zahlen bereit ist. Ihr Instrument ist kein unbeseelter Gegenstand, sondern eine Gruppe von (häufig schwierigen) menschlichen Wesen. Im Gegensatz zu Instrumentalisten oder Sängern, die es für selbstverständlich halten, daß sie sich selbst beim Üben zuhören können, müssen Dirigenten fünf oder zehn Jahre lernen, bevor sie eine Viertelstunde lang den Klang zu hören bekommen, den sie erzielen möchten. Bis dahin leiten sie imaginäre Ensembles in leeren Räumen, Kirchenchöre, Madrigalgruppen, Bands oder zwei Pianisten, die eine Musik spielen, die vom Komponisten für großes Orchester geschrieben wurde.

Im Laufe dieses bizarren Studienganges muß der angehende Dirigent die Zähigkeit eines Tänzers, die Ausdrucksstärke eines ausgebildeten Schauspielers, den organisatorischen Scharfsinn eines leitenden Geschäftsmannes, die zwischenmenschlichen Erfahrungen eines Psychologen und das Charisma eines Religionsstifters haben. Das alles natürlich zusätzlich zu einer Musikalität, die so sensibel und unwiderstehlich ist, daß hundert andere Musiker, die ebenfalls lange und hart geübt haben, seine Auffassung eines bestimmten Werkes tolerieren und es für ihn spielen, sie sich vielleicht sogar selbst zu eigen machen.

Dieses nahezu übermenschliche Porträt eines Dirigenten ist allerdings erst jüngeren Datums. Bis zum 19. Jahrhundert war der Dirigent eigentlich nur ein anderer Musiker, der mit einer Notenrolle oder einem Stab den Takt schlug, so daß zwei Dutzend Ausführende mehr oder weniger zusammenspielen konnten. In dem Maße aber, wie die Komponisten immer kompliziertere Partituren für immer größere Ensembles schrieben, wie die Orchesterbesetzungen sich verdoppelten und später sogar verdreifachten, konnten die Spieler einander bald weder sehen noch hören und bedurften der Hilfe eines Leiters, der ihnen die Einsätze gab, die Taktwechsel koordinierte, die Balance zwischen den verschiedenen Klanggruppen regelte und die Entscheidungen für die ganze Gruppe traf. Richard Wagner war der erste, der die Rolle des autoritären Zuchtmeisters übernahm, des Dirigenten, der sich nicht mehr damit zufriedengab, den Takt zu schlagen, sondern seine Musiker drillte und die Partitur interpretierte. Wagner nahm in vieler Hinsicht die Pflichten des zeitgenössischen Musikdirektors eines großen Orchesters vorweg: Er machte sich Gedanken über solche Dinge wie die optimale Länge der Pausen und sogar über die Qualität der Erfrischungen, weil «jedermann sehr wohl weiß, daß es nicht nur die Kunst ist, was sich die Mehrzahl der Menschen wünscht».

Auf Wagner folgte eine Reihe höchst charismatischer Männer, darunter Arthur Nikisch, Gustav Mahler, Arturo Toscanini und Bruno Walter – die allesamt einen Nimbus kultivierten, der mit dem der dämonischsten Pianisten wetteiferte. Die Dirigenten erhoben ihren Stab jetzt über mehr als hundert Musiker; sie konnten ebenso neue Kompositionen in Auftrag geben wie auch auswählen, was das Publikum an älteren zu hören bekam; sie geboten über weitläufige Institutionen mit Budgets, die sich auf Millionenbeträge beliefen. Das Fernsehen konsolidierte die Macht und die Vorrangstellung der Dirigenten. Mit dem Fortschritt der Beleuchtungstechnik und des mobilen Geräts bekam das Fernsehen in den Blick, was nicht einmal der Konzertbesucher im Saal vor Augen hatte: das Gesicht des Maestros. Und die Art und Weise, wie die Kameras am Gesicht des Dirigenten hafteten, bestätigte, was die Musiker bereits seit langem wußten: Der Dirigent war zur wichtigsten Figur der Orchestermusik geworden, die häufig nicht nur den Solisten und das Orchester, sondern auch den Komponisten in den Schatten stellte.

Normalerweise gab es nur zwei Wege, Dirigent zu werden. Der eine war der, viele Jahre in einem Orchester zu verbringen; der andere, viele Jahre in einem Opernhaus zu korrepetieren. Heute besuchen die meisten angehenden Dirigenten Konservatorien, Colleges und Sommerkurse wie das Dirigierseminar von Tanglewood in Lenox, Massachusetts, wo sich allsommerlich ein Dutzend junger Männer und hin und wieder auch eine junge Frau, die einen strengen Ausleseprozeß durchlaufen haben, einer zweimonatigen Versenkung ins «Unmögliche» unterziehen.

Sie treffen sich in Seranak, dem auf einer Anhöhe gelegenen Landsitz des verstorbenen Serge Kussewitzky, der das *Tanglewood Festival* begründet hat, seine Sommerferien in Europa fahrenließ, um das Boston Symphony Orchestra ganzjährig zu leiten, und selbst den ersten Schwung von Dirigenten-Anwärtern unterrichtete. Es ist ein idyllischer Fleck. Seranak – aus den Namen von Serge und Natalie Kussewitzky zusammengesetzt – liegt hoch über der Ebene von Tanglewood, wobei seine von niedrigen Mauern gesäumte Terrasse einer der denkbar besten Blicke auf Stockbridge Bowl und die Berkshire-Berge der Umgebung bietet. Das Wohnzimmer in dem mit weißen Schindeln gedeckten Haus wird von einem zwei Meter hohen Ölgemälde von Kussewitzky beherrscht, der seinen Kontrabaß spielt; daneben treten noch kleinere Gemälde, Zeichnungen und Büsten des Mannes in Erscheinung. In diesem Wohnzimmer gibt es zwei Stutzflügel für das Dirigierseminar, ein Podium für den Dirigenten, Kussewitzkys Lampen und Bücher, eine Videokamera samt Recorder und mehrere Reihen schlichter Metallklappstühle, die in das ehedem elegante, heute etwas verblichene Rattan- und Holzmobiliar hineingequetscht sind.

Jeden Sommer seit 1940, als die fünf Teilnehmer Leonard Bernstein, Gaylord Brown, Richard Bales, Thor Johnson und Lukas Foss hießen, fanden hier Seminare statt, die alles andere als ruhig verliefen. In den achtziger Jahren, nachdem auch frühere Star-Instrumentalisten wie der Geiger Pinchas Zukerman, der Pianist Christoph Eschenbach und der Trompetenvirtuose Gerard Schwarz auf das bereits stark besetzte Gebiet vorstießen – die American Symphony Orchestra Ligue zählte 1986 eine Gesamtmitgliedschaft von 1297 Dirigenten in Nordamerika (einschließlich der Dirigenten von Jugend- und College-Orchestern) –, sind die Erwartungen sehr hoch, der Wettbewerb hart. Seranak – und zwar eben dieser Wohnraum – ist die Stelle, wo Kussewitzky einst zu Leonard Bernstein sagte: *«Es wird dir alle Tore auf der ganzen Welt öffnen!»* Lorin Maazel studierte hier. Ebenso Seiji Ozawa. Ebenso Zubin Mehta. Jeweils einen Sommer lang kamen Bernstein, Ozawa, Kurt Masur, André Previn, Erich Leinsdorf, Andrew Davis, Klaus Tennstedt und andere brillante, einflußreiche Leiter von Weltklasse-Orchestern, um Kurse zu geben, ihre Einsichten weiterzuvermitteln und sich möglicherweise vom Talent eines der Dirigenten-Anwärter beeindrukken zu lassen.

Jeden Sommer bewerben sich etwa 200 junge Dirigenten als Kursteilnehmer. Im Jahre 1986 wurden vier als Stipendiaten ausgewählt; fünf Jahre zuvor nur zwei. Diese beiden – Ken Takaseki aus Tokio und Gary Sheldon aus Bay Shore, N. Y. – bezahlten kein Unterrichtsgeld und, was noch wichtiger ist, wurden dazu ausersehen, das Studenten-Orchester von Tanglewood bei den wöchentlichen öffentlichen Konzerten zu leiten, die häufig von einheimischen und von Kritikern aus Boston und New York besucht werden, ebenso von anderen wichtigen Leuten, die in der Musikbranche tonangebend sind. Weitere neun (drei Japaner, zwei Amerikaner und je ein Pole, Italiener, Holländer und russisch-jüdischer Emigrant) waren Seminarteilnehmer, die aber lediglich Klaviertranskriptionen zu dirigieren bekamen. Ein zwölfter, Wei-Zhi aus Peking, wurde als Hörer aufgenommen, der dabeisein und beobachten durfte.

Diese Unterscheidungen haben ihre Bedeutung in einer Gruppe mit so hohen Maßstäben und wahrscheinlich noch höheren Ich-Bedürfnissen. Es hat Sommerkurse in Seranak gegeben, wo die «Meisterschüler» nicht mit den anderen Studenten, geschweige denn mit einem simplen Hörer sprachen. Im Sommer 1981 sprach jeder mit jedem, aber die Unterhaltung ähnelte einem Wettbewerb, und sogar eine Frage wie «Wie alt sind Sie?» konnte plötzlich einen drohenden Unterton annehmen.

Die Nachwuchsdirigenten waren zwischen einundzwanzig und neunundzwanzig Jahre alt. Alle hatten wenigstens fünf Jahre Dirigiererfahrung und sämtlich wenigstens ein Instrument von Kindesbeinen an gespielt, gewöhnlich Klavier. Alle hatten eine gewisse Geschliffenheit in bezug auf Benehmen und Umgangsformen, und alle trugen die wachsamen, halb entgegenkommenden Augen von Mitgliedern der Geschäftsleitung bei einer Cocktail-Party der Direktion zur Schau: In diesen zwei Monaten in Tanglewood tat jeder alles, was in seinen Kräften stand, um sich ins Rampenlicht zu katapultieren, denn, wie einer es ausdrückte: «Hier sind viele Leute, die etwas für einen tun können.»

Tiefe Stille machte sich in der ersten Woche plötzlich im Raum bemerkbar, als zwei dieser Leute an der kreisförmigen Auffahrt vor dem Haupteingang von Seranak auftauchten: Leonard Bernstein in seinem beigefarbenen offenen Mercedes-Kabrio und Seiji Ozawa in seinem rot-weißen Chevy-Lastwagen. Beide waren tief gebräunt, sicher im Auftreten und katzengewandt. Ihre Gesichter wirkten wie geätzt, Arme und Rücken wie aus Stein gemeißelt. Ozawa ganz in Weiß: weiße Jeans, weißes Mao-Jackett, weiße Turnschuhe; Bernstein trug verwaschene Jeans, Leinenjacke und Cowboystiefel. Jeder war in Begleitung seines Assistenten, und jeder strahlte Persönlichkeit und derart eindrucksvolle Präsenz aus, daß sie alle anderen Leute im Raum zu bloßer Statisterie reduzierten.

Vorn, unter dem zwei Meter hohen Porträt von Serge Kussewitzky, stand Ken Takaseki («der arme Ken», murmelte einer der Kursteilnehmer) und wartete darauf, daß sich alles wieder beruhigte. Der Stundenplan hatte ihn dazu bestimmt, an diesem Nachmittag Béla Bartóks Konzert für Orchester zu proben, und er war sich nicht sicher gewesen, daß Bernstein und Ozawa auch wirklich auftauchen würden, bis er ihre Wagen vorfahren hörte. Nachdem die beiden Platz genommen hatten, hob er seinen Stab, und die beiden japanischen Pianistinnen – die einzigen Frauen im Raum – begannen zu spielen. Bald erhob Seiji Ozawa den Arm.

«Sehr gut. Sie kennen die Noten», sagte er und nickte Takaseki und Gustav Meier zu, der, Schweizer von Geburt und eine Insel der Ruhe, das Seminar leitete. «Aber *für mich* ist Bartók . . .» Er beendete seinen Satz mit einer schwer zu beschreibenden Bewegung des Armes und des Körpers. «Mit Worten lassen sich acht Arten von Traurigkeit beschreiben», sagte er später. «In der Musik weitaus mehr.»

Dann schaute er im Raum umher. «Ist jemand da, der Ungarisch spricht?»

Einige der Studenten warfen flüchtige Blicke.

«Lenny? Sprechen Sie Ungarisch?»

«Ein bißchen schon, glaube ich», sagte Bernstein mit seiner dramatischen, klangvollen Stimme. «Nur ein paar Worte.»

Er nahm eine bestimmte Pose ein, die Zigarette in Augenhöhe haltend, und setzte zu einer Rede in etwas an, das Ungarisch zu sein schien.

«Die ganze Sprache ist wie ...» Ozawa beendete seinen Satz erneut mit einer Bewegung, wobei er die rechte Faust, Bernsteins Betonungen entsprechend, in die linke Handfläche stieß.

«Wissen Sie», sagte Bernstein, «der *Grund* dafür ist der, daß beinahe jedes Wort im Ungarischen auf der ersten Silbe betont wird, genau wie im Tschechischen. Schauen Sie sich jedes Stück an, das Bartók geschrieben hat, und alles geht *va*-va, *va*-va, *va*-va-va.»

Er drückte seine Zigarette aus und verfiel in eine Imitation von Gregor Piatigorsky, wie der Bartóks Frau nachahmte, wenn sie Ungarisch sprach, erörterte den Einfluß der Sprache auf Volksmusikthemen und die Verwendung von volkstümlichen Themen bei Bartók und Schubert und trat dann hinter Ozawa. «Jetzt», sagte er, «spielen Seiji und ich und dieser Bursche hier allesamt Trompete in Ihrem Orchester.»

Er zündete sich eine neue Zigarette an, während Takaseki ihn beobachtete, steckte sie in die Zigarettenspitze und hielt sie sich mit beiden Händen an den Mund, als ob es eine Trompete wäre.

«An dieser Stelle sind wir immer nervös», fuhr er fort. «Wir brauchen alle Hilfe, die wir von Ihnen bekommen können. Wir müssen diesen *ungarischen* Klang hinkriegen, und Sie müssen uns zwingen, wie wir es machen sollen. Zeigen Sie uns also, aus zwei Meilen Entfernung, drei Trompeten, die einen Einsatz haben. *Zeigen* Sie uns den Einsatz.»

Ken Takaseki erhob seinen Fiberglasstab.

«Entschuldigen Sie, wenn ich unterbreche», sagte Bernstein und brachte damit die beiden japanischen Pianistinnen zum Verstummen. «Können Sie uns einen Takt vorgeben? Wir sind *völlig* in Ihrer Hand. *Zeigen* Sie uns, wie das geht: mit den Zähnen, mit Ihrem linken Ohrläppchen, mit den Füßen, wenn es sein muß!»

Takaseki starrte auf Bernsteins Zigarette und begann erneut, die Lippen beim Einsatz zusammenpressend.

Bernstein hob seine gebräunte Hand. «Viel besser so. Können wir es noch einmal hören?»

Wieder hob Takaseki den Stab, und diesmal heftete Bernstein seine großen, funkelnden Augen mit solcher Intensität auf ihn, daß man die vom älteren auf den jüngeren Mann überströmende Energie förmlich sehen konnte.

«Können Sie mir vorsingen, wie Sie diese Trompeten mit Ihrem inneren Ohr hören?» fragte Bernstein, als er die Phrase beendet hatte.

Ken Takaseki schluckte leer und versuchte dann zu singen. Heraus kam lediglich ein Krächzen.

Ozawa nickte.

«Haben Sie Angst?» fragte Bernstein. «Bringt Sie das in Verlegenheit? Sind Sie nervös?»

Ken Takaseki nickte. Die Klasse platzte vor Lachen.

«Ich finde nämlich, daß Sie *so begabt* sind, daß es der Mühe wert ist, wenn wir uns Zeit nehmen», sagte Bernstein. Er trat vor, wobei er Zigarettenasche wie Weihwasser über die Köpfe der Studenten verstreute. «Ich möchte, daß Sie diese Trompetenstimme singen, weil ich, glaube ich, spüre, was Sie hören, aber ich *höre* nicht, was Sie hören, und *sehe* nicht, was Sie hören. Verstehen Sie? Was immer in Ihnen steckt, es muß dem Orchester vermittelt werden; *zunächst* aber müssen Sie es sich selbst gegenüber ausdrücken.»

Ken Takaseki lauschte und versuchte dann erneut zu singen. Wieder war ein Krächzen zu hören.

«Noch einmal», intonierte Bernstein.

Ken Takaseki sang die Trompetenstimme wieder und wieder, bis er sie in seinem ganzen Leben nicht mehr vergessen würde. Bernstein erklärte den Studenten, daß er auf eben diese Weise mit den Orchestern arbeite und dabei ein bestimmtes Detail so lange probe, bis er spürte, daß es absolut getreu ausgeführt würde. «Was ist ein großer Roman anderes als Details?» fragte er später rhetorisch, nachdem er wörtlich eine Passage von Thomas Mann zitiert hatte.

«Lassen Sie uns einen ungarischen Text verfassen, der zu diesen Trompeten passen soll», sagte er dann. «Hat jemand ein Wort?»

Sämtliche Studenten und auch Ozawa und Meier schwiegen.

«Ich habe ein Wort», sagte Bernstein. «*Budapestü!* Nehmen wir an, es bedeutet ‹Ich bin ein Bürger von Budapest›. Können Sie es wiederholen?»

Alle Anwesenden wiederholten gemeinsam: «*Bu-da-pes-tü... Bu-da-pes-tü... Bu-da-pes-tü...*»

«Singen Sie es jetzt so, wie Bartók es geschrieben hat!» bat Bernstein Takaseki.

Ken Takaseki sang. «*Bu-da-pes-tü... Bu-da-pes-tü.*»

«*Singen* Sie es!» mahnte Bernstein.

«*Bu-da-pes-tü... Bu-da-pes-tü.*»

«Jetzt noch einmal», sagte Bernstein. «Aber *geheimnisvoll.* Nur unter uns beiden. Das ist etwas, das nachts in Erscheinung tritt. Bartók schreibt immer nur diese Art Nachtmusik. Übersetzen Sie das in Rhythmus und singen Sie mit den *Händen*!»

Ken Takasekis Gesicht hatte sich inzwischen verfinstert. Er starrte die beiden Pianistinnen an und fuchtelte dann mit seinem Stab umher.

«*Jetzt* kommt was dabei heraus», sagte Bernstein.

Im Verlauf des Sommerkurses nehmen die angehenden Dirigenten an Proben des Boston Symphony Orchestra und des Studentenorchesters von Tanglewood teil und besuchen so viele Meisterklassen und Konzerte, wie sie nur können. Den größten Teil ihrer Zeit aber verbringen sie mit dem Studium von Orchesterpartituren, indem sie die musikalische Struktur, die Dynamik, Phrasierung und die Tempi analysieren; indem sie lernen, wie und wann verschiedenen Instrumenten die Einsätze zu geben sind, und ihre Kollegen bei der Arbeit mit den beiden japanischen Pianistinnen in einer staubigen früheren Scheune oder im Wohnraum in Seranak beobachten. Sie geben Hunderte von Dollar für Orchesterpartituren aus und verwenden Hunderte von Stunden auf deren Studium, wobei sie sich ein musikalisches Konzept bilden und dann einen Weg suchen, wie sie ihre musikalischen Intentionen ausdrücken können.

Einer nach dem anderen stehen sie wochentags zwischen den

beiden Klavieren, anderthalb Meter von ihrem Publikum entfernt, mit einer Partitur von Beethovens Fünfter oder von Brahms' Dritter Symphonie vor Augen, indem sie versuchen, durch Körper und Gesicht mehr von sich selbst zu erkennen zu geben, als sie das, allein, vor einem Badezimmerspiegel täten. Sie müssen lernen, sich gehenzulassen und dabei doch die Kontrolle nicht zu verlieren, auf die Gefahr hin, häßlich, krank oder lächerlich auszusehen, und das vor Mitbewerbern, Lehrern, Journalisten und allen anderen, die zufällig hereinschneien.

Manche Studenten bringen das nicht fertig. Ihre Bewegungen sind gezwungen und gespreizt, gefällig und gehemmt. Ihre Körper erstarren. Ihre Gesichter sind allen Ausdrucks beraubt und nehmen die Glätte von Masken an.

«Seien Sie nicht so orientalisch», ermahnt Seiji Ozawa sie, wenn die Reihe an ihn kommt. «Das allerschlimmste ist, wenn ein Dirigent steif ist. Auch das Orchester wird dann steif. Wenn Sie steif und verkrampft sind, können Sie kein gutes Gedicht schreiben, können Sie kein Instrument spielen oder singen. Diesen Leitsatz habe ich 1960 hier von Munch bekommen. Er sagte ein einziges Wort: *locker*. Maestro Karajan sagte dreierlei: Zuhören. Hand muß frei sein. Hand muß brauchbar sein. Das heißt *locker*.»

Manche Dirigenten schnappen nach Luft und brechen dann in so konvulsivische Bewegungen aus, daß sie wie Verrückte wirken. Die Augen blitzen, die Pupillen verschwinden. Die Gesichter sind schmerzverzerrt, zeigen später dann ein ganzes Panorama von Gefühlsregungen. Es ist, wie wenn man das Gesicht eines Liebhabers beobachtet, und die Intimität der Ausdrucksgestik kollidiert mit der gespannten Atmosphäre wie ein ausgehaltener dissonanter Akkord.

«Ich meine, Sie empfinden die Musik sehr genau», sagt Ozawa höflich, wenn einer von ihnen eine Phrase beendet hat. «Aber Dirigenten müssen etwas – wie sagt man? – etwas *zurückhaltend* sein? Was Sie zeigen, ist *zu viel*, zu ...» Er krümmt sein Rückgrat wie eine Raupe. «Sie machen so viel, daß Ihr Ohr aussetzt. Sie hören nicht, was das Orchester macht. Wenn Sie so weitermachen, brauchen Sie beim Schluß der Symphonie einen Krankenwagen.»

Er erklärt der Klasse, wie eine Geste von einem Orchester

wahrscheinlich mißverstanden werden kann, auf eben die Art und Weise, wie ein guter Lektor einem Schriftsteller erklärt, daß ein Wort vom Leser mißdeutet werden kann.

«Der wichtigste Teil des Dirigierens ist das *Hinhören*», sagt er. «Nicht wie das Zuhören des Publikums, sondern das Hören auf das, was das Orchester braucht. Man muß beinahe schon auf der Lauer liegen, *bevor* der Klang kommt.»

Beim Dirigenten muß seine Konzeption eines Stückes, wie er sagt, implizit in seinem Dirigierstil enthalten sein: «Wenn Sie und ich keine Kinder sind und wir dieselbe Sprache sprechen, werden Sie meine Persönlichkeit verstehen, ohne daß ich sagen muß: ‹Meine Persönlichkeit ist so und so beschaffen.› Dasselbe in der Musik. Beim Orchester gibt es eine zeitliche Grenze. Wenn Sie einen Ton zu früh einsetzen, ist das *falsch*. Ein Ton ist zu laut oder zu hoch, das ist *falsch*. Rhythmus *falsch*. Balance *falsch*. Wenn ich eine Partitur studiere, versuche ich den Willen des Komponisten ausfindig zu machen, bei der Probe aber spreche ich nicht darüber. Für *mich* ist Technik alles, was man allein und mit dem Orchester macht. Als ich hier Student war, war ich in technischen Dingen sehr gut, aber Mahler oder Bruckner kannte ich nicht. Wenn Sie Mahler und Wagner und Strauss kennen, wird Ihnen absolut klar, was Mozart ist. Als ich Strawinsky kennenlernte, änderte das meine Auffassung von Bartók. Das ist auch Technik.»

In der dritten Seminarwoche ist nur noch Gustav Meier gut aufgelegt. Meier, ein großer, zwangloser Mann, dessen Gebaren einen Ausgleich zu dem der eher theatralischen Dirigenten schafft, kam erstmals 1957 von Zürich nach Tanglewood und kehrte im folgenden Sommer in Gesellschaft von Claudio Abbado, Zubin Mehta und David Zinman wieder. Von diesen vier war er der einzige, der sich dafür entschied, die praktisch ausübende Tätigkeit als Musiker mit einer akademischen Laufbahn zu kombinieren. Er nahm einen Ruf zunächst nach Yale, dann nach Eastman, dann an die University of Michigan an, während er zugleich Gastdirigent in Zürich, New York und Santa Fe war und als Leiter des Bridgeport und des Lansing Symphony Orchestra fungierte. Als Orchester- und Opernleiter in Michigan und Direktor des Dirigierseminars in Tanglewood umfaßt sein Aufgabenbereich nahezu alles, von Partiturlesen bis zur Diskussion über «Wege und Umwege zu einer aussichtsreichen Dirigentenlaufbahn».

Er ermahnt seine Studenten, zu atmen und den Körper ruhig zu halten.

«Behalten Sie festen Boden unter den Füßen», wiederholt er jeden Sommer. «Was an Bernstein so beeindruckt, ist, daß er so verbunden mit der Erde ist, daß er sich mit der Gewandtheit und Kraft eines Boxers von ihr lösen kann.»

Meier behauptet, daß jeder die grundlegende körperliche Zeichensprache beim Dirigieren in relativ kurzer Zeit erlernen kann und daß das Hauptproblem seiner Studenten nicht technischer, sondern musikalischer Art ist. Die meisten, sagt er, studieren die Partituren nicht gründlich genug, und selbst wenn sie es tun, lassen sie sich nicht genug auf die Musik ein. «Ein Dirigent muß die Partitur in Hinsicht auf Harmonik, Instrumentation und Klangbalance studieren», fährt er fort, «aber er sollte auch wissen, an welchem Schnittpunkt das Stück im Leben des Komponisten steht. Er muß etwas *über* den Komponisten lesen. Seine Briefe beispielsweise. Er muß sich andere Werke anhören, die der Komponist zur gleichen Zeit geschrieben hat und früher – kurz, alles tun, um sich im Kopf des Komponisten auszukennen.»

Es gibt keinen Prototyp des jungen Dirigenten in Tanglewood. Die Männer und die Handvoll Frauen, die dort studiert haben, kommen aus allen Weltgegenden; sie sind zwischen zwanzig und fünfunddreißig Jahre alt; sie sind zumeist gescheit, guterzogen, polyglott und sehr höflich. «Sie müssen liebenswürdig sein – die Tage des Dirigenten des 19. Jahrhunderts sind gezählt», sagt Meier. Ihr sozio-ökonomischer Hintergrund ist unterschiedlichster Art – manche sind so arm, daß sie nicht ohne weitreichende finanzielle Unterstützung nach Tanglewood kommen können, andere sind so reich, daß ihre Familien ihnen die Abendgage eines ganzen Orchesters vorzustrecken vermögen. Alle spielen wenigstens ein Instrument, manche spielen zwei oder drei, und alle können mit dem Klavier umgehen. Manche haben ein geradezu machiavellistisches Gespür für Politik; andere gehen bald unter, weil sie sich damit nicht zurechtfinden können. Wenn es dann irgendwelche Komponenten eines «typischen» Kursteilnehmers gibt, so wären das laut

Meier eine enge Beziehung zur Musik, ein ungewöhnlicher Drang, damit zu Erfolg zu kommen, und «auf der negativen Seite Mangel an Rhythmus und an der Fähigkeit, die emotionale Seite des musikalischen Gehalts zu vermitteln».

Mangel an Rhythmus?

«Ich weiß, das klingt sehr seltsam», sagt er. «Aber es stimmt. Natürlicher Rhythmus stellt sich erst dann ein, wenn man physisch und geistig frei ist, wenn man sich gehenlassen kann. Bernstein und Ozawa können es. Und eben das können diese jungen Dirigenten noch nicht. Was die emotionale Bindung betrifft, muß die Leidenschaft so überschwenglich sein, daß sie ein Orchester mitreißt, das sich sonst nicht so leicht mitreißen läßt.»

Im Jahre 1986 gab es fünfzehn Seminarteilnehmer: einen aus Hongkong, sieben Nordamerikaner und sieben Europäer. Zum ersten Mal waren drei davon Frauen.

Eine dieser drei und die erste, die je aus Ostdeutschland nach Tanglewood kam, war Romely Pfund, eine ruhige Dreißigjährige von sanfter Zuversichtlichkeit, deren Wärme und Musikalität sie bald zum Liebling der Studenten machte. In Dresden geboren und aufgewachsen, hatte sie ihre musikalische Ausbildung wie die meisten der jungen Dirigenten als Pianistin begonnen. Bald schon begleitete sie Sänger und leitete Chöre, wobei sie ihrer Neigung nachgab, mit anderen Menschen zusammenzuarbeiten. Mit achtzehn und nach dem Abschluß des Gymnasiums wurde sie als eine von vier Kandidaten in die Klavier- und Dirigierklasse an der Dresdner Hochschule für Musik aufgenommen.

Ihr Studiengang, sagt sie, ähnelte dem, was auch Amerikaner in bezug auf das Dirigieren lernen, allerdings mit einigen gewichtigen Unterschieden: In ihren Klassen standen Fragen der Technik im Hintergrund und Fragen des Stils und der Philosophie des Komponisten im Vordergrund; die Studenten hörten im allgemeinen zu, während die Professoren vortrugen; und angehende Dirigenten wurden ermutigt, sich so bald wie möglich abzunabeln und eigene Erfahrungen zu machen, mit dem Ergebnis, daß Romely Pfund mit dreißig Jahren bereits über eine achtjährige Berufserfahrung verfügte, als sie nach Tanglewood kam.

Die auffallendste Ähnlichkeit, die ihre Laufbahn zu der ihrer amerikanischen Kollegen aufwies, war die Rolle, die dabei ein Mentor gespielt hatte. Mit neunzehn hatte sie sich um die Teilnahme an einem internationalen Musikseminar in Weimar beworben und war nach einem Probedirigieren von einer Jury ausgewählt worden, der auch Kurt Masur angehörte, der Leiter des Leipziger Gewandhausorchesters. Wenn sie nach jenem Sommer auch keinerlei förmliche Ausbildung bei Masur mehr genossen hatte, so war sie doch in engem Kontakt zu ihm geblieben und hatte ständigen Austausch über musikalische Probleme mit ihm gepflogen, zunächst als Studentin, später dann bei der Vorbereitung auf den Ernest-Ansermet-Wettbewerb, den sie 1984 in Genf gewann, und beim Vaclav-Talich-Wettbewerb, der sie 1985 in Prag als Siegerin sah.

Der auffallendste Unterschied zwischen Romely Pfund und ihren drei Mitstreitern in Tanglewood war der, daß sie ihre berufliche Zukunft für gesichert halten konnte. «Es ist schwer, eine *gute* Position zu finden», sagte sie, «aber als junger Dirigent in einem kleinen Theater anzufangen, ist kein Problem. Jetzt habe ich einen Jahresvertrag als Dirigentin in Dessau. Ich bin seit drei Jahren dort und bereit zum Wechsel. Ich muß ein Probedirigieren absolvieren, um anderswo anzukommen. In meinem Heimatland gibt es drei Spitzenorchester – das Gewandhausorchester in Leipzig, die Staatskapelle in Dresden und die Staatskapelle in Berlin. Dann gibt es ungefähr fünfzehn hervorragende Orchester und weitere fünfundzwanzig kleinere. Jedes Theater oder Orchester hat mehrere Dirigenten. Mein Problem wird es sein, mir einen Weg zu den Spitzenorchestern zu bahnen. Das braucht Zeit, ist aber nicht so schwer wie hier.»

Am Tanglewood-Seminar teilgenommen zu haben, wird Romely Pfunds Karriere förderlich sein, so wie es auch den Karrieren der anderen Teilnehmer förderlich sein wird; für Pfund aber könnte es die einzige Gelegenheit gewesen sein, die sie je gehabt hat, die meisten westlichen Dirigenten in Fleisch und Blut zu sehen und zu hören. «Ich glaube, das ist der bisherige Höhepunkt meines Lebens», sagte sie. «Den größten Eindruck bei mir hat Bernstein hinterlassen. Ich werde das nie vergessen. Er absolvierte seine Proben wie Konzerte – jeder Ton war intensiv. Es war *Leben*. Er zeigte mir, was möglich war. Und Ozawa – wie er sich auf Proben vorbereitete. Und

Roschdestwenskij – das ist überhaupt erst Musik! In mancher Hinsicht bin ich froh, daß ich nicht früher hergekommen bin. Die übrigen Seminarteilnehmer kennen diese Dirigenten bereits alle. Mag sein, daß man sich besser erst einmal seinen eigenen Weg sucht und seine eigene musikalische Persönlichkeit ausbildet, bevor man ihnen ausgesetzt wird.»

Ihr Kollege Richard Hoenich, der stellvertretende Dirigent und Erste Fagottist des Montreal Symphony Orchestra, war Bernstein und Ozawa von Beginn seiner musikalischen Laufbahn an ausgesetzt gewesen. Für kurze Zeit ein ausgeprägtes früheres Klavier-Wunderkind, war Hoenich bereits als Teenager mit dem Montreal Symphony Orchestra aufgetreten, hatte dann aber Fagott als Hauptfach am Curtis Institute of Music* studiert. Als Kind schon hatte er jedoch stets einen «irrationalen» Drang zu dirigieren empfunden, den er sich erst Jahre später erklären konnte. «Die Leute meinen, daß die Tätigkeit des Dirigenten ein ausgeprägtes Machtstreben befriedigt», sagte er, «daß wir sie auf uns nehmen, um den anderen zu zeigen, wo es langgeht. Ich halte das nicht für richtig. Ich hatte eine starke Beziehung zum symphonischen Repertoire. Ich habe mit diesen Stücken etwas zu sagen. Ich liebe sie, und ich liebe das Orchester als Instrument, das ungezählte menschliche Möglichkeiten birgt und ausdrücken kann. Herauszufinden, wie verschiedene Komponisten diese Möglichkeiten genutzt haben, ist eine lebenslange Herausforderung.»

Hoenich spielte Fagott im Montreal Symphony Orchestra, als dessen stellvertretender Dirigent, der von Hoenichs Interessen wußte, ihm die Möglichkeit verschaffte, das Studenten-Orchester der McGill University zu leiten. Einige Zeit später verriet der stellvertretende Dirigent Hoenich, er plane, Montreal zu verlassen, und machte ihm den Vorschlag, doch einmal mit dem Leiter, Charles Dutoit, über einen Wechsel in die Position des stellvertretenden Dirigenten zu sprechen.

«Ich fragte Dutoit, ob es möglich sei», sagte Hoenich mit einem Lächeln über seine eigene Chuzpe, «ohne jede förmliche Ausbil-

* Das Curtis Institute of Music in Philadelphia ist neben der Juilliard School in New York die international bekannteste amerikanische Musikhochschule. (Anm. d. Red.)

dung als Dirigent, ohne die Hilfe eines einzigen Buches oder Kurses stellvertretender Dirigent zu werden, während ich weiterhin meine Aufgaben als Erster Fagottist versah. Er sagte ja.»

Hoenich schmiedete auf der Stelle Pläne für den Besuch des Los Angeles Philharmonic Institute for Conductors, wo er bei Michael Tilson Thomas studierte, und verdingte sich dann für drei Jahre als stellvertretender Dirigent des Montreal Symphony Orchestra, mit gelegentlichen Gastspielverpflichtungen bei verschiedenen kanadischen Ensembles. Wie Romely Pfund sieht auch Hoenich seiner Zukunft ruhig und gelassen entgegen. «Eine Dirigentenlaufbahn ist eine *lange* Laufbahn», sagt er. «Besser langsam in eine Sache hineinwachsen, als mit einem lauten Knall hereinplatzen und dann verschwinden. Kurt Masur sagte letzten Sommer, daß er eigentlich erst im letzten Jahrzehnt ein ‹internationaler Dirigent› geworden sei. Jahrelang war er bei einem Orchester in Dresden und hielt das für den ihm angemessenen Platz in der Welt. Das ist eine der wichtigsten Sachen, die man bei diesem Seminar mitbekommt: zu erfahren, was diese großen Dirigenten dachten, als sie jünger waren oder in derselben Position wie ich jetzt. Der Schlüssel ist immer, daß man auf Integrität bei der Arbeit hält, seine eigenen Grenzen kennenlernt, daran arbeitet, seine Fähigkeiten erweitert. Eine andere, wichtige Sache ist, danach zu trachten, ein ganz normaler, wunderbarer, gesunder Mensch zu sein – und Dirigent werden zu wollen. Schauen Sie sich Romely an!»

Pfund wie Hoenich betonten nachdrücklich, daß ihr Sommerseminar freundlicher zu verlaufen schien als manche der vorhergehenden; allerdings hatten sie, als Fortgeschrittene, das Studenten-Orchester regelmäßig dirigiert, während das bei den elf anderen Seminarteilnehmern nicht der Fall war. Für diese elf anderen wuchs die Frustration mit jeder weiteren Woche, die verstrich.

«Es ist schwierig, zwei Klaviere zu dirigieren», sagte Inge Fabricus, eine frühere Oboistin aus Kopenhagen. «Klaviere sind Schlaginstrumente und reagieren anders als ein Orchester. Man möchte alle die Dinge, die man im Seminar lernt, ausprobieren, und bei einigen – etwa Problemen der Klangbalance und der Klangstrukturierung – ist das schlechterdings unmöglich. Für mich war das Seminar etwas zu lang.»

Fabricus begann im Alter von sechs Jahren mit Klavier, von vierzehn mit Klarinette und von achtzehn mit Oboe und entschloß sich zu einer Dirigentenlaufbahn erst, als ihr Abschluß am Königlichen Musikkonservatorium in Kopenhagen bereits mehrere Jahre zurücklag. Sie nahm ein Dutzend Unterrichtsstunden beim Direktor der Königlich Dänischen Oper, ging dann zum Studium nach Schweden und London, mußte sich ihren Wunsch nach einer regelmäßigen Dirigententätigkeit bei einem lebendigen Orchester jedoch versagen. Schließlich hatte sie eine Unterredung mit dem Musikdirektor von Tivoli, der einwilligte, sie eine Woche lang das Promenaden-Orchester leiten zu lassen. «Wenn es gut ging, konnte ich in Tivoli bleiben», sagte sie. «Wenn es schlecht ging, war ich abgeschrieben.»

Es ging gut, und Inge Fabricus wurde ein Debüt beim Tivoli-Orchester, beim Radio-Symphonieorchester und anderen, kleineren Ensembles angeboten. Wie viele junge Dirigenten, beteiligte auch sie sich an Wettbewerben und gewann die Konkurrenz um das Queen's Life Guard Orchestra, eine vierhundert Jahre alte Militärkapelle. Traditionellerweise wurde dem Sieger des Wettbewerbs die Position des Dirigenten angeboten, aber im Falle von Inge Fabricus wurde der zweite Sieger, ein Mann, berufen. «Das ist das Militär», sagte sie. «Die Presse fand Gefallen an der Geschichte, und das war das einzige Mal seit Beginn meiner Dirigentenlaufbahn, daß ich eine Diskriminierung gegen mich als Frau zu spüren bekam. Wenn ich am Pult stehe, bin ich kein ‹weiblicher Dirigent›; ich bin ich. Sich darauf einzuschießen, ist gefährlich. Ich habe versucht, dem aus dem Wege zu gehen.»

Andererseits sagt Inge Fabricus, daß sie in Dänemark nicht auf dieselben Anstellungsprobleme trifft wie die, mit denen sich amerikanische Dirigenten in den Vereinigten Staaten auseinandersetzen müssen. Als freiberufliche Dirigentin muß sie ihr Einkommen durch Oboen- und Theorie-Unterricht aufbessern, und sie hat noch immer keinen Weg gefunden, um in den Zauberkreis der Dirigenten einzudringen, die in Dänemark «das Sagen haben». Da sie eine junge und einheimische Künstlerin ist, hat ihre Laufbahn überdies darunter zu leiden, daß «man eher einen völlig Fremden von außerhalb engagieren würde, als es mit einem der jungen Talente im

Lande zu versuchen». Das Privileg, das das Tanglewood-Seminar verleiht – daß man nämlich in seinem Lebenslauf ein «mit Leonard Bernstein, Seiji Ozawa u. a. zusammengearbeitet» einfügen kann –, ist in diesem Arbeitsklima besonders nützlich.

Als Folge davon legt Meier seinen Studenten nahe, daß ihre Neigung zum Dirigieren auch die Neigung einschließen muß, berufliche Pfade einzuschlagen, die nicht nur im Rampenlicht verlaufen. Er scheut sich durchaus nicht, seine Studenten zu drängen, «ihre sozialen Fähigkeiten zu verbessern und sich zu zeigen, ohne zuviel Lärm zu machen». «Wenn Sie Dirigent werden wollen», sagt er, «müssen Sie das alles auch beherrschen – in den Kulissen herumstreunen und nach einem Konzert dem Stardirigenten die Hand schütteln, Zugang zu ihm suchen, ihn um Rat und Beistand bitten, den Umgang mit einem Agenten erlernen ...

Ein Weg – und wahrscheinlich der erfolgreichste – ist der, sich einen Mentor zu suchen. Das muß ein erstklassiger Dirigent sein, den Sie beobachten können – wie er probt, wie er die Partitur studiert, wie er funktioniert. Eine Lehrlingssituation. Von ihnen mag vielleicht ein Dutzend herumlaufen. *Wie komme ich an einen heran?* ist immer die Frage. Entweder durch Empfehlung oder indem Sie den Dirigenten selbst aufsuchen, sage ich. Aber Sie dürfen nicht nach etwas wie Dirigier- oder Arbeitsmöglichkeiten *fragen*. Sie müssen sich damit zufriedengeben, zu beobachten, sich die Umwelt des Dirigenten und sein künstlerisches Leben einzuverleiben. Gehen Sie zu jeder Probe und zu jedem Konzert mit der Partitur in der Hand. Reisen Sie mit dem Dirigenten, wenn Sie es sich leisten können. Vielleicht können Sie neben ihm im Flugzeug sitzen. Natürlich bekommen Sie dafür nichts bezahlt – also müssen Sie sich für diese Zeit eine andere Einnahmequelle erschließen. Aber seien Sie so oft zur Stelle wie nur möglich, und schließlich ist es dann sehr wahrscheinlich, daß der Dirigent endlich damit herausrückt und dem Schüler irgendwelche Möglichkeiten zum Dirigieren eröffnet!»

In der Tat haben mehrere von Meiers Studenten seinen Rat buchstäblich befolgt und eine solche Lehrlingssituation mit Erfolg absolviert, die sich als Sprungbrett für eine eigene Laufbahn erwiesen hat – trotz des Umstandes, daß sie nicht die begabtesten zu sein schienen. Für erstklassige musikalische Begabung gibt es keinerlei

Ersatz, wie Meier betont, aber eine Dirigentenkarriere im 20. Jahrhundert erfordert mehr als das. «Sie müssen verstehen, wie das Spiel verläuft», hält er seinen idealistischeren Studenten entgegen. «Wenn Sie eine Spitzenstellung bei einem Orchester anstreben, gehen Sie nicht an die Musikakademie. Auch nicht an C- oder D-Orchester. Arbeiten Sie unter den besten Musikern, die Sie finden können. Stellen Sie sich den besten Dirigenten vor und lassen Sie sie wissen, daß Sie da sind.»

In der fünften Woche des Seminars hat bereits eine ganze Reihe glänzender Gastdirigenten ihren Auf- und Abtritt gehabt. Ihr Nachglanz, die Ermunterung, Musik in geradezu fiebrigem Zustand zu machen und zu hören, und die reine Erschöpfung haben bereits Breschen in die Befestigungslinien der Studenten zu schlagen begonnen. In Konzerten und bei Proben sitzen alle – Studenten, Fortgeschrittene, Hörer, Ozawa, Meier und Gäste – da und schlagen ihren eigenen Takt gegen den des Dirigenten am Pult, stellen seine Entscheidungen und Bewegungen in geflüsterten Seitenbemerkungen in Frage: *«Hast du gesehen, wie er das gemacht hat? Glauben Sie, daß es so langsam sein soll?»*

In den Wohnheimen und nach den Mahlzeiten fragen die Nachwuchsdirigenten einander: *«Hat Ozawa nach dem Unterricht mit ihm geredet? Wie lange? Haben sie zusammen gegessen? Warum hat Meier ihn gestern zum Dirigieren ausgewählt? Was hat Bernstein gesagt? Was denkt Masur?»* Sie vergleichen die Anmerkungen zu ihrem Dirigierstil mit den Anmerkungen zum Dirigierstil ihrer Klassenkameraden. Sie sind beunruhigt, daß Meier sie zwei Wochen hintereinander nicht aufgerufen hat, um vor einem Gastdirigenten den Stab zu schwingen, oder daß sie, wenn ausgewählt, nicht genug Zeit oder Hinweise bekamen, daß sie schlecht abgeschnitten oder ein besonders schwieriges oder uninteressantes Stück vorgesetzt erhalten haben. Die ausländischen Studenten beklagen sich, daß sie nicht alles verstehen, was gesagt wird; die amerikanischen Studenten beklagen sich, daß die Japaner Extrastunden mit den japanischen Begleiterinnen eingeräumt bekommen und leichteren Zugang zu Ozawa haben. Alle haben die Nase voll davon, unentwegt höflich sein zu müssen in der Hoffnung, nächstes Jahr erneut nach Tanglewood eingeladen zu werden. Manche haben bereits die

Fähigkeit eingebüßt, zwischen Höflichkeit und Politik zu unterscheiden. Manche fragen sich, ob ihre sexuelle Orientierung oder ihre ethnische Identität den Verlauf ihrer Karriere bestimmen können. Andere sind über die Wettbewerbsvorteile beunruhigt, die sich Musiker dadurch verschafft haben, daß sie Liebhaber oder Geliebte eines prominenten Dirigenten geworden sind. Jeder Tag in Tanglewood unterstreicht die Bedeutung persönlicher Beziehungen und die Tragweite, die gute Verbindungen für die eigene Laufbahn haben können.

Gerade als Angst und Unruhe ihren Höhepunkt erreicht haben, trifft mit André Previn ein ungewöhnlich willkommener Gast ein. Direkt, unprätentiös, ohne Gefolge und seiner Kleidung nach eher einem Collegeprofessor als einem Stardirigenten ähnelnd, beginnt Previn seine Seminare häufig so, wie er das im Sommer 1985 tat – indem er den Studenten Fragen stellt. «Wie viele von Ihnen haben bereits in einem Orchester gespielt? Wie viele haben Instrumentierungspraxis? Wie viele sind Pianisten? Wie viele von Ihnen haben an einem Konservatorium studiert? – Selbst wenn Sie auf alles andere verzichteten und nur herumreisten, wäre Dirigieren ein schwerer Beruf», sagte er. «Im Konservatorium sagen sie einem nie, was zu tun ist, wenn man nur so kurze Zeit in einer Stadt ist, daß man nicht einmal die Wäsche waschen kann, also möchte ich gern alle praktischen Fragen beantworten, die Sie haben.»

Die Studenten schienen einen Augenblick lang verblüfft, dann hob einer die Hand.

«Reisen Sie eigentlich mit Ihren eigenen Orchesterstimmen umher?»

«Wenn ich als Gastdirigent unterwegs bin, versuche ich die Dinge mitzunehmen, die eine Menge Zeit sparen. Aber wenn Sie versuchen sollten, das BSO in Tschaikowskys Fünfter zu dirigieren und dabei Ihre eigenen Stimmen zu benutzen, wären Sie verrückt – sie spielen es doch auf ihre eigene Weise. Wenn Sie zu einem guten Orchester mit Standard-Notenmaterial fahren, ist das nicht immer nötig. Ich versuche, Mozart und Haydn mitzunehmen, weil es da so viele Textvarianten gibt. George Szell nahm gewöhnlich alle seine Orchesterstimmen überallhin mit.»

«Sprechen Sie amerikanische und englische Orchester verschieden an?»

Previn grinste. «Meinen Sie: verschieden im Sinne musikalischer Terminologie oder ob ich sie höflicher anspreche?» Die Studenten brachen in Gelächter aus. «Englische Orchester neigen dazu, inselhafter zu sein als amerikanische. Wenn man sagt: ‹Takt vierundsechzig›, kapieren sie das nicht sofort. Nebenbei gesagt, wäre es aber idiotisch von mir, der ich schon so lange dort lebe, ihre Sprache *nicht* zu gebrauchen. So lange ich Konzertprogramme mache, habe ich immer gern englische Musik des 20. Jahrhunderts einbezogen. Als ich nach England ging, um dort zu leben, war ich in der Lage, dieser Neigung nachzugeben. Wenn Sie aber in Cincinnati einen Abend mit George Butterworth bestreiten wollen, wird man Ihnen sagen: ‹Gut, hinterlassen Sie doch bitte Ihre Telefonnummer.› Es ist sehr viel leichter, gewagte Programme aufzustellen, wenn man mit einem einzigen Orchester arbeitet. Aber wenn man sonntags ankommt und am folgenden Tag wieder abreist, neigen die Orchester dazu, eigensinnig zu sein. In Chicago habe ich einen Messiaen-Abend gemacht, und es war sehr schwierig. Sie mochten sich damit nicht befassen.»

«Was gibt es denn für Unterschiede bei Ihrer Arbeit in England und hier?»

«In England hat *kein* Orchestermitglied einen Jahresvertrag. Sie werden pro Auftritt bezahlt. Sie erscheinen zwar stets, aber rechtlich gibt es keinen Vertrag. Kein Orchestermusiker weiß am ersten Januar, wieviel er im kommenden Jahr verdienen wird. Das Grundgehalt liegt um mehr als fünfzig Prozent niedriger als das in einem großen amerikanischen Orchester oder das eines Wiener Orchestermitgliedes. Sie müssen *alles* machen, was ihnen über den Weg läuft. Es kann sein, daß sie den ganzen Tag über Mahler spielen müssen und dann losziehen und abends noch Unterhaltungsmusik machen. Die durchschnittliche Probenzahl in London beträgt *zwei*. Das ist absolut haarsträubend. Ich habe wirklich renommierte Kollegen aus anderen Ländern gesehen, die ihre Probenzeit nicht gut nutzen, weil sie fortgesetzt zurückgehen und wiederholen – in England hat man dazu ganz einfach keine Zeit. Britische Musiker sind die überarbeitetsten und unterbezahltesten, die ich kenne. Die Probleme auf beiden Seiten des Atlantiks sind völlig unterschiedlich. Ich habe nie vergessen, wie wir einmal mit dem New York Philharmonic Orchestra zwölf Takte vor dem Schluß eines Stückes waren und ein Musiker aufstand und das Podium verließ. Aber, um fair zu sein, die amerikanischen Gewerkschaften haben die Musiker hier vor sehr schlimmen Dingen geschützt, die ihnen in der Vergangenheit widerfahren sind.»

«Wie stehen Sie zu den außermusikalischen Aktivitäten, die Sie auf sich zu nehmen haben?»

Previn lehnte sich in seinem Stuhl zurück und starrte den Studenten durch dicke, schwarzgeränderte Brillengläser an. «Ich tanze auf vielen Hochzeiten», sagte er, «und verbringe eine Menge Zeit dabei. Ausschüsse, Zusammenkünfte, Parties – das sind Dinge, die ich tun muß. Was ich *gern* tue, ist Programme entwerfen – wie auf dem Schachbrett. Eine ganze Saison planen, so lange herumspielen, bis die Saison Gestalt annimmt. Das macht mir großen Spaß. Sponsoren Honig ums Maul zu schmieren, ist mir dagegen zuwider. Ich tue es aber. Und ich schäme mich, Ihnen gestehen zu müssen, daß ich es mit Erfolg tue. Man muß das ganz einfach. In England kommt das nicht vor, weil Beiträge zur Kunst dort nicht von den Steuern abgezogen werden können. Der administrative Teil des Dirigentenberufs ist in hohem Maße langweilig. Er verschlingt ungezählte Stunden. Kaum ist man heimgekehrt und hat sich aufs Studium einer Partitur eingerichtet, ruft schon der Manager wegen irgendeines Vertragsproblems an, das unbedingt sofort abgewickelt werden muß. Ich interessiere mich für alles, was mit den Musikern selbst oder mit dem, was auf der Bühne vor sich geht, zu tün hat. Der Rest . . .» Mit einer Handbewegung wischte er den Rest weg.

«Sind berühmte Mentoren notwendig?» fragte ein Student, und plötzlich herrschte im ruhigen Wohnraum noch größere Stille.

Previn antwortete ruhig und sachlich, so wie er das schon bei den anderen Fragen getan hatte.

«Wenn man die Nähe des berühmten Dirigenten sucht, kann einem das vorübergehend Tür und Tor öffnen, aber Sie brauchen das Rohmaterial. Ich vertrete die Theorie, daß es nicht allzu viele verkannte Genies gibt. Wenn Sie sehr gut sind, werden Sie auch Ihren Weg machen. Mit den Leuten, die da sagen, sie hätten vierzig

Jahre lang in einer Dachkammer vor sich hingedarbt, stimmt etwas nicht. Mich kümmert es wenig, wenn Sie eine Zeitlang eine Eisrevue dirigieren. Wenn jemand sagt: ‹Schwingen Sie doch eine Zeitlang den Taktstock in *Hello Dolly* in Kansas City!›, antworten Sie bitte nicht: ‹Tut mir leid, wenn es nicht Janáček ist, kommt das für mich nicht in Frage!› Man kann immer etwas lernen. Vielleicht kennen Sie die folgende Stokowski-Anekdote: ‹Wie komme ich nur zu einem eigenen Orchester?› fragte ihn einmal ein Student. Einige Leute kicherten, aber Stokie meinte, das sei eigentlich eine ganz vernünftige Frage, denn wenn man sich kein eigenes Orchester wünsche, sei man auch kein richtiger Dirigent. ‹Also, Sie müssen folgendes tun›, fuhr er fort. ‹Suchen Sie sich ein Orchester aus, nicht die Philharmoniker von Philadelphia oder Wien, sondern ein kleines Orchester mit gerade so viel Saisonverpflichtungen, wie Sie schaffen können, aber auch nicht so wenigen, daß sich die Mühe nicht lohnt. Gehen Sie in die betreffende Stadt, beobachten Sie die Musiker, hören Sie sich an, wie sie spielen, achten Sie auf ihren Dirigenten. Und dann – sorgen Sie dafür, daß der Dirigent gefeuert wird!› Und ich habe keinerlei Zweifel daran, daß es genau das war, was Stokie getan hatte.»

Im Jahre 1986 zählte die American Symphony Orchestra Ligue dreißig Orchester in den Vereinigten Staaten, die Ganzjahresverträge anboten und einen Bruttoumsatz von wenigstens 3,4 Millionen Dollar hatten. Zu diesen «Großen» zählen die Philharmoniker von New York und Los Angeles, das Boston und das Philadelphia Symphony Orchestra und vier kanadische Ensembles in Vancouver, Toronto, Montreal und Ottawa. Alle haben musikalische Leiter und stellvertretende und Gastdirigenten. Dicht dahinter rangieren die 44 «regionalen» Orchester, die ihre Musiker zwar nicht ganzjährig beschäftigen, aber mit einem Jahresumsatz von etwa 1 Million Dollar doch in der Lage sind, ihre Dirigenten halbwegs ordentlich zu bezahlen. Den dritten Rang nehmen die 104 *metropolitan orchestras* [städtischen Orchester] ein, und mit größter Wahrscheinlichkeit kommen aus eben dieser Gruppe Anfragen zur Verpflichtung eines frischgebackenen Tanglewood-Absolventen oder einer Absolventin, wobei Angebote von 1500 oder 3000 Dollar für die

Leitung eines Konzertes die Regel sind. Viele von ihnen haben diesen Weg eingeschlagen und sind jetzt im Begriff, sich langsam emporzuarbeiten.

Manche davon machen sich nach Abschluß des Tanglewood-Sommerkurses ganz vertrauensvoll auf die Reise. Andere haben ihre Zweifel. «Ich möchte niemandes Protegé sein», erklärt einer. «Dieses Anklammern an die Rockschöße ist eine sehr direkte Form von Prostitution!» Andere knüpfen die Bande, die zu Gastauftritten, Empfehlungen und Karrieresprüngen verhelfen.

«Vielleicht bin ich nicht so gut, wie ich mich selbst einschätze. Kann sein, daß die in Los Angeles sich in mir vollständig getäuscht haben», explodierte eines Spätnachmittags, als das Seminar zu Ende ging, ein siebenundzwanzigjähriger Dirigent. «Wissen Sie, man hört nie, daß die Teilnehmer am Dirigentenkurs einander Komplimente machen, wie es Instrumentalisten tun. Ringsum ist hier niemand, mit dem man wirklich *reden* könnte. Woher soll man denn wissen, ob man irgend etwas taugt oder nicht? Und wieviel studiert man? Und wieviel lebt man? Ich kam hierher in der Annahme, ich müßte dem ganzen Sommer gegenüber Scheuklappen tragen und nur Musik treiben. Die größte Offenbarung ist für mich, daß man Mensch sein muß, um Musik machen zu können. Man muß wissen, wie man sich entspannt, mit Leuten redet, bestimmte Dinge mit den Leuten anstellt. Schauen Sie sich Seiji an – großer Sportler, Frau, zwei Kinder. Schauen Sie sich Bernstein an – es ist atemberaubend; von ihm kann man lernen, wie viel man nicht weiß. Es ist beinahe einschüchternd. Ich weiß nicht, ob es mir je gelingen wird, all das zusammenzufügen.»

Wenn die Dirigenten heimkehren und der Wohnraum in Seranak bis zum nächsten Sommer von den metallenen Klappstuhlreihen geleert wird, fällt es schwer, genau zu sagen, was sie denn nun von ihrer Schar berühmter und eindrucksvoller Lehrer gelernt haben.

«Dirigieren läßt sich sehr schwer lehren», sagt Seiji Ozawa. «Die Leute verändern sich, wenn sie hier sind. Es gibt keine Gesten, die sein *müssen.* Pierre Monteux bewegte seine Augen, seinen Körper aber überhaupt nicht. Ich kann nicht sagen, *das* ist die Geste, die Sie lernen sollten. Alles steckt im Kopf des Dirigenten und innerhalb des Kopfes des Musikers. Es ist unsichtbar.»

3
Zu Füßen Lennys

Die jungen Leute des Berkshire Music Center Orchestra in Tanglewood – einige der besten Nachwuchsmusiker des Landes – hatten plötzlich das Zählen verlernt. Die Hörner verfehlten ihren Einsatz; die Streicher begannen in einem zerflatternden Durcheinander. Ihrer Kehlen und Finger hatte sich helle Aufregung bemächtigt, und es bedurfte einiger Zeit, bis sie sich beruhigten und sich damit vertraut machten, daß der ungeduldige, ungeheuer konzentrierte Mann mit dem schlohweißen, silbrigen Haar und den blaßblauen, sie unverwandt fixierenden Augen wirklich *sie* dirigierte.

Es gab in der Tat keinen Musiker unter vierzig auf der Welt, der nicht mit Leonard Bernstein aufgewachsen wäre. Er zählte zu den ganz wenigen Berühmtheiten aus den fünfziger Jahren, die dreißig Jahre später noch immer präsent, noch immer an der Arbeit waren. Im Jahre 1943 hatte er, gerade fünfundzwanzig Jahre alt, die Titelseite der *New York Times* geziert, als er für Bruno Walter als Dirigent des New York Philharmonic Orchestra einsprang. «Er war so gut, gerade im richtigen Augenblick zu erkranken», sagte Bernstein später. «Er war freundlich zu mir. Er brachte mir Mahler nahe.» In den folgenden Jahren komponierte Bernstein Partituren wie *On the Waterfront*, *Fancy Free*, *Wonderful Town*, *Peter Pan* und *Candide*, immer in der Hoffnung, es werde «aus der amerikanischen Umgangssprache und Musik etwas erwachsen, das man amerikanische Oper nennen kann».

Im Jahre 1957, als er neununddreißig Jahre alt war, begannen Menschen auf allen Kontinenten die Songs aus der *West Side Story* zu pfeifen, und ein halbes Jahr später wurde er – als der erste Amerikaner – zum musikalischen Leiter des New York Philharmonic Orchestra berufen. Im Laufe des ganzen nächsten Jahrzehnts waren Bernsteins Ansichten und sein lebhafter, exaltierter Pult-Stil das Stadtgespräch von New Yorker Taxifahrern und der Gäste, die sie zu seinen Konzerten fuhren, und als seine im überregionalen Fernsehen übertragenen *Young People's Concerts* [Jugendkonzerte] an Beliebtheit gewannen, waren sie ebenfalls landauf, landab in aller Munde – als eines der Hauptthemen aller kulturell interessierten amerikanischen Familien.

Es war eben dieses Fernseh-Image Leonard Bernsteins – dieses so gefällige, so deutliche, so *interessante* Image –, das sich der Vorstellungswelt von Millionen amerikanischer Kinder einprägte, und in dem Maße, wie sie älter wurden, wurde auch er immer eindrucksvoller und komplexer. Da war er etwa 1961 mit den Kennedys bei deren Antrittsgala im Weißen Haus zu sehen, ein Künstler, dessen Anspruch auf staatliche Aufmerksamkeit und Anerkennung schon deutlich war, lange bevor staatliche Unterstützung der Künste als selbstverständlich zu gelten begann. Da war er 1967 als Dirigent des Israel Philharmonic Orchestra kurz nach dem Sechs-Tage-Krieg am Mount Scopus, ein in Harvard, Washington und New York gefeierter Jude, der die jüdische Welt, aus der er stammte, weder preisgegeben noch verleugnet hatte. Im Leonard-Bernstein-Lebenslauf, der zu seinem Pressedossier gehört, führte Bernstein nicht nur Ort und Datum seiner *bar mitzvah*, sondern auch die in Vergessenheit geratene Tatsache auf, daß er einer der wenigen Musiker war, die 1948 in einem ehemaligen Konzentrationslager in der Nähe von München an einem Konzert für die Überlebenden des Holocaust mitwirkten. Ebenfalls im Lebenslauf verzeichnet ist die etwa 25 Jahre später erfolgte Berufung als «Charles Eliot Norton Professor of Poetry» in Harvard, wo er die linguistischen Theorien von Noam Chomsky und die Musik von Mozart in sechs Vorlesungen zu einer Synthese zu bringen versuchte, die von einigen für brillant, von anderen für kaum weniger vulgär als seine Sammeltätigkeit zugunsten der Black Panthers von New York City gehalten wurden, die der Journalist Tom Wolfe als *radical chic* gebrandmarkt hatte.

Umstrittenheit war immer ein Markenzeichen Bernsteins gewesen. Seine Wirkung auf Menschen war handgreiflich und unmittelbar. Ihm stand die Macht zu Gebote, ihnen Schrecken einzujagen, sie zu schockieren oder so tief aufzuwühlen, daß sie Dinge taten und empfanden, die sonst weit jenseits ihres gewohnten Handlungsspielraumes lagen.

Die jungen Musiker im Tanglewood-Orchester spürten diese Macht. Sie spielten, als hätten sie sich einen Zaubertrank einverleibt, als hinge ihr Leben davon ab, als wären sie geradezu hypnotisiert von dem, was einer von ihnen «sein herrliches Gesicht» nannte.

Es ist ein Gesicht, das eines Rembrandt bedürfte, um seinen ungeheuren Weltüberdruß und seine paradoxe Neugier, seine Arroganz und Verletzlichkeit, seine rasche Intelligenz und seine starke, rücksichtslose Sinnlichkeit wiederzugeben. Einen Augenblick lang konnte Bernstein wie der väterlichste aller Rabbis ausschauen; und schon im nächsten wie der aufrührerischste, obszönste Rock-Star. «Man weiß nie, welche Charakterzüge Lennys man zu sehen bekommt», sagte jemand, der ihn über Jahre hinweg beobachtet hat. «Um sein Image braucht er sich nicht mehr zu kümmern. Seine Frau ist tot. Seine Homosexualität ist ein offenes Geheimnis. Er ist nicht mehr Musikdirektor und einem konservativen Aufsichtsrat verantwortlich. Er kann seine eigene Show abziehen.»

Diese Show war ein Zirkus mit drei Manegen. Im Gegensatz zu Künstlern wie Horowitz, der es liebte, seine theatralischen Auf- und Abtritte aus der Intimität seines Wohnzimmers zu steuern, war Leonard Bernstein ständig von Leuten umgeben und weidete sich an Menschenmengen. Kaum war er in Tanglewood eingetroffen, wo er selbst einst als Student geglänzt hatte und dessen Festivalverwaltung er alle Honorare stiftete, die ihm aus seiner dortigen Tätigkeit zuflossen («und noch einige mehr», wie er sagte), wurde das Pferd auch schon am Schwanz aufgezäumt. Es wurde mit den Terminplänen Hunderter von Musikern jongliert, Programme wurden geändert, Probezeiten neu angesetzt, weil «Lenny etwas anderes machen möchte» oder «Lenny es sich anders überlegt» hatte. Am Abend des 4. Juli 1981 staute sich der Verkehr von Tanglewood zehn Kilometer lang, weil Tausende von Leuten sich darum rissen, im strömenden Regen sitzen und Bernstein ein Programm von Bernstein dirigieren hören zu dürfen. Jeden Sommer, wenn Lenny dirigiert, werden die im Berkshire-Distrikt verfügbaren Hotelzimmer knapp, steigen die Besucherzahlen in Tanglewood sprunghaft an, wird die Atmosphäre elektrisch geladen.

Die Kehrseite dieser allgemeinen Elektrisiertheit war weniger positiv. Das Boston Symphony Orchestra hatte eine lange und komplizierte Geschichte mit Lenny hinter sich. Er war das heimische Talent (und in einer Reihe von Vierteln in der unmittelbaren Nachbarschaft von Boston aufgewachsen), das nie aufgefordert worden war, seine Leitung zu übernehmen – wegen eines latenten Antisemitismus in Boston, sagten die einen, wegen seines auffälligen Auftretens, die anderen. In der ersten Juliwoche war das Orchester der Proben neuer Arrangements seiner *show tunes* [Show-Melodien] überdrüssig, von seinen neuen Kompositionen wenig beeindruckt und über seinen geschwätzigen, abschweifenden Probenstil erbost, der auf ungezählte Überstunden hinauslief. Im Gegensatz zu den jungen Leuten des Studenten-Orchesters waren sie mit Lennys «Gefuchtel» seit langem vertraut. Und Bernstein hatte, wie er jedermann, der sich in Reichweite befand, erzählte, seinerseits «die Nase voll von diesem lausigen, beknackten Orchester».

Die Studenten bekamen mehr als genug von dieser Art von Umgangston zu hören. Sie und alle anderen versuchten einen Bernstein zu verdauen, wie sie ihn nie im Fernsehen zu Gesicht bekommen hatten. Dieser Mensch beherrschte alle Unterhaltungen mit derselben Hartnäckigkeit, mit der er auch das Beste aus den Musikern herausholte. An jeder nur erdenklichen Stelle brachte er sexuelle Anspielungen an, während er ganze Passagen aus Melville, Plato oder Thomas Mann zitierte. Zu den Proben erschien er in allen möglichen Aufmachungen vom Strandläufer (alte Shorts, Gummisandalen) bis zum Punk-Rocker (glänzende Motorradjacke, polierte schwarze Stiefel), sprach über Selbstdisziplin und benahm sich wie ein Sechsjähriger.

«Alles raus aus dem Lokus, bam-bam», sang er eines Nachmittags vor einer Versammlung von Studenten, Kollegen, einer Reporterin und Kellnern eines Restaurants am Ort. Die Mitglieder der Runde schauten in ihre Gläser oder richteten den Blick auf die Berkshire

Hills, wobei sie ihn zu ignorieren versuchten, ohne unhöflich zu erscheinen. «Es ist schwer, sich in seiner Gesellschaft nicht zu kompromittieren», sagte ein Musiker, der mitlerlebt hatte, wie Bernstein ganze Säle voller Künstlerkollegen zu sprachlosen Stummen degradierte. «Warum führt er sich so auf?» fragten sich die Studenten, während sie zugleich miteinander um Plätze in seinen Klassen und Stühle bei seinen Proben wetteiferten und auf eine Gelegenheit warteten, ihn einmal einige Minuten lang unter vier Augen zu sprechen.

Die Komponisten wollten, daß er sich ihre Arbeit anhörte; die Dirigenten, daß er ihre Stabführung kritisierte und ihnen sagte, wie sie weitermachen sollten; die Mitglieder des Lehrkörpers, daß er auf ihre Ideen reagierte; die Instrumentalisten, daß er sie spielen hörte; die Touristen wollten ihn bloß aus der Nähe sehen, wünschten sich das Beweisstück eines Wortes, eines Blickes, eines gemeinsamen Fotos mit Lenny. Und ich, die ich ihn alle diese Leute mit überraschend guter Laune und Wärme behandeln sah, begann mir auch etwas zu wünschen. Ich war nach Tanglewood gekommen, um über das Dirigierseminar zu schreiben, aber meine Notizen zu Bernstein begannen bereits alles andere zu verdrängen, auch die Anmerkungen zu Seiji Ozawa, André Previn, Kurt Masur und mehreren anderen Dirigenten von internationalem Rang. Er beeindruckte mich auf eben die Weise, wie er die Jugendlichen im Orchester beeindruckte: Er vermittelte mir das Gefühl, daß das einzige, was auf Erden zählte, die Kunst war; daß man mit der Handhabung und Ausübung einer Kunst an der erhabensten und aufregendsten menschlichen Erfahrung, die es nur gab, teilhatte. Er vermittelte mir das Gefühl der Unzufriedenheit, ja sogar der Beschämung angesichts journalistischer Konventionen, gab mir den Wunsch ein, sie über Bord zu werfen und mit Leib und Seele zu schreiben, ganz so, wie er jene Musikstudenten zu spielen inspirierte. Also tätigte ich einige Telefonanrufe und erhielt nach anfänglichen Irrwegen von dem jungen Mann, der Bernstein als Assistent diente, den Bescheid, er werde etwas Zeit für ein Interview erübrigen. Die Story, die ich schreiben wollte, sollte zu seinem dreiundsechzigsten Geburtstag in der Sonntagsausgabe der *New York Times* erscheinen. Diese Idee gefiel ihm. Ich sollte mich einfach umsehen und ihn beim Umgang mit den Studenten beobachten, später würden wir dann ein förmliches Interview machen.

Richard Dyer, der Musikkritiker des *Boston Globe*, hatte Bernstein einige Tage zuvor interviewt und geschrieben: «Es kann nicht immer leicht gewesen sein, Leonard Bernstein zu sein. Immer setzte jedermann gewaltige Erwartungen in ihn. Seine Klavierlehrerin, Mme. Isabella Vengerova, hat sich wahrscheinlich noch im Grabe gewünscht, er solle doch etwas mehr *üben*. Die Kreise, in denen *West Side Story* Gefallen fand, wollten mehr dergleichen und fragten sich, warum der Komponist seine Zeit nur mit Symphonien wie *Kaddish* vertrödele. Bewunderer der erstaunlichen Verheißung, die Bernsteins Frühwerke verkörperten, wunderten sich, daß er sich an Dinge wie *West Side Story* verschwendete ...»

Zu der Zeit, als wir unsere Unterhaltung führten, arbeitete Bernstein an einer Klavierkomposition mit dem Titel *Moby Diptych* und an einem Nachspiel zu *Trouble in Tahiti*, seiner Oper aus dem Jahre 1952. Das erstgenannte Werk sollte anläßlich einer Sammelaktion zur Rettung der Wale veröffentlicht werden. Weiter war er mit einer zeitraubenden Aufnahme von Wagners *Tristan und Isolde* mit dem Symphonieorchester des Bayerischen Rundfunks in München beschäftigt, und soeben hatte er dem Israel Philharmonic Orchestra, bei dem er für Konzerte in Europa und Südamerika unter Vertrag stand, mitgeteilt, daß, wenn es darauf bestünde, in Argentinien zu spielen, mit ihm nicht zu rechnen sei. «Das Ganze schmeckt genauso wie in den dreißiger Jahren in Deutschland», sagte Bernstein. «Das Israel Philharmonic Orchestra wollte in Buenos Aires gastieren, weil sie dort drei ausverkaufte Konzerte hatten und sogar sechs hätten haben können. Die argentinische Regierung und die dortige jüdische Gemeinde wären sehr glücklich gewesen, sie dazuhaben. Wir bekamen dieselben Botschaften, die wir in den dreißiger Jahren auch von jüdischen Gemeinden in Deutschland bekommen hatten: Halten Sie sich aus unseren Angelegenheiten heraus, lassen Sie uns in Ruhe, *Yankee go home*, Sie machen die Dinge nur noch schlimmer. Und das heißt natürlich einräumen, daß sie schon schlimm genug sind. Ich hatte die Lage in Argentinien bereits eine ganze Weile verfolgt. Mein jüngerer Bruder hat einen guten Freund, der der Oberrabbi von Südamerika ist. Kurzum, das Israel Philharmonic

Orchestra faßte schließlich den Entschluß, den argentinischen Teil der Tournee zu streichen.»

Dieser Kommentar erwuchs aus der Frage eines Studenten nach der Verantwortung von Gastdirigenten und war typisch in seiner Offenheit. Mit Bernstein gibt es keinerlei belanglose Konversation, keine Höflichkeitsfloskeln, wenn er in Fahrt ist, und auch keine thematischen Tabus. Die einzige Bedingung, auf der er besteht, ist, daß *er* spricht und jedermann sonst zuhört, und nur wenn man mutig ist oder Glück hat oder ihn hartnäckig genug unterbricht, kann es sein, daß er innehält und darüber nachdenkt, was der andere wohl wissen möchte.

«Was hat Ihnen als Student am meisten Schwierigkeiten gemacht?» fragte ich ihn eines Abends, als das, was ursprünglich als zwanglose Plauderei mit Studenten des Seminars anberaumt worden war, sich zu einem Monolog vor mehr als hundert Zuhörern ausgewachsen und er vorübergehend den Faden verloren hatte.

«Oh, Selbstkontrolle», sagte er, ohne zu zögern. Er saß in Blue jeans und Cowboystiefeln auf dem Fußboden, das Hemd so weit aufgeknöpft, daß es seine sonnengebräunte, weißharrige Brust und einen deutlich hervortretenden Bauchansatz erkennen ließ. «Wenigstens so viel, um nicht mitten im Finale einen Schwächeanfall zu erleiden. 1940, als ich die zweite Woche hier war, dirigierte ich *Scheherazade*, und ich erinnere mich, mittendrin eine Art Herzanfall gehabt zu haben. Das war ein deutlicher Fingerzeig für mich. Man ist dazu da, der Musik zu dienen, und hat sich in acht zu nehmen. Es gibt einen bestimmten Punkt, über den man nicht hinausgehen darf.

Ich habe diese Lektion immer noch nicht vollständig gelernt. Ich gerate immer noch in Aufruhr und wanke nach einer Tschaikowsky-Symphonie so von der Bühne, daß ich geradezu mit Kübeln von Wasser übergossen werden muß. Aber der Rat, den ich zu geben habe, hat eben damit zu tun, sich *nicht* völlig gehen zu lassen. Ihre Idealsituation ist die des vollständigen *Ich-Verlustes.*»

Er hielt inne und musterte die jungen Gesichter ringsum.

«Ich weiß nicht, ob irgend jemand von Ihnen das erlebt hat, aber es ist genau das, wonach alle Welt ständig sucht. Wenn es beim Dirigieren passiert, dann deshalb, weil man sich so vollständig mit dem Komponisten identifiziert, weil man ihn so intensiv studiert hat, daß es ist, als hätte man das Stück selbst geschrieben. Man vergißt völlig, wer man ist und wo man ist, und *schreibt das Stück hier und jetzt.* Man führt es auf, als hätte man es nie zuvor gehört. Weil man *selbst* zu jenem Komponisten geworden ist.

Ich weiß immer genau, wann dies der Fall ist, weil ich lange brauche, um wieder zu mir zu kommen. Es dauert vier oder fünf Minuten, bis ich wieder weiß, in welcher Stadt ich bin, welches Orchester das ist, wer die Leute sind, die da hinter mir rumoren, und wer *ich* bin. Das ist ein sehr tiefes Erlebnis, und es kommt nicht allzu oft vor. Der Wunschtraum wäre, daß es jedesmal einträte, aber beim Dirigieren kommt es auch nicht öfter vor als in jedem anderen Bereich, wo man sein Ich einbüßt. Schopenhauer hat gesagt, die Musik sei die einzige Kunst, in der dies vorkommen könne, und die Kunst der einzige Lebensbereich, in dem es vorkommen könne. Schopenhauer irrte. Es kann auch in religiöser Ekstase oder Meditation geschehen und auch beim Orgasmus, wenn Sie jemanden lieben.»

Die Studenten nahmen das alles schweigend auf. Dann hob jemand im Hintergrund des Raumes die Hand.

«Wie trainieren Sie sich darauf, Ihr Ich loszuwerden?»

Bernstein verlängerte die Kette seiner Zigaretten um eine weitere und schaute ihn höflich an. «Wenn Sie sich dazu *trainieren* müssen, glaube ich nicht, daß Sie auf dem richtigen Dampfer sind. Wenn Sie Künstler sind, sind Sie ein Besessener. Mein Vater wollte nicht, daß ich Musiker werde, aber er konnte nichts dagegen ausrichten. Es war Schicksalsfügung. Ich habe mich nicht darum gekümmert, was es mich kostete. Mein Vater gab mir kein Geld für Musikunterricht, und ich mußte losziehen und mit zwölf Jahren in Jazzbands spielen. Aber es stand in den Sternen geschrieben. Wenn Sie *versuchen* müssen, sich zu konzentrieren, sollten Sie im Schuhgeschäft arbeiten.

Das soll nicht heißen, daß man nicht immer wieder an sich selbst zweifeln würde», sagte er umgänglicher. «Ich kenne keinen großen Musiker, der sich nicht manchmal die Frage vorgelegt hat, ob er nicht etwas anderes mit sich hätte anfangen sollen, und dann sagte: ‹Natürlich nicht!› Es ist wie mit der Liebe. Wie lautete Platos Definition der Liebe? Man wünscht sich das Glück der geliebten Person.

Man wünscht sich das Beste für die Musik. Woran Sie interessiert sind, ist das Wohlbefinden des Gegenstandes Ihrer Liebe.»

Einige Tage später zeigte mir Bernstein im Wohnzimmer von Seranak, was er unter einem Interview versteht. Er hatte sich eine große Löwenzahnblüte hinter das linke Ohr gesteckt, und die Blume verlieh ihm, im Verein mit seiner Aufmachung in verwaschenen Blue jeans, das Aussehen eines gealterten Hippies. Unmittelbar zuvor hatte er sich mit einem russisch-jüdischen Emigranten, einem Pianisten, unterhalten, einem aus der nach Hunderten zählenden Schar junger Musiker, die ihm jedes Jahr zum Vorspielen geschickt werden, und Juden lagen ihm am Herzen. Er hatte Wert darauf gelegt, mir zu erzählen, daß er ein Exemplar meines Buches «Die Kinder des Holocaust» besäße, das er mit Interesse gelesen habe. Er berichtete mir von seinem letzten Besuch in Israel, von Menachem Begin, von dem «wunderbaren Orchester, dem Israel Philharmonic», und von seinem Vater, einem lebenslangen Zionisten, den er 1947 zum erstenmal mit nach Israel genommen hatte, als er das Palestine Symphony Orchestra leitete. An dieser Stelle gelang es mir, wie einem Rettungswagen, der sich eine Bresche durch den Verkehr im Herzen der Stadt schlägt, mich stark genug bemerkbar zu machen, um eine Pause zu erzwingen.

«Sie sagten neulich, Ihr Vater hätte Sie nicht Musiker werden lassen wollen. Was war der Hintergrund für diese Abneigung?»

«Was war der Hintergrund?» wiederholte er langsam, musikalisch. Dann gab er mir eine Antwort, die über eine halbe Stunde in Anspruch nahm.

«Es war das *shtetl.* Unwissenheit. Provinzialität. Ich meine nicht Unwissenheit im geläufigen Sinne. Ich meine Unwissenheit in bezug auf das, was es sonst noch auf der Welt gibt – neben Talmud und Liebe zu Gott. Sehen Sie, er kam aus einem sehr strengen chassidischen Milieu. *Sein* Großvater war ein heiliger Mann, der absolut nichts tat. Sein eigener Vater war ähnlich, gab aber auch Unterricht. Mein Vater machte im Alter von sechzehn Jahren Schluß und rebellierte dagegen, obwohl er ein glänzender Schüler war. Mit sechzehn aber riß er aus ins Gelobte Land: ins Goldene Amerika. Das *shtetl* liegt heute auf russischem Gebiet. *Alles* ist heute in Rußland.

Für den im Ghetto herrschenden Geist», fuhr er im Tonfall eines Vortragsredners fort, der an ein hochgestochenes und aufmerksames Publikum gewöhnt ist, «wie glänzend und interessant und weitblickend er auch sein mochte, blieb der Begriff des Musikers auf das Bild des *klezmer* beschränkt, und *klezmorim* waren in den Augen von Menschen wie mein Vater und dessen Vater wenig mehr als Bettler, weil sie mit Fiedel und Klarinette oder was sonst von Stadt zu Stadt zogen und für ein paar Kopeken bei einer Hochzeit oder einer *bar mitzvah* aufspielten -- was immer sich gerade ergab. Sie nährten sich von ein paar Brosamen, und dann ab in die nächste Stadt. Die Vorstellung vom Musiker war die eines Menschen, der sich seinen Lebensunterhalt kaum selbst verdienen konnte.»

Bernstein hielt inne, um sich die heruntergefallene Löwenzahnblüte wieder hinters Ohr zu schieben.

«Mein Vater war ein Geschäftsmann, der es aus eigener Kraft zu Wohlstand gebracht hatte. Darauf war er sehr stolz. Standfest. Entschlossen, mir den mühsamen Weg zu ersparen, den er einzuschlagen hatte. Er war Präsident der Samuel Bernstein Hair Company! Von Boston!»

Hier schaute Bernstein aus, als wollte er auf der Stelle zu singen anfangen, und tatsächlich nahm sich das, was dann folgte, in seinem Mund wie eine Art Gesang aus: «In Boston ist Bernstein! Der Beste im Schönheits-Betrieb! Es waren die Zeiten der Zöpfe und Toupets. Perücken waren eine wichtige Sache. Er bekam einen Posten in einer Firma für Haarteile mit Namen Frankel und Smith, wo er den Fußboden fegte. Das war in New York City und bedeutete einen großen Schritt nach oben, denn zuvor hatte er unter der Brooklyn Bridge für einen Dollar wöchentlich Fische ausgenommen. Und von da an konnte er, da er fleißig und intelligent war, seinen Aufstieg beharrlich fortsetzen. Zuerst wurde er Vertreter. Dann lernte er, wie man Perücken herstellt. Und als die Frankels sich entschlossen, in Boston eine Filiale zu eröffnen, wählten sie ihn als deren Leiter aus. Also zog er nach Boston um. Und dort heiratete er, und auch ich wurde dort geboren und wuchs dort auf. Und es dauerte gar nicht lange, da hatte er schon die Bernstein Hair Company gegründet. Seine eigene. Die damals nicht nur Perücken verkaufte, sondern auch Brennscheren, Haarklemmen und Haarnetze. Und allmählich, mit großem Widerstreben wegen des religiösen Faktors, legte er sich Kosmetika zu.

Zur Hälfte war er ja noch immer ein Heiliger. Aber zur anderen Hälfte war er Geschäftsmann. Und natürlich wollte er, daß ich sein Geschäft übernähme, weil ich sein Sohn war.»

Er legte eine Pause ein und ließ das Drama des jetzt einsetzenden Konfliktes zwischen Vater und Sohn seine volle Wirkung auf mich entfalten, bevor er den sozialen Hintergrund ergänzte.

«Wir wohnten in den verschiedenen obligatorischen Vorstädten. Roxbury. Dorchester. Jene Vorstädte von Boston, die damals von Juden bewohnt waren und heute vollständig von Farbigen. Der gewöhnliche Weg auf der Aufstiegsleiter verlief von Dorchester über Roxbury nach – wenn man Glück hatte – Brookline, obwohl man üblicherweise zuvor noch einige Zwischenstationen einzulegen hatte. Und dann ... nach Newton! Wir waren zu zweit: ich und meine kleine Schwester Shirley, und im Jahre 1931 wurde mein jüngerer Bruder geboren. Das war, wie Sie sich erinnern werden, die Zeit des großen Börsenkrachs. Die Leute stürzten sich aus den Wolkenkratzern. Millionäre verkauften plötzlich Äpfel auf dem Times Square. Und in eben *diesem* Jahr wurde mein Vater reich. Er wurde reich, weil in diesem Jahr oder kurz zuvor etwas erfunden wurde, das *Fredericks Permanent Waving Machine* hieß. Es war der erste Dauerwellenapparat, und er reichte beinahe bis zur Zimmerdecke, und daran baumelte ein regenschirmähnliches Metallding, von dem lauter Schnüre mit großen Onduliereisen herunterhingen. Die Frauen wurden ganz verrückt, weil sie unter diesem Ding saßen, sich einen ganzen Nachmittag braten ließen und dadurch eine Dauerwelle bekamen, und mein Vater erhielt aus irgendeinem Grund für ganz New England die Exklusivvertretung. – Hallo! Wie geht's?»

Einer der Kompositionsstudenten war ins Wohnzimmer eingetreten, und Bernstein wandte sich ihm zu, um mit ihm über ein neues Stück zu sprechen, an dem jener Student gerade arbeitete. Ich schaute auf meine Notizen, dann auf meine Uhr und berechnete, daß wir, wenn wir jetzt über das Jahr 1931 sprachen, noch etwa weitere fünfzig Jahre zu füllen hätten. Plötzlich verspürte ich dieselbe nervöse Gereiztheit wie die Musiker des Boston Symphony Orchestra angesichts des Zeitdrucks und des noch zu beackernden Feldes, doch war ich nicht in der Lage, selbst den Zeitplan zu bestimmen oder Leonard Bernstein davon zu überzeugen, daß es da zu Schwierigkeiten kommen würde.

«Nur keine Nervosität», sagte er, sich wieder hinsetzend, nachdem er überprüft hatte, ob die Löwenzahnblüte noch an ihrem Platz war.

«Gut», sagte ich. «Sie sprachen von Lockenwicklern.»

«Seien Sie doch nicht so *neurotisch.*» Er lächelte und lehnte sich in das Sofa zurück.

«Ich bin nicht neurotisch!» sagte ich mit leiser, gepreßter Stimme. «Ich kenne nur meine Verleger. Das hier ist ein Zeitungsartikel. Wir haben nicht mehr 1931, wissen Sie. Es soll ja kein Buch werden.»

«Sie sind doch diejenige, die aus diesem ganzen Wirrwarr von Material einen Artikel zu *machen* hat. Das ist Ihr Metier, oder? Wenn Sie darin gut sind, werden Sie schon herausbekommen, wie die Story zu verlaufen hat.»

«Erwarten Sie allen Ernstes, daß eine Zeitung in ihrer Kunstbeilage einen Artikel über das Haarutensilien-Geschäft Ihres Vaters in den dreißiger Jahren bringt?»

«Gut. Gut.» Er nickte. «Ich habe schon ähnliche Erfahrungen mit der *New York Times* gemacht. Da ruft irgendein Bursche aus Ihrer Zeitung an –»

«Es ist nicht meine Zeitung», begann ich. «Ich bin –»

«Ich *halte* sie für Ihre Zeitung», sagte er majestätisch. «Meine letzte Erfahrung mit Ihrem Blatt ist ganz ähnlich. Dieser Bursche ruft am Tag vor dem vierten Juli an und sagt: ‹Wir bringen ein großes Feature über das, was große Amerikaner vom vierten Juli halten, und wir haben schon Soundso und Soundso angesprochen. Würden Sie uns bitte sagen, was Sie vom vierten Juli halten?› Sein Redaktionsschluß ist in einer Viertelstunde, und dieser Idiot sitzt da am Telefon ohne ein Bandgerät und schreibt mit, was ich sage. Es gibt nichts Schrecklicheres. Ich sagte: ‹Also, der vierte Juli –› Und er sagte: ‹Warten Sie, der vierte . . . Juli . . .› Wissen Sie, wenn einem jemand auf diese Art kommt, verliert man sofort den Faden.

Ich mußte es ihm wieder und wieder diktieren. Er verstand nichts von dem, was ich sagte, so daß ich ungefähr eine halbe Stunde am Telefon saß. Jedenfalls ist es *nie erschienen.*»

«Das hier wird erscheinen», sagte ich ganz ruhig. «Ich würde nur gern –»

«Ich meine, die Aussagen aller dieser anderen Leute erschienen. Es war ein großes Feature, das da am nächsten Tag herauskam ... aber ... mein Teil ...»

«*Ihr Vater* wird reich an Fredericks Permanent Waving Machine», faßte ich resignierend zusammen.

«Das ist doch einfach interessant. *Warum* wird er reich? Und was tat er mit dem Geld? Genau das ist interessant. Er baute sich zwei – nicht ein, sondern zwei – Häuser. Eines in Newton – wir haben Brookline übersprungen, wie Sie sehen. Nichts von alledem hier ist Abschweifung. Können Sie sich vorstellen, was es für einen Mann, der im Ghetto aufgewachsen ist, bedeutet, ein eigenes Haus zu besitzen? Das was sein Lebenstraum gewesen. Und dann baute er sich ein zweites Haus, einen Sommersitz in Sharon, Massachusetts. Das ist *die* Geschichte. Also. Gerade damals –»

«Entschlossen Sie sich, Musiker zu werden?»

«Nein.» Bernstein schüttelte ungeduldig den Kopf. «Dazu entschloß ich mich, als ich im Alter von zehn Jahren zum erstenmal ein Klavier mit den Fingern berührte. Und wir hatten nicht einmal ein Klavier. Wir hatten nicht nur kein Klavier, ich wußte auch nicht, daß es eine Welt der Musik gab, daß man sich eine Eintrittskarte kaufen und in ein Konzert gehen konnte. Niemand hatte es mir gesagt. Ich erfuhr erst davon, als ich ungefähr dreizehn war und mein Vater einige Eintrittskarten für ein Wohltätigkeitskonzert zugunsten des Tempels kaufte. Es war Rachmaninow. Und er kam mit diesen Karten nach Hause und sagte: ‹Ich weiß nicht, was ich damit anfangen soll. Will jemand sie?› Ich sagte: ‹Ja, ich.› Also gingen er und ich gemeinsam hin, setzten uns und hörten an einem Sonntag nachmittag Rachmaninow späte Beethoven-Sonaten und Gott weiß was spielen. Mein Vater war völlig verloren. Er wußte überhaupt nicht, was dieser Mann da anstellte. Und ich fühlte mich im Himmel. Ich merkte, daß das *geschah.* Dann bekamen wir ein zweites Mal Karten, diesmal für ein volkstümliches Konzert. Ich war vierzehn, und zum erstenmal hörte ich Orchestermusik, die ich sonst nur aus dem Radio kannte.

Ich wußte nicht, daß man Musiker *sein* konnte. Als ich zehn war, entschloß sich eine Tante von mir, nach New York zu ziehen. Sie lagerte einen Teil ihrer schweren Möbel in unserem Haus, und darunter war auch ein altes Klavier mit einem magischen mittleren Pedal, das alles wie eine Mandoline klingen ließ. Wir hatten gar keinen richtigen Platz dafür. Es stand im Vestibül. Ich erinnere mich, wie ich es berührt habe. Ich war zehn Jahre alt. Und das war's. Das war mein Vertrag mit dem Leben, mein Gott. Von da an wußte ich, was ich zu tun hatte. Ich hatte mein Universum gefunden, meinen Platz, wo ich mich sicher fühlte.»

Ich muß angesichts seines Tonfalls ein wenig skeptisch dreingeblickt haben, denn Bernstein, der ständige Schauspieler, kehrte plötzlich zur Erde zurück.

«Ich war ein sehr schmächtiges, kränkliches Kind. Zu Hause war ich nicht glücklich. Ich hatte Untergewicht. Untergröße. War blaß. Ziemlich schwach und nicht gut im Sport. Überarbeitet. Weil ich nach der normalen Schule noch in die hebräische gehen mußte. Und dieses Ding da sorgte dafür, daß ich mich plötzlich wohl fühlte. Ich hatte keine Probleme. Und es war seltsam. In den beiden ersten Jahren hatte ich eine Klavierlehrerin, aber zumeist machte ich alles allein. Ich erfand mein eigenes Harmoniesystem. Ich gab ihm lustige Namen, die sich später, als ich Harmonielehre zu studieren begann, als ganz treffend erwiesen. Und in diesen beiden Jahren wuchs ich um etwa vierzig Zentimeter. Wurde stark, athletisch, gewann alle Preise im Tauchen, alle Leichtathletikpreise und verliebte mich jede Woche in ein anderes Mädchen. Es war, als hätte das *Klavier* das zuwege gebracht. Was natürlich nicht der Fall war. Eher war es so, daß meine Pubertät mit der Entdeckung des Universums zusammenfiel, dieses Universums, in dem ich . . .»

Seine Augen suchten den Raum nach einem Wort ab, und als er es schließlich fand, sprach er es aus, als ob es ganz ungewöhnlich sei. Das Wort war «glücklich».

«Ich war glücklich», wiederholte er. «Sicher. Und behütet. Ich weiß nicht, wie ich das anders beschreiben soll. Wenn ich am Klavier saß – gleichgültig, ob ich ein Nocturne von Chopin, ein Präludium von Bach oder eine volkstümliche Schnulze spielte –, war ich *un-ver-wund-bar.* Und je ernsthafter ich mich damit beschäftigte, desto teurer wurde die Person, die mir Klavierunterricht gab. Es fing an mit einem Dollar pro Wochenstunde. Gut. Das war eine Nachbarin, Frieda Karp, deren Eltern Freunde meiner Eltern waren. Ein Jahr später dann merkte ich, daß ich eine bessere Lehrerin brauchte. Sie sagte: ‹Du spielst besser als ich, also geh ins Konservatorium und such dir jemanden.› Ich spielte vor und wurde von jemandem übernommen, der *drei* Dollar pro Stunde kostete. Mein Vater sagte nein. Also mußte ich von da an einen Weg ausfindig machen, um zu diesem Geld zu kommen, und das tat ich, indem ich in Jazzbands und bei *bar mitzvahs* und Hochzeiten spielte – indem ich ein *klezmer* wurde! Das ist die wirkliche Ironie der Geschichte. Sie denken, ich schweife ab –»

«Nein, ich sagte nur –»

«Es ist eine Geschichte, sehen Sie nicht? Ich erzähle Ihnen eine Geschichte, die eine Form hat. Ich forme Ihre Geschichte für Sie, in Ordnung?»

In meinem Gesicht mußte sich etwas verhärtet haben, weil er sich plötzlich entschuldigte.

«Ich meine das nicht so», sagte er rasch. «Ich will Ihnen wirklich nicht sagen, wie Sie Ihren Beruf ausüben müssen, weil Sie Ihrem Beruf nachgehen und ich meinem. Aber alle Menschen sind verbunden. Wenn es irgendwelche lockeren Fäden gibt, sagen Sie es mir bitte, und ich werde sie zu verknüpfen versuchen.

Also: Ich hatte ein paar Freunde, die eine Jazzband zusammenstellten, und wir verdienten Samstag abends zwei Dollar, und ich kam mit blutenden Fingern nach Hause, weil ich neunzehn Chorusse des *St. Louis Blues* gespielt hatte. Blutende Finger bringe ich seitdem mit der Vorstellung von zwei Dollar in Verbindung, aber ich hatte das Geld, das ich für meine Klavierstunden ausgeben mußte. Als ich vierzehn wurde, hatte ich dann *sechs* Dollar zu bezahlen. Meine Lehrerin war Helen Coates, meine spätere Sekretärin, und sie assistierte Heinrich Gebhard, der damals als der beste Klavierlehrer in Boston galt. Bei ihr verbrachte ich ein paar Jahre und wechselte dann zu ihm. Er kostete *fünfzehn* Dollar. Sie können sich also die Anzahl von Jazz-Sessions und die Anzahl von Nachhilfestunden ausmalen, die ich selbst meinen Freunden und jüngeren Burschen zu erteilen hatte.»

«Wie kam Ihr Vater denn mit all dem zurecht?» fragte ich.

«Sehr schlecht. Wir entwickelten eine Abneigung, einen Groll in bezug auf dieses Thema, der genau zu dem Zeitpunkt einsetzte, als ich ernsthaft zu arbeiten begann und mich völlig sicher fühlte. Es gab nichts, was mich aus meinem musikalischen Universum hätte vertreiben können. Er fand, ich sollte ein solider und erfolgreicher Geschäftsmann werden, indem ich das Geschäft übernahm, für dessen Aufbau er so hart gearbeitet hatte. Er wäre ebenso glücklich gewesen, wenn ich mich entschlossen hätte, Rabbi zu werden, weil sich um einen Rabbi immer jemand kümmert – niemand läßt einen Rabbi verhungern. Aber Musiker? Ein *klezmer*? Er war außer sich. Er bekämpfte das mit Zähnen und Klauen! Dennoch willigte er ein, mir das Harvard-Studium zu bezahlen, denn das ist eine sehr jüdische Sache. Das Studium, das *Buch*, ist im Leben jedes Juden noch immer der Fixstern. Also ging ich nach Harvard und belegte Musik als Hauptfach, kümmerte mich aber so wenig wie möglich darum und tat nur gerade so viel, meine Pflichtleistungen zu erbringen. In den späten dreißiger Jahren konnte man in Harvard nicht Klavier studieren. Nicht ein Ton war in dem ganzen Komplex zu hören. Nur das Geräusch von Kreide, die auf einer Wandtafel kratzte, und manchmal ein sehr leise eingestelltes Grammophon. Aber jemanden, der *übte*? Das gab es nicht. Weil Harvard in dieser Hinsicht sehr theoretisch und snobistisch war und nichts erlaubte, was in seinen Räumen einem Konservatorium geähnelt hätte.»

«Wie kamen Sie denn dann aufs Konservatorium?» fragte ich.

«Oh, das ist eine lange Geschichte», sagte er. «Sie sagten, Sie hätten keine Zeit. Na, gut. Ich hatte gar nicht beschlossen, ans Curtis zu gehen. Ich wollte überhaupt nie Dirigent werden. Das kam mir die ganze Zeit, wo ich in Harvard war, nicht in den Sinn. Doch dann war ich zu einem Konzert des Boston Symphony Orchestra gegangen, oben im zweiten Rang, wobei ich mir eine Eintrittskarte mit jemandem teilte, weil ich mir eine ganze nicht leisten konnte, und hatte Kussewitzky dirigieren sehen, war ihm aber nie persönlich begegnet. *Begegnet* war ich damals allerdings zwei Leuten, die für mein Leben absolut und grundlegend wichtig waren. Der eine war

Aaron Copland, der mein Mentor wurde, der mir nahestehendste Kompositionslehrer, den ich je hatte. Der andere war Dimitri Mitropoulos.

Mitropoulos behielt mich gewissermaßen im Auge. Ich verbrachte den ganzen Sommer 1939 damit, mich in New York nach einer Stellung umzusehen; Copland versuchte mir zu helfen, Bill Schuman versuchte mir zu helfen, aber es gab im Sommer 1939 keine Stellungen in New York. Also kehrte ich mit eingezogenem Schwanz zu meinem Vater nach Hause zurück. Es war am 1. September 1939. Hitler war an diesem Tag in Polen einmarschiert. Und mein Vater sagte zu mir: ‹Gut, jetzt hast du deinen Spaß gehabt. Bist du nun bereit, ins Geschäft einzutreten?› Ich war nahe daran zu antworten: ‹Ja, ich gebe auf.› Und da erschien plötzlich Mitropoulos auf der Bühne. Ich sah ihn und fragte ihn: ‹Was soll ich bloß machen? Ich finde keine Stellung.› Und er sagte: ‹Sie sollten Dirigent werden.›»

Bernsteins Tonfall hatte jetzt die Wärme des Lehrers angenommen, der überliefertes Wissen von einer Generation an die nächste weitergibt, wobei er Gefallen daran fand, sich die Begleitumstände seiner eigenen Initiation in eine musikalische Laufbahn in Erinnerung zu rufen. Sein Gesicht verklärte sich zu rabbinischer Sanftheit; seine Augen leuchteten.

«Für mich», fuhr er fort, «war ein Dirigent damals jene winzige, entrückte, glamour-überstrahlte Gestalt, die man vom zweiten Rang des Konzertsaales aus wahrnahm. Man konnte kaum erkennen, wie er aussah. Er war keine reale Person: Er war ein Gott oder Hoherpriester. Und hier stand Mitropoulos und sagte: *Ich weiß genau, daß Sie zum Dirigenten geboren sind, und an der Juilliard School gibt es einen sehr guten Dirigierkurs.* Ich rief dort an und fand heraus, daß die Probe-Vorstellungen bereits vor vier Wochen stattgefunden hatten. Da war nichts zu wollen. Mitropoulos riet mir, ich solle beim Curtis Institute anrufen, wo Fritz Reiner einen Kurs gebe. Er sei ein sehr guter Lehrer.

Ich hatte nie von Fritz Reiner gehört. Ich verstand nichts vom Dirigieren und hatte wenig Interesse dafür. Alles, woran mir lag, war Komponieren und Klavierspielen. Und zwar *Tristan* und *Porgy and Bess* und *Of Thee I Sing* und *Carmen* und die *Lyrische Suite* von

Alban Berg. Also rief ich beim Curtis an, und sie hatten tatsächlich noch Termine für Probe-Vorstellungen, obwohl es bereits September war, weil Reiner sich mit der Rückkehr aus Europa verspätet hatte. Ich hatte Partituren von einem Gesichtspunkt aus zu studieren, den ich nie zuvor ins Auge gefaßt hatte. Beethovens Siebente. Und *Scheherazade*. Und ich hatte schrecklichen Heuschnupfen. Ich schniefte. Meine Augen waren geschwollen und geschlossen, und ich hustete. Und in diesem Zustand wurde ich ins Zimmer dieses einsamen kleinen Mannes mit winzigen grünen Augen geleitet. Ich schlotterte vor Angst, und er fragte mich: ‹Haben Sie je dirigiert?› – ‹Nein›, sagte ich. ‹Sie spielen Klavier?› – ‹Ja.› – ‹Gehen Sie ans Klavier. Wissen Sie, was das hier ist?› – ‹Nein.› – ‹Glauben Sie, daß Sie es spielen können?›

Ich spielte es bis zum Ende durch, obwohl ich kaum sehen konnte, und es stellte sich als die *Akademische Fest-Ouvertüre* von Brahms heraus, an die ich mich plötzlich erinnerte, weil ich die Melodie auf dem Gymnasium gesungen hatte. Ich bestand das Probespiel und wurde sein Schüler, und das war ein *aufregendes* Jahr. Er brachte mir Maßstäbe bei, von deren Existenz ich keine Ahnung hatte. Nie konnte man sich entspannen. Er war sehr grausam. Man war mitten in etwas Leidenschaftlich-Mitreißendem, und er unterbrach einen und fragte: ‹Gut, was spielt die Zweite Klarinette hier?›, wenn man nicht einmal wußte, *daß* da überhaupt eine Zweite Klarinette spielte. Eine Menge Leute fiel in dieser Klasse durch. Ein Junge wurde in die Klapsmühle eingewiesen; einer versuchte Reiner und mich zu erschießen, weil er glaubte, ich sei sein Günstling. Andere blieben einfach weg. Reiner war ein sehr harter Mensch, und nebenbei gesagt, hatte ich dort jene große Klavierlehrerin, Isabella Vengerova, die sich als ähnlich tyrannisch und brutal und phantastisch erwies. Sie brachte mir bei, mir selbst zuzuhören, und das ist das größte Geschenk, das ein Lehrer einem Schüler machen kann.

In jenem Frühjahr sah ich einen Anschlag, der besagte, daß Kussewitzky ein Seminar in Tanglewood eröffne, und ging mit Empfehlungsbriefen bewaffnet nach Boston. Wir mochten einander auf Anhieb. Er nahm mich ohne Probespiel in seine Klasse auf, und von dem Tage an, dem ersten Tag der ersten Saison in Tanglewood, dem 1. Juli 1940, waren wir wie Vater und Sohn. Er brauchte einen Sohn. Ich brauchte inzwischen einen Vater-Ersatz, weiß Gott. Wir wurden gewahr, daß wir einander gegenseitig brauchten, und bis zu seinem Tode genau elf Sommer später war es eine sehr, sehr enge Beziehung.»

Bernstein rückte seine Löwenzahnblüte zurecht und starrte zu dem großen Ölgemälde von Kussewitzky empor, das im Wohnraum von Seranak hängt. «Tanglewood ist mein Leben», sagte er freimütig. «Es ist der Ort, an dem ich meine glücklichsten Stunden verbracht habe, musikalisch und erotisch und im Sinne von Natur, Freunden und Aktivitäten. Ich glaube, in jenem Sommer habe ich keine Nacht geschlafen, und auch im nächsten und übernächsten nicht. Die ganze Nacht auf und morgens um neun Uhr Probe. Dazwischen dirigierte und studierte man. Genau wie heute. Ich sehe die jungen Leute einzeln, in Klassen, arbeite mit den Komponisten, mit dem Orchester, schaue mir Partituren an. *Ich verdanke diesem Ort viel.* Mein Hauptgefühl ihm gegenüber ist Dankbarkeit. Das ist überhaupt das, was ich gegenüber allem empfinde, das ich liebe. Wenn man überströmende Gefühle von Liebe hat, wenn man mit dem Menschen, den man am meisten liebt, im Bett ist, was ist dann das Hauptgefühl? Man sagt: ‹Dank sei Gott für dieses alles.› Dieses Gefühl habe ich auch Tanglewood gegenüber. Es kostete nichts, also habe ich auch nie einen Pfennig für meinen Unterricht hier genommen. Allerdings habe ich vom Boston Symphony Orchestra sehr hohe Honorare verlangt und sie dann dieser Schule hier in Gestalt von Stipendien zurückerstattet.

Diesem Haus gegenüber, in dem wir hier sitzen, hege ich sehr sentimentale Gefühle. Ich kann diesen Raum hier kaum ohne Herzklopfen betreten. Ich habe plötzlich im Geist Kussy wieder vor mir gesehen, wie er mich nach dem Essen zum Sitzen aufforderte und sagte: ‹Lenuschka, ich habe etwas sehr Schwerwiegendes mit dir zu bereden.› Das war 1942. Wir waren in den Krieg eingetreten, ich war vom Musterungsausschuß wegen meines Asthmas zurückgestellt worden und darüber sehr deprimiert. Ich war noch ein ganzes Jahr von jener Titelseite der *New York Times* entfernt, obwohl ich das nicht wußte, und ich war verzweifelt. Ich war nicht gut genug, um in die Army aufgenommen zu werden, und konnte keine Stellung finden. Die einzige Stellung, die ich in New York hatte, wenn man davon absieht, daß ich hier und da mal einen Dollar pro Stunde verdiente, wenn ich für eine Ballett-Klasse spielte, war die Arbeit für einen Musikverlag, die mir wöchentlich fünfundzwanzig Dollar eintrug. Ich haßte sie. Ich hatte ein kleines Zimmer. Mein Vater ... half mir aus. Sogar am Curtis Institute, das ja nichts kostete, brauchte man ein kleines Taschengeld. Also gab ich Stunden. In einer Tagesschule auf dem Land. Im Kindergarten. Schreckliche Dinge.»

Vom ersten Augenblick an, da ich Bernstein in seinem weißen Mercedes-Kabrio beim Herrenhaus auf dem Hügel hatte vorfahren sehen, war mir seine offensichtliche Vorliebe für Luxusgegenstände aufgefallen, für teure und übertriebene Kleidungsstücke, für Exzess in jeder Hinsicht. Es war, als trüge er Beweise für seinen Erfolg zusammen, die er seinem jetzt toten Vater vorführen konnte, der nie wirklich aufgehört hatte, seinen Sohn als einen bloßen *klezmer* zu sehen, trotz seiner Fernsehauftritte, seines internationalen Ansehens und seines ständig wachsenden Vermögens.

«Jedenfalls», fuhr Bernstein fort, «war es in diesem Raum, daß Kussy zu mir sagte: *‹Lenuschka, ich habe etwas sehr Schwerwiegendes mit dir zu bereden. Es wird dir alle Tore auf der ganzen Welt öffnen. Alle.›* Manchmal höre ich das Wort für Wort im Traum, in jenem harten russischen Akzent. *‹Es wird dir an nichts fehlen. Sie werden dich feiern. Aber es wird nichts geschehen, wenn du ihn nicht änderst, den Namen.›* Das ist es. Genau. Er hatte den neuen Namen für mich nämlich schon ausgesucht: Leonard S. Burns, wobei das S das Patronym meines Vaters war, Samuel. Ähnlich wie im Russischen. Leonard Samuelewitsch Burns. Ich mochte das gar nicht, aber er weinte dabei. Es war die Zeit des schlimmsten Antisemitismus. Wir hatten gerade die ersten Nachrichten über Konzentrationslager in Europa erhalten. Wir erfuhren so spät davon ... deswegen habe ich auch, nebenbei gesagt, gerade meine Tournee mit dem Israel Philharmonic gestrichen. Das hätte eine nette Show gegeben. *Sie* wollten nach Argentinien, das war so merkwürdig. Es ist zum Heulen.»

«Reden Sie mit Ihren Studenten hier über Politik?» fragte ich.

«Ich rede dauernd darüber.»

«Was erzählen Sie ihnen?»

«Ich *erzähle* ihnen nichts. Ich *frage* sie. Weil ich ein richtiger Lehrer bin, wende ich die sokratische Methode an. Ich stelle ihnen Fragen. Ich versuche herauszufinden, was in ihren Köpfen vor sich geht, in welchem Maße sie sich als Künstler fühlen, als Weltbürger, als Bürger Amerikas, als Bürger einer Künstlergemeinschaft. Und schließlich beginnen wir zu vergleichen. Wie es für mich war, als ich in ihrem Alter war. Das waren die dreißiger Jahre, die Jahre der Straßenmärsche, des Klavierspiels bei Wohltätigkeitsveranstaltungen und der Konzerte für die Sache des Fortschritts, der Hilfe für Bergleute mit Silikose, des Paul-Robeson-Komitees. Sie sehen, wir hatten mehr als genug gute Zwecke, für die wir uns einsetzen konnten.

Aber heute kennen sie einfach keine guten Zwecke, kein Ideal mehr», betonte er, etwas gereizt, woraufhin er mit einem Vortrag über die Nachkriegsgeneration und die Schäden des Fernsehens fortfuhr. «Die einzige Generation, die ein Ideal hatte, war die Vietnam-Generation, die es in Unfug und Rockmusik ausagierte. Davon abgesehen, hat es keine jungen Leute mit Idealen gegeben, das weiß ich. Ich habe selber drei Kinder im Alter zwischen neunzehn und neunundzwanzig, und ich kenne meine eigenen Kinder *sehr* gut und auch deren Freunde. Ich hatte auch ein Jahr lang eine Gastprofessur in Harvard, die Norton Lectures, und es gibt eine Klausel im Vertrag, die besagt, daß man den Studenten zur Verfügung stehen muß. Sie können sich vorstellen, wieviel Verfügbarkeit es gab, als T. S. Eliot da war. Oder Strawinsky. Oder Hindemith. Nun, ich war im Grunde so etwas wie ein besserer Psychiater, und ich muß mit über tausend Studenten gesprochen haben. Sie haben keine Ideale mehr, für die sie kämpfen. Und der Grund dafür ist der, daß diese Kinder daran gewöhnt sind, nur auf einen Knopf zu drücken, damit sofort alle Bedürfnisse befriedigt werden. Wenn einem das, was man sieht, nicht mehr gefällt, drückt man einfach einen anderen Knopf. Es gibt immer etwas anderes.

Kinder brauchen sofortige Bedürfnisbefriedigung und bekommen sie zumeist auch. Allmählich bekommen sie sie dann nicht mehr sofort, und eben das nennt man Erwachsenwerden. Und das Ausmaß, in dem man sich mit dem Mangel an sofortiger Bedürfnisbefriedigung abfinden kann, ist das Ausmaß, bis zu dem die eigene

Reife reicht. Die Studenten hier in Tanglewood sind ein Sonderfall. Das sind junge Leute, die sich ein bestimmtes Gebiet gewählt und sich ihm verschrieben haben, aber ein Sich-der-Musik-Verschreiben ist ... ist wie ...» Bernstein schüttelte sein Löwenhaupt. «Sie ist umfassender als eine Bindung an ein anderes Menschenwesen, weil man die ändern kann. Der andere ändert sich auch. Es gibt Affären, die zu Ende gehen und einer neuen weichen. Es gibt Ehen und Scheidungen. Im Vergleich zur Musik ist das alles leicht. Musik dagegen kann man nicht auf die leichte Schulter nehmen, und sie hält einen vierundzwanzig Stunden am Tag in Atem. Diese junge Generation aber mit all ihrem guten Willen und all ihrem Talent und all ihrem Erfolgshunger – leider ist letzterer bei den meisten die treibende Kraft – hat dennoch keine Ideale, wie wir sie hatten, und das ist sehr schlimm.»

«Was sagen Sie ihnen dann in dieser Hinsicht?»

«Jedem etwas anderes. Ich habe keine vorfabrizierten Patent-Schibboleths oder -Regeln oder -Lösungen. Gute Ratschläge sind das leichteste von der Welt, und man kann das Leben eines Menschen damit zugrunde richten. Viel schwerer ist, etwas zu sagen, was für den Betreffenden wirklich relevant ist. Dazu muß man ein wenig über ihn wissen, jedenfalls mehr, als in den Noten, die einer spielt oder komponiert, zum Vorschein kommt.

Weil nämlich die Noten zumeist Schwindel sind. Sie sind das, was den Leuten im Kompositionsseminar ihrer Universität oder sonstwo beigebracht wurde. Sie hatten fürs Examen ein Stück zu schreiben. Vielleicht eine bestimmte Art von serieller Musik, auf die oder jene Weise streng, die nach allen Regeln der Kunst instrumentiert ist und perfekt klingt, genau wie jedes andere Stück serieller Musik. Dann frage ich sie: ‹Mögen Sie dieses Stück?›, und nur zu oft antworten sie: ‹Ich hab's zwar nie zuvor gesagt, aber ich *hasse* es.› – ‹Gut, was mögen Sie denn wirklich?› Ich selber schreibe gern Songs. Zufällig habe ich gerade einen dabei, der halb fertig ist. Und da ist eine Vertonung von Whitman-Gedichten, eine Menge Arpeggios. Und tonal. Tonalität ist der Schlüssel dazu.

Die Aufgabe der Tonalität in unseren Tagen war bedenklich. Sie mußte kommen, sie war eine historische Notwendigkeit, aber sie brachte eine gewaltige Kluft zwischen dem Komponisten und dem

Publikum hervor. Eine Menge Leute gab nur vor, das zu mögen. Boulez gab Teppich-Konzerte, und die Leute kamen, saßen auf den Teppichen und hörten Stockhausen und verschlangen das mit den Ohren, bis sich herausstellte, daß sie *allesamt* verhascht waren, und sie fühlten sich allesamt großartig, weil das Sachen waren, bei denen sie nicht wirklich *zuhören* mußten. Sie brauchten es sich nur um die Ohren wehen zu lassen, wie den Rauch ihrer Joints. Und sie fühlten sich kulturell gewissermaßen ganz oben und wirklich auf der Höhe der Zeit. Und dann fingen sie an, das einfach sattzuhaben.

Weil sie merkten, daß Musik eine Kunst-Gemeinde voraussetzt. Wenn sie diese Gemeinde nicht hervorbringt, hat sie keine reale Funktion, außer der, den daran beteiligten Komponisten zu erhöhen und das Publikum zu *langweilen*. Und die Komponisten versuchen mehr und mehr, wieder zu etwas zurückzufinden, bei dem das Publikum zuhören kann. Aber das ist ein großes Problem. Wie soll man nämlich Musik schreiben, die in gewisser Weise tonal ist und doch nicht so klingt wie alles, was auch zuvor schon geschrieben worden ist?»

Bernstein hatte sich ins Zentrum der Probleme seiner Kompositionsstudenten vorgewagt, die er beschrieb, und warf in der Tat Fragen auf, die er sich auch ständig selbst stellte.

«Wie kann man einen B-Dur-Akkord schreiben, der nicht nach Schubert klingt? In dem Augenblick, wo man in die Nähe eines B-Dur-Akkordes kommt, ist man auch schon tot. Das meint man jedenfalls. Aber man ist *nicht* tot. Es gibt immer einen neuen, lebendigen Weg, etwas zu tun, wenn man die Lebendigkeit in sich selbst hat, in seiner Sprache, in seiner Seele. Ich versuche die Komponisten, mit denen ich rede, dahingehend zu ermutigen. Ich versuche sie ausdrücken zu lassen, was sie wirklich ausdrücken wollen, und nicht, was sie denken, daß sie ausdrücken sollten. Weil ihnen das nämlich als Menschen und als Künstler nichts nützt. Und auch keinen Erfolg bringt – was doch das ist, was die meisten haben wollen . . .»

Hier legte Bernstein eine Pause ein, und ich fragte mich, wieviel von dem, was er über Erfolg und Erfolgsmenschen sagte, wohl seine Gefühle in bezug auf die öffentliche Aufnahme seiner eigenen Kompositionen widerspiegelte. Er hatte das ganze Jahr 1980 hindurch nicht dirigiert, um Zeit fürs Komponieren zu haben. Der Übergang von der einen Tätigkeit zur anderen war schwierig gewesen und die Ergebnisse enttäuschend. Er hatte für ein bestimmtes Projekt mit Arthur Laurents zusammenzuarbeiten begonnen, der das Textbuch zur *West Side Story* geschrieben hatte, aber die beiden hatten nach einem halben Jahr aufgegeben. Er hatte vier Stücke fertiggestellt: ein Divertimento für das Boston Symphony Orchestra, ein Klavierstück für den Van-Cliburn-Wettbewerb, ein zwei Minuten langes Gedenkstück für den Dirigenten André Kostelanetz und ein Stück für Flöte und Orchester, das einem 1973 in der Sinai-Wüste gefallenen israelischen Flötisten gewidmet war. Keines davon hat einen Weltenbrand entfacht. Keines hat auch nur ein Hundertstel der Aufmerksamkeit auf sich gelenkt, die ein Programm mit früheren Werken Bernsteins gewohnheitsmäßig für sich buchen kann.

Die Löwenzahnblüte war Bernstein erneut vom Ohr herabgerutscht, und er sah etwas lächerlich aus, als er sie wieder zu befestigen versuchte: ein Mann in den Sechzigern, dessen faltiges Gesicht und vorstehender Bauch in scharfem Gegensatz zur glatten Mähne seines silbrigen Haares und zu seiner teuren, jugendlichen Kleidung stand. Er sah wie ein Mensch aus, der mehrere Lebensläufe zu einem einzigen zusammengeschnürt hatte und sich auch jetzt noch weigerte, dem Altern auch nur einen Fußbreit zu weichen.

Ich hatte mit Menschen gesprochen, die ihn hassen, die hassen, was sie als sein fortgesetztes Posieren, seine Auflösung, Verantwortungslosigkeit, seinen grenzenlosen Egoismus und seine Weigerung, sich wie ein Erwachsener zu benehmen, bezeichnen. Bernstein, sagen sie, hat seine Gaben verschleudert, anstatt sie zu entwickeln; die einzigen genialen Werke, die er hervorgebracht hat, sind *West Side Story* und *Candide*; er mag zwar ein großer Dirigent sein, sagen sie, aber die besten führen sich eben nicht wie Verrückte auf oder machen sich die Musiker, die sie leiten, zu Gegnern. Er ist, sagen sie, ein inspirierender Lehrer, aber die besten Lehrer inspirieren gerade durch das Leben, das sie führen, nicht durch die Rhetorik, die sie verströmen.

Ich habe auch mit Leuten gesprochen, die seinen Namen nicht ohne eine gewaltige Woge von Dankbarkeit aussprechen. Ja, sagen sie, Bernstein stellt unsere Geduld auf die Probe, aber in bezug auf die Dinge, die wirklich zählen, ist er beinahe immer ehrlich. Ja, sagen sie, er verschwendet Zeit an Belanglosigkeiten und Abschweifungen, die äußerst zügellos erscheinen, aber er ist einer der wenigen lebenden Künstler, die uns bewegen und uns zu Fragen provozieren, was wir empfinden, was wir sehen und hören, welche Form wir dem Leben in der Kunst geben.

«Es kümmert mich nicht, mit wem er schläft, wie er sich anzieht oder wie er redet», sagte ein Student in Tanglewood. «Wenn er ans Pult tritt, ruft er mir in Erinnerung, warum ich Musiker werden wollte.»

Mir rief er in Erinnerung, warum ich Schriftstellerin werden wollte.

4

Die beste Geigenlehrerin der Welt

In New York City regnete es, und der dreizehnjährige israelische Junge, der den Vormittag damit zugebracht hatte, an der Bar Ginger-ale zu trinken, und den Nachmittag damit, in seinem trübseligen Hotelzimmer einen Film im Fernsehen anzuschauen, war überhaupt nicht zum Geigenspielen aufgelegt. Er und seine Mutter waren gerade aus Tel Aviv nach New York gekommen, so daß er rechtzeitig bei etwas auftreten konnte, das *Ed Sullivan Show* hieß. Sie sprach kein Englisch. Er litt unter den Nachwehen der Zeitverschiebung. Er vermißte seine Freunde, die Sonne und seine Geigenlehrerin. Und als die blonde Dame im schwarzen Lammfellmantel eintrat und sagte, sie komme von der Juilliard School, musterte er sie mit einem bösen Blick.

Dorothy DeLay hatte eine Nachricht erhalten, sie möge doch bitte einem Probespiel des Jungen in seinem Hotel beiwohnen, und als sie ihn am Fußende eines der beiden Einzelbetten sitzen sah, wußte sie, warum: Zu Hause in Kansas, wo Miss DeLay herkam, hatte sie eine Menge Kinder gesehen, die eine Kinderlähmung überlebt hatten. Seine Mutter hatte etwas auf hebräisch gesagt, Miss DeLay etwas auf englisch, die beiden Frauen hatten sich voreinander verbeugt, und der Junge hatte seine Geige herausgeholt. Dann hatte er, ohne auf das achtzugeben, was er da tat, das Violinkonzert von Mendelssohn schneller heruntergefetzt als irgend jemand sonst, den Miss DeLay zuvor gehört hatte. Er war schrecklicher Laune. Er war aber auch, wie Miss DeLay sah, ein außergewöhnlicher Geiger.

Als er das Stück beendet hatte, lächelte Miss DeLay. Dann stand sie auf, gestikulierte und wiederholte: «Ja, ich tue es ... ich tue es», und zwar mehrfach, um Itzhak Perlmans Mutter zu verstehen zu geben, daß sie alles in ihren Kräften Stehende tun würde, um ihrem Sohn ein Studium an der Juilliard School zu ermöglichen. Es war eine Pantomime, wie sie die aus einer kleinen Stadt namens Medicine Lodge stammende Geigenlehrerin im folgenden Vierteljahrhundert mit zunehmender Häufigkeit mit japanischen, koreanischen, italienischen, französischen und russischen Müttern aufführen sollte, in eben dem Maße, wie ihre Studenten-«Klasse» wuchs, um schließlich die vielversprechendsten Geiger aus allen Himmelsrichtungen aufzunehmen, alle jene Hunderte von Kindern und Jugendlichen mit dem verräterischen Halbmond fleckiger Haut unter dem Kinn, die eines Tages von Millionen von Menschen gehört werden würden. Itzhak Perlman war lediglich der berühmteste Name auf der Liste früherer DeLay-Schüler, die überdies nahezu jeden anderen erfolgreichen jungen Solisten des Konzertbetriebs verzeichnete, dazu die Geiger von zehn der wichtigsten Streichquartette (darunter das Juilliard-, das Tokioter und das Cleveland-Quartett), junge Dirigenten wie Christian Badea und Michael Stern, Konzertmeister wie Jaap Van Zweden vom Amsterdamer Concertgebouw Orchester, Mitglieder des Lehrkörpers der Konservatorien von Juilliard, Peabody, Eastman, Yale und des New England Conservatory und Orchestergeiger und private Geigenlehrer nahezu überall auf der Welt.

Als unsere Gespräche 1986 begannen, lehrte Miss DeLay, damals neunundsechzig Jahre alt und einer Hüftgelenksoperation entgegensehend, fünf Tage in der Woche an der Juilliard School, dienstags abwechselnd am New England Conservatory of Music in Boston und an der University of Cincinnati (wo sie Honorarprofessor für Violine war und einen Lehrstuhl bekleidete, der für einen Lehrer «von der Statur Leopold Auers» gestiftet worden war), sonntags am Sarah Lawrence College und jeden Sommer beim *Aspen School and Music Festival* in Colorado.

Morgens begann sie ihren Arbeitstag zumeist mit einer Tasse Kaffee und dem Telefon. Es gab Anrufe von Schülern, die am Vorabend Konzerte in Paris, Tel Aviv oder Seoul gegeben hatten

(«Miss DeLay, gestern abend habe ich in einem großen Konzertsaal gespielt, dreitausendfünfhundert Zuhörer. Vor zwei Jahren habe ich elf ‹Vorhänge› gehabt. Gestern abend nur neun. Was mache ich falsch?»), oder von Schülern, die zum erstenmal am Kennedy Airport angekommen waren und nicht wußten, wie sie an den Ort kommen sollten, wo man sie erwartete («Miss DeLay, hier sprechen Sieger Tokio Landeswettbewerb Japan. Wie ich gehen Aspen?»). Da gab es Anrufe von Eltern von Schülern («Wir wollten Ihnen nur schnell vorlesen, was sie in Deutschland über ihn geschrieben haben. Es lief wunderbar!»). Und es gab Anrufe von Managern, die wissen wollten, ob die Buchung eines bestimmten Konzert- oder Vortragsprogramms für einen ihrer Schüler in Ordnung gehe, von Instrumentenhändlern, die die alleinseligmachende Geige zur Verfügung hatten, oder von früheren Schülern oder ihren Freunden oder Freundinnen, die gerade auf der Durchreise waren. Nach den Telefonanrufen war die Post an der Reihe. Auf dem Küchentisch aufgetürmt lagen Briefe, Telegramme, eben erschienene Schallplatten und Audiocassetten – zumeist Vorspielaufnahmen aus aller Welt, von denen in manchen Monaten durchschnittlich zwei oder drei am Tag eintrafen.

Mittags fuhr Miss DeLay mit ihrem Auto die einstündige Strecke von ihrem Heim in Rockland County zu ihrem Studio in der Juilliard School in Manhattan, wo sie die nächsten elf Stunden verbrachte. Häufig unterrichtete sie von Mittag bis Mitternacht ohne jede Pause, flog oder fuhr selber zwischen ihren verschiedenen Studios hin und her und verstrickte nicht nur Schüler, sondern auch deren Eltern, Freunde, Manager, Werbeleute, Lehrer und andere Musikschaffende in ein Netz von Beziehungen, das sehr viel mehr umfaßte als das bloße Problem des Erlernens des Geigenspiels.

«Was für mich das Bedeutendste an ihr ist? Daß sie tatsächlich an mich glaubte», sagte Itzhak Perlman nahezu dreißig Jahre nach der ersten Begegnung mit seiner Lehrerin. «Es gab eine Zeit, da meine Eltern und Miss DeLay die einzigen Leute auf der Welt waren, die davon überzeugt waren, daß mir etwas wie eine Laufbahn beschieden sei. Die Tatsache, daß ich körperlich behindert war – eine Menge Leute hatten ein ganz verzerrtes Bild von mir. Sie nicht. Sie war fähig zu sehen.»

Lehrer sind nicht von Managern und Werbeleuten umringt wie die Schüler, die sie herausbringen. Und sie werden auch nicht rezensiert. Ihr Wert bemißt sich an der Art und Weise, wie ihre Schüler sich entwickeln, welchen Erfolg sie haben und, genauer noch, wie gut sie mit ihrem Leben zurechtkommen. Es war die Angst vor eben jener Art von Verantwortlichkeit, die Dorothy DeLay als Jugendliche zu dem Schwur veranlaßt hatte, sie selbst werde nie Unterricht geben, und sie in einer von autoritären Lehrern, greisenhaften wie auch unreifen Primadonnen und hartnäckigen Bühnen-Eltern beherrschten Welt anständig bleiben ließ. Sie bewegte sich in dieser Welt mit einer Sanftheit, an die ihre Schüler sich noch erinnerten, wenn sie ihr Studio bereits seit Jahren verlassen hatten. Der Vater von Miss DeLay, Schuldirektor, gab ihr einst den guten Rat: «Bevor du über jemanden urteilst, stelle dir selbst drei Fragen: *Ist das wahr? Ist das freundlich? Ist das nötig?* Wenn die Antwort auf nur eine dieser drei ein einschränkendes ‹Nein› ist, schweig lieber still.» Und sie behielt das im Gedächtnis.

Miss DeLay, wie ihre Schüler sie nennen, wurde am 31. März 1917 geboren und stammt aus einer Familie, in der Lehrer und Geistliche schon vor dem Unabhängigkeitskrieg zu finden waren. Ihr Großvater mütterlicherseits, William Osborn, hatte sich der kleinen Bauerngemeinschaft von Medicine Lodge im südlichen Kansas angeschlossen, als die einzigen Häuser dort noch Blockhütten waren, und aufgrund der Tatsache, daß er ein paar Rinder und Hektar Land mehr als die anderen Leute besaß, war er der reichste Mann am Ort. Seine Tochter, Cecile, wuchs mit dem Wunsch auf, Konzertgeigerin zu werden, ein «kühner und fabelhafter Traum», den sie der ersten ihrer drei Töchter weitervermittelte. Dottie DeLay konnte bereits im Alter von drei Jahren lesen und mit vier Geige spielen, weil ihre Mutter es ihr beibrachte. Ihren ersten öffentlichen Auftritt – in einer Kirche der Gegend – absolvierte sie mit fünf Jahren. Ihre Mutter sagte, daß ihr alles nur so zuflog, und Dottie, die die Schule in einer Umwelt absolvierte, in der die meisten Familien keine akademischen Ambitionen hatten, war mühelos Klassenbeste in jedem beliebigen Fach, obwohl sie sogar immer drei oder vier Jahre jünger war als ihre Klassenkameraden.

«Unerträglich» war das Wort, mit dem Miss DeLay lachend das

Kind beschrieb, das sie einmal war. «Wenn ich mich mit den anderen verglich – und das tat ich, seit ich vier Jahre alt war –, wollte ich immer die Beste sein. Das habe ich, glaube ich, von meiner Mutter, die erstklassige Leistungen immer respektierte. Ich glaube nicht, daß kleine Kinder schon mit diesem Ehrgeiz geboren werden. Babies werden mit dem Wunsch geboren, die Welt zu erobern, mit einer schrecklichen Neugier, unermeßlichem Wissensdurst und der großen Zuversicht, daß man alles kennenlernen kann, was man nur will – weil sie keine Angst haben. Angst lernt man erst kennen, wenn man Fehlschläge zu erleben beginnt. Das Wetteifern kommt, wie ich meine, erst später, wenn die Eltern sagen: ‹So, du hast zweiundneunzig Punkte bekommen. Hat irgend jemand mehr?› Ich glaube nicht, daß es irgend jemanden in diesem Land gibt, der ohne das Gefühl von Konkurrenz und Wettbewerb aufwächst. Man kann Himmel und Hölle spielen oder mit Steinen oder Karten, immer wird man versuchen, Punkte zu sammeln. Für ein Kind ist es unrealistisch, jedem Wettstreit aus dem Wege zu gehen, es ist nur eine Frage des Grades: Störend wird es, wenn das Konkurrenzdenken so stark wird, daß es lähmend wirkt. Wenn jemand genug Selbstvertrauen hat, sich mit dem, was ein anderer tut, zu vergleichen und daraus zu lernen, kann er die Ergebnisse erzielen, die er sich wünscht.»

Im Alter von vierzehn begann Miss DeLay mit dem letzten Schuljahr des Gymnasiums, blieb dann auf Verlangen ihrer Eltern ein Jahr zu Hause und ging 1933 schließlich auf das Oberlin College. Wenn ihre Familie auch nicht von der Weltwirtschaftskrise betroffen war, so hatte sie doch für ihren Unterhalt selbst aufzukommen und ging in ihrem ersten Studienjahr drei Nebenerwerbstätigkeiten nach. Dann wechselte sie an die Michigan State University, zum Teil deshalb, weil ihre Eltern sie drängten, eine umfassendere Ausbildung zu absolvieren, als ein Konservatorium zu bieten hatte, zum Teil aber auch, um bei dem Geiger Michael Press zu studieren. Im Jahr 1937 wurde sie als Graduierte an der Juilliard School aufgenommen, und mit dreißig Dollar in der Tasche, ohne Verwandte oder Freunde in New York und wildentschlossen, dem Mittelwesten den Rücken zu kehren, schlug sie den Weg nach Osten ein.

Im Gegensatz zu vielen Studenten, denen sie später Unterricht erteilen sollte und denen sie half, luxuriöse Unterkünfte und von Nebenerwerbstätigkeiten freie Studiengänge zu finden, begann Miss DeLay ihr Leben als Juilliard-Studentin mit einer «Festanstellung» als Babysitterin. Sie war gegen den Willen ihrer Eltern nach New York gekommen und sagte später, daß sie nahezu jede Art von Arbeit übernommen hätte, nur um dort bleiben zu können, und daß sie manchmal sogar dachte, sie könne ja, wenn alle Stricke rissen, einen Job als Taxifahrerin annehmen, zumal sie seit ihrem elften Lebensjahr Auto gefahren war. Juilliard war der erste Ort, an dem es für sie kein Kinderspiel mehr war, sich als die Beste hervorzutun. «Nie werde ich den Schock vergessen», erzählte sie manchmal ihren Schülern, «als ich das erste Mal die Juilliard School betrat und merkte, daß es auch noch andere junge Leute gab, die Geige spielten.» Es gab da sogar Leute, mußte sie einräumen, die genausogut spielten wie sie selber.

In den späten dreißiger Jahren war die Studentenschaft der Juilliard School ihrer Zusammensetzung nach weit weniger international, als sie das nach dem Zweiten Weltkrieg werden sollte. Es gab nur wenige Europäer oder Asiaten, und DeLay hatte den Eindruck, daß die meisten Studenten Juden waren. Sicherlich traf das für einen Großteil der Geiger zu. Louis Persinger war damals der «herrschende» Geigenlehrer, und seine Schüler Isaac Stern und Yehudi Menuhin waren, ebenso wie die Geigenvirtuosen Jascha Heifetz, Joseph Szigeti, Nathan Milstein, Efrem Zimbalist, Mischa Elman und Fritz Kreisler, allesamt Juden. Eine einzige Frau, Erica Morini, war auf der amerikanischen Konzertszene augenfällig präsent; auch sie war Jüdin, und Miss DeLay wurde häufig dahingehend belehrt, man müsse schon jüdischer Herkunft sein, um richtig Geige spielen zu können.

Diese Information überraschte Miss DeLay, brachte sie aber nicht zum Aufgeben. «Sie steht dem 19. Jahrhundert näher als dem 20. und hat jenen für den Mittelwesten typischen Sinn für das Machbare», erklärte der Mann, der seit fünfundvierzig Jahren ihr Gatte war, den Leuten, die von ihrer Einstellung beeindruckt waren. «Jedermann weiß, daß man, wenn man sich hinsetzt und alles ordnungsgemäß und in einer vernünftigen Zeitspanne tut, genauso gut malen kann wie Leonardo da Vinci! Diese Art Unterhaltung haben wir geführt, als wir uns kennenlernten, und führen sie immer noch. Sie hat die Neigung, reale Hindernisse zu ignorieren. Und wenn man sie ignoriert, hören sie manchmal auf zu existieren.»

Ed Newhouse begegnete Miss DeLay im Jahre 1940 in einem Eisenbahnwaggon der Missouri-Pacific Line auf dem Weg nach New York. Miss DeLay war damals dreiundzwanzig Jahre alt, noch immer an der Juilliard School, und hatte gerade eine Tournee durch Südamerika mit Leopold Stokowskis All-American Youth Orchestra hinter sich. Sie hatte Schallplattenaufnahmen in Los Angeles gemacht, eine Pause für einen Besuch bei ihren Eltern in Kansas eingelegt und war jetzt auf dem Heimweg. Newhouse, in Ungarn geboren, war achtundzwanzig Jahre alt und ein Schriftsteller, der gerade seinen ersten Band mit Kurzgeschichten veröffentlicht hatte. Er bestieg den Zug in St. Louis und sah – eine Geschichte, die er gern erzählte – als erstes ihren Hinterkopf. Er schlenderte zum Wasserkühler, um einen Blick in ihr Gesicht zu erhaschen, und starrte sie so intensiv an, daß sie ihre Handtasche nahm, die an der Gangseite ihres Sitzes gestanden hatte, und sie ganz behutsam an die Fensterseite bugsierte. Newhouse machte ihr in Harrisburg, Pennsylvania, einen Heiratsantrag, und seine künftige Ehefrau, wie er gern sagte, willigte erst in Trenton, New Jersey, ein. Ein halbes Jahr später waren sie verheiratet.

Im Laufe ihres letzten Juilliard-Studienjahres setzte Miss DeLay ihre Berufstätigkeit aufgrund von «Geiger gesucht»-Anzeigen fort und trat in Verbindung mit einer kleinen Agentur, die Konzerttermine zu arrangieren begann. Eine Solistenkarriere war ihr (und ihrer Mutter) Ziel gewesen, seit die kleine Dottie ihr erstes Kirchenkonzert gegeben hatte, aber als sie ihre Studien an der Juilliard School abschloß, sah es nicht so aus, als winke ihr etwas Derartiges. Nach Auffassung ihres Gatten waren die Voraussetzungen, die Miss DeLay für ihre Schüler erwartet und ihnen manchmal auch zu schaffen hilft, für sie selber nicht gegeben. Sie hatte nicht die Möglichkeit, sechs Stunden täglich zu üben und dabei noch ihren Lebensunterhalt zu verdienen; sie hatte niemanden, der ihr die Alltagsprobleme mit Nahrungsmitteln, Wäsche und Rechnungen abnahm, und schließlich hatte sie auch keinen Lehrer, der sowohl an sie glaubte als auch Interesse daran nahm, ihre Karriere in eben der Weise zu planen, wie das Miss DeLay für jeden ihrer Schüler tut.

Miss DeLay andererseits sagte, daß die Probleme, mit denen sie sich konfrontiert sah, eher psychologischer als materieller Art und eher «hausgemacht» als auf äußere Umstände zurückzuführen waren. «Ich war im Grunde – wie soll ich sagen? – gesellschaftlich nicht sehr geschickt», sagte sie, und frühere Schüler von ihr erinnerten sich, daß sie sich ihnen gegenüber ähnlich geäußert habe. «Ich fand den Prozeß des Umgangs mit Menschen sehr schwierig. Ich wollte aufs Podium und wünschte mir, jeder sollte denken, daß das, was ich machte, vollkommen wunderbar war. Und auch *ich* wollte das wunderbar finden ... und das passierte nie. Ich spielte ein Konzert, und hinterher kamen alle zur Party, und ich saß da und regte mich über Dinge auf, die ich falsch gemacht hatte. Jeder war glücklich und zufrieden, nur ich nicht. Bald fing ich an, meine Briefe nicht mehr zu beantworten und meine Termine zu vernachlässigen. Ich bin sicher, ich war noch nicht reif für die Rolle eines konzertierenden Künstlers. Ich fand keinen Gefallen an dem, was ich machte. Es machte mir keinen Spaß. Ich war schrecklich selbstkritisch. Ich glaube, es war meine Wettbewerbsneigung, die übermäßig stark war ... vielleicht ... ich weiß nicht recht, was mit mir passierte.»

Zusammen mit ihrer Schwester Nellis, einer Cellistin, die später im New York City Ballet Orchestra spielte, gründete Miss DeLay das Stuyvesant Trio (ein Familien-Mythos besagte, daß sie mit Peter Stuyvesant* verwandt waren), und in New York war sie auch freiberuflich tätig. Aber die Bombardierung von Pearl Harbour machte all dem ein Ende. Ed Newhouse meldete sich freiwillig zum Militär, und Miss DeLay wurde eine Art Schlachtenbummlerin, zog von New York nach North Carolina und dann nach Virginia. In dieser Zeit spielte sie eine Saison lang mit dem National Symphony Orchestra in Washington und brachte ihr erstes Kind zur Welt, ihren Sohn Jeffrey. Als Newhouse entlassen wurde und die Familie sich in Rockland County, New York, niedergelassen hatte, war Miss DeLay erneut schwanger und trug sich mit dem Gedanken an ein

* Peter Stuyvesant (1592 – 1672), letzter Gouverneur der holländischen Kolonie New Amsterdam vor der Übernahme 1664 durch die Engländer und der Umbenennung in New York.

Medizinstudium. Sie war achtundzwanzig Jahre alt und mit ihrer kleinen Tochter zu Hause, als im Frühjahr 1946 ein Freund anrief und sie fragte, ob sie nicht einmal wöchentlich einige Stunden an der Henry Street Settlement School in Manhattan unterrichten wollte. Vom ersten Tage an, sagte sie später, war sie im Netz.

«Sie spielten schrecklich», erinnerte sie sich später. «Drei elf- und zwölfjährige kleine Mädchen. Quietsch! Aber für mich war das eine wunderschöne Zeit. Ich stand morgens um fünf Uhr auf und nahm den Bus nach New York. Ich brauchte beinahe drei Stunden, um hinzukommen, aber die Arbeit hatte mich noch nie so gepackt. Jemanden dabei zu beobachten, wie er fähig wird, etwas zu tun, was er vorher nicht konnte – nun, das ist eine fabelhafte Sache. Die Leute kommen mit festen Vorstellungen über sich selbst an – ich bin diese Art Mensch, ich kann das, jenes werde ich nie können – und sind unglücklich mit ihrem Selbstbild. Wenn man einen Weg findet, diese Art von Denken zu umgehen, merken sie, daß sie besser sind, als sie dachten. Ich war immer der Meinung, daß wir nur einen kleinen Teil unser selbst nutzen.»

Einige Wochen später bat ein anderer Freund, Robert Hufstadter, damals Direktor der Vorstufe an der Juilliard School, sie, in seiner Abteilung zu unterrichten. Im Jahre 1947 bat sie wieder ein anderer Freund, an eine weitere Schule zu kommen, und ohne es recht zu merken, hatte Miss DeLay einen Umschwung ihrer Karriere durchgemacht. Die Vermutung könnte naheliegen, sie habe sich damals einem traditionellen Frauenberuf verschrieben, um sich ihrer wachsenden Familie anpassen zu können, aber diese Annahme wäre falsch. Seit der Geburt ihres ersten Kindes im Jahre 1943 hatten die Newhouses eine ganztägige Haushälterin angestellt, und innerhalb weniger Monate nach Aufnahme ihres Lehramtes hatte Miss DeLay eine sechstägige Arbeitswoche.

Im Jahre 1946 hatte die Juilliard School einen weiteren Geigenlehrer verpflichtet, der bald zum Mentor von Miss DeLay werden sollte. Ivan Galamian war vierzehn Jahre älter als sie. Als Sohn armenischer Eltern in Persien geboren, hatte er in Moskau Geige studiert und war dann emigriert, zuerst nach Paris, wo er bei Lucien Capet studierte, dann, schon Mitte vierzig, nach New York, wo er ein privates Studio eröffnete. Im Jahre 1944 hatte er einen Sommerkurs für Streicher begründet, und zwar Meadowmount in den Adirondack Mountains im Hinterland von New York, wo seine Studenten von der Juilliard School, vom Curtis Institute und anderswoher ihre Arbeit unter seiner Aufsicht fortsetzen konnten, desgleichen unter der des Cellisten Leonard Rose, des Geigers Josef Gingold und eines Stabes von Assistenten. Im Jahre 1948 bat er Miss DeLay, sich ihm dort anzuschließen und ihm auch an der Juilliard School zu assistieren.

Miss DeLay nahm mit Vergnügen an. Galamian hatte die Nachfolge von Louis Persinger an der Juilliard School angetreten, der als der hervorragendste Geigenlehrer in den Vereinigten Staaten galt, und schon begannen Studenten aus aller Welt das Konservatorium zu dem ganz und gar internationalen Ort zu machen, der er später werden sollte. Galamian war als strenger Zuchtmeister bekannt, als Mensch, der von seiner Sommerschule voller Stolz sagen konnte: «Das hier ist ein Konzentrationslager – das heißt, hier lernen Sie, sich auf die Geige zu konzentrieren!», oder an die Adresse von Miss DeLay: «Sie sind eine *schwache Frau*. Sie würden *weinen*, wenn das geschähe!» Aber Miss DeLay hielt bis zum Ende daran fest, daß sie ihn wirklich mochte.

«In einem Sommer beobachtete ich Galamian bei der Arbeit», erinnerte sie sich, «und fragte mich, was er wohl da oben in Meadowmount in einem alten Haus mit zerfallendem Dach suchte und sich dabei das Gehirn zermarterte, wenn er doch in New York Unterricht geben und eine Menge Geld verdienen konnte, ohne auch nur seine Wohnung zu verlassen. Also fragte ich ihn. Er dachte eine Zeitlang nach – das war etwas an ihm, das ich mochte – und sagte dann ganz einfach: ‹Weil ich stolz darauf sein möchte.› Und ich dachte: *Toll!* Einfach *toll!*

Er war sehr direkt und in der Lage, über seine eigenen Gefühle ganz unmittelbar zu sprechen, und dazu, sehen Sie, sind nur die wenigsten Leute in der Lage. Die meisten Menschen haben einen dikken Panzer um sich. Jeden Montag abend war ich bei Galamian und seiner Frau zum Essen eingeladen. Ich unterrichtete den ganzen Tag und besuchte sie dann abends in ihrer Wohnung, wo Galamian redete und ich zuhörte. Er sprach über die Studenten, über die Art von Menschen, die sie waren, und darüber, was in ihren Köpfen vor sich ging. Was ich zu Gesicht bekam – und ich bin sicher, daß viele Leute da nicht mit mir übereinstimmten –, war ein sehr scheuer Mensch, der handwerkliches Können achtete und solide Arbeit respektierte und der jüngeren Generation diesen Respekt weiterzuvermitteln suchte. Bei ihm blieb ich immer die Lernende. Ich nahm ein paar Unterrichtsstunden bei ihm und fühlte mich nicht kritisiert. Er hatte die Fähigkeit, mich mit mir selbst im reinen fühlen zu lassen, meinen Hang zur Selbstkritik zu umgehen.

Ich lernte alles über das Funktionieren von Organisationen, weil er gerade dabei war, in Meadowmount eine Organisation aufzubauen; am meisten aber lernte ich, wie man mit anderen Menschen umzugehen hat, wie man sich ausmalt, was sie am nötigsten brauchen. Deshalb war Unterrichten für mich etwas so Wunderbares. Sehen Sie, wenn es sich um Ihr eigenes Baby handelt, sind Sie unsicher und haben Angst, ob Sie wohl auch das Richtige tun. Wenn es sich um ein Kind handelt, das Sie nur einmal wöchentlich sehen, denken Sie: ‹Nun, die Verantwortung liegt auf den Schultern der Eltern, aber vielleicht kann ich einigen behilflich sein.›»

Der Bereich, in dem Miss DeLay, ihrer eigenen Darstellung zufolge, am meisten von Galamian lernte, war nicht die Technik, für die der ältere Lehrer berühmt war, sondern Psychologie. Sie diskutierten über den Fortschritt – oder den mangelnden Fortschritt – der Studenten, die sie gemeinsam unterrichteten, beratschlagten, welches Repertoire-Stück ihnen angemessen sei und ob der betreffende Schüler dazu schon die Fähigkeiten habe. Miss DeLay unterrichtete die Studenten bis zu einem gewissen Punkt und schickte sie dann, wenn sie spürte, daß sie reif dafür waren, zu Galamian, aber dieses Arrangement war kaum getroffen, als die Studenten und Miss DeLay auch schon Probleme damit bekamen.

«Für Galamian wäre ich in bestimmter Hinsicht besser vorbereitet gewesen, weil ich, schlicht und einfach, Angst vor ihm hatte», sagte Itzhak Perlman. «Ich hätte Angst gehabt, den Ton nicht richtig zu treffen, oder Angst, irgend etwas zu vergessen oder auszulassen. Das waren samt und sonders technische Fragen. Miss DeLay ließ einen jedoch über die Musik nachdenken. Es war nicht so, wie wenn man Anweisungen befolgt. Man dachte etwa über den Verlauf einer Phrase nach: Wo war der Höhepunkt? Wo war der tiefste Punkt? Sie trat nie damit in Erscheinung, daß sie mir sagte, ich hätte falsch gestimmt. Und wir konnten uns so ordentlich bekriegen.»

«Von Galamian wurde erzählt, er könne auch einem Lehnstuhl beibringen, wie man Fiedel spielt», sagte der Geiger Isaac Stern, der beide Lehrer jahrzehntelang kannte. «Was Miss DeLay tut, ist, ihren Schülern eine ungeheuer solide physische Grundlage zu geben; sie erlaubt ihnen aber auch, ihr angemessenes Maß an Persönlichkeit zu wahren, anstatt sie zu prägen. Sie hat ein Gefühl der Verantwortung für die junge Psyche und die Fähigkeit, bei den Schülern eine Hingabe zu wecken, die sie ihnen zehnfach vergilt. Das Ergebnis ist, daß sie die erfolgreichste Geigenlehrerin der Welt ist.»

Miss DeLay, die an der Michigan State University im Nebenfach auch Psychologie studiert hatte, war überzeugt, daß die Umwelt größeren Einfluß auf das geistige Potential eines Schülers habe als die erbliche Veranlagung, und wollte das auch beweisen, indem sie etwa sagte: «An der Veranlagung kann man nichts ändern.» Galamian hätte wahrscheinlich gesagt: «Mit diesem Studenten kann man nichts anfangen.» Alle seine früheren Schüler erinnerten sich seines starren Festhaltens an einem bestimmten System, einem bestimmten Fingersatz, einer bestimmten Art der Bogenführung, ungeachtet ihrer eigenen Bedürfnisse, ihrer Konstitution oder der Größe ihrer Hände; Miss DeLays Schüler dagegen erinnerten sich ihrer Intelligenz bei der Analyse von Problemen und bei der Auffindung neuer, individueller Wege zu ihrer Lösung. (Martha Potter, die jahrelang bei beiden Lehrern unterricht hatte, behauptete, Miss DeLay habe ein anatomisches Lehrbuch auswendig gelernt, so daß sie immer, wenn sich für einen Studenten ein bestimmtes physisches Problem ergab, den dafür verantwortlichen besonderen Nerv oder Muskel identifizieren und Abhilfe schaffen konnte.) Galamian war der Ansicht, daß zum Aufbau einer Karriere der Sieg in mehreren Wettbewerben erforderlich sei. Miss DeLay verabscheute Wettbewerbe und hielt ihre Schüler dazu an, sie zu meiden. Galamian bestand darauf, als Lehrer Förmlichkeit und Distanz zu wahren, und sagte manchmal während der einstündigen Unterrichtszeit wenig mehr als drei oder vier Worte, Miss DeLay nannte alle ihre

Schüler liebevoll *sugarplum* und brachte manchmal die ganze Unterrichtszeit mit Reden hin, ohne daß einer auch nur einmal die Geige berührt hätte, so daß manche in Erinnerung behielten, daß das, was sie da gehabt hatten, Psychotherapie war. Einer der ahnungslosen Studenten, in dessen Umkreis diese Probleme ausgetragen wurden, als er zu einem reifen Künstler heranwuchs, war Itzhak Perlman.

Miss DeLay liebte es, eine Unterrichtsstunde mit einem Brükkenschlag zur nächstfolgenden zu beschließen, und wenn Perlman sich verabschiedete, sagte sie oft: «Itzhak, ich möchte, daß du darüber nachdenkst.»

«Lieber nicht, Miss DeLay», antwortete er oft.

«Nicht? Warum nicht?»

«Weil ich es nicht möchte.»

Miss DeLay brauchte eine Weile, bis sie entdeckte, daß «darüber nachdenken» für ihren Schüler «darüber besorgt sein» bedeutete. Sie argwöhnte, daß solche Mißverständnisse zwischen Lehrer und Schüler sich nicht auf die Fälle beschränkten, in denen das Englisch des Studenten dürftig war. «Vor langer Zeit merkte ich», sagte sie 1980 in einem Interview, «daß ein Großteil meiner Verwirrungen als Studentin aus dem Mangel an Kommunikation zwischen mir und meinen Lehrern erwuchs. Sie hätten ebensogut in einer Sprache sprechen können, die ich überhaupt nicht kannte. Ein Lehrer pflegte einzuwenden: ‹Oh, das klingt aber nicht gut! Sorgen Sie dafür, daß es wie im Himmel klingt.› Also sagte ich zu mir selbst: ‹Was ich gespielt habe, gefällt ihm nicht. Ich frage mich, was er eigentlich von mir will?› Als ich aufs Geratewohl etwas anderes probierte, sagte er: ‹Nein, das ist ja noch schlechter! Himmlische Musik! Sie verstehen mich nicht. Lassen Sie es himmlisch klingen!› Also unternahm ich einen weiteren Versuch, aber auch der gefiel ihm nicht. Ganz fassungslos ging ich nach Hause, im sicheren Gefühl, daß mein Lehrer mich für dumm hielt. Es brauchte Jahre, bis ich begriff, daß er gar nicht die Musik beschrieb. Er beschrieb seine gefühlsmäßige Reaktion darauf.»

Das Ausmaß, in dem sie mit ihren Studenten kommunizierte, war etwas, das Galamian irritierte; etwas anderes war die Art und Weise, wie sie auch in deren persönlichen Angelegenheiten einbezogen wurde. Den Sommer über, wenn sie in Meadowmount unterrichtete, wohnten zum Beispiel die Newhouses und die Perlmans nur wenige Kilometer voneinander entfernt. Da Mrs. Perlman eine koschere Küche führte, war sie nach einigen Tagen bereits in der Umgebung auf der Suche nach annehmbarem Fleisch unterwegs. Miss DeLay versuchte, sie mit der Fähre über einen See zu einem koscheren Metzger zu fahren, aber das Fleisch war dort nicht sehr gut. Als Folge davon unternahmen Miss DeLay, Mrs. Perlman und Itzhak alle vierzehn Tage die etwa 800 Kilometer lange Reise nach New York City und zurück. Die drei plauderten und sangen, und Perlman erinnert sich, das Autofahren in Miss DeLays DeSoto gelernt zu haben.

Während der Schulzeit traf Perlman unter der Woche nur mit wenig Menschen außer seiner Mutter und seiner Tutorin zusammen. Sein Vater arbeitete zunächst weiter in Israel, und damals erhielten behinderte Kinder zumeist zu Hause Unterricht. Perlman kam jeden Samstag morgen in die Juilliard School, in Begleitung seiner Mutter, die seine Bücher und seine Geige trug. Sie wartete auf ihn, bis er seine Unterrichtsstunde beendet hatte, und brachte ihn dann in den Hörsaal für Musiktheorie, dann in den für Orchesterproben und schließlich wieder nach Hause. Als Miss DeLay später gefragt wurde, was Perlman als junger Geiger am dringlichsten gebraucht habe, antwortete sie, ohne zu zögern: «Freunde». Als erstes arrangierte sie es, daß ein anderer Stipendiat Perlman samstags im Taxi begleitete, so daß er ohne seine Mutter kommen und gehen konnte, und half ihm dann, einen Weg zu finden, seine Geige zu tragen, auch während er sich seiner Krücken bediente, so daß er allein zurechtkommen konnte. Schließlich gab es noch die Geschichte von dem Picknick, die zu einem Schulbeispiel geworden war, das sich alle Studenten von Miss DeLay weitererzählten.

Einer ihrer Studenten hatte Miss DeLay erzählt, daß eine Gruppe ein Picknick plante, und sie gefragt, ob sie es für richtig hielt, daß auch Perlman eingeladen würde. Sie sagte ja, und als Perlman das nächste Mal zum Unterricht kam, war sein Gesicht zornergrimmt.

«Miss DeLay! Raten Sie mal, was mir Schreckliches passiert ist?»

«Was?»

«Ich bin zu einem Picknick eingeladen worden!»

«Tatsächlich?»

«Miss DeLay, was ist ein Picknick?»

Miss DeLay erklärte ihm, daß ein Picknick eine Art Party im Freien sei, bei der die Teilnehmer äßen und es sich wohl sein ließen.

«Gut», überlegte Perlman. «Ich habe nein gesagt.»

«Warum?» fragte Miss DeLay.

«Sagen Sie mir einen einzigen Grund, warum sie mich dabeihaben wollen.»

Miss DeLay dachte einen Augenblick lang nach, wie sie das nahezu immer tat, wenn man ihr eine ernsthafte Frage stellte. Dann sagte sie: «Gut, ich will dir sagen, warum *ich* so gern mit dir zusammen bin. Wenn ich mit dir zusammen bin, bin ich glücklich. Auch weil du so lustige Geschichten erzählst und es einfach Spaß macht. Wenn die Jungen dich bitten, zu einem Picknick zu kommen, vermute ich, daß es aus demselben Grund geschieht.»

Perlman schwieg. Dann sagte er: «Meinen Sie, ich sollte hingehen?»

Miss DeLay sagte: «Nun, es könnte dir schon gefallen.»

Später wurde ihr hinterbracht, daß Perlman sich einen Stapel Witzbücher gekauft, sie auswendig gelernt und das ganze Picknick damit bestritten habe, sein Publikum zum Lachen zu bringen, bis es sich nicht mehr zu halten wußte, und sich damit einen dauerhaften Ruf als Geschichtenerzähler erworben habe.

Eine zweite Geschichte, die dort zum «Fundus» gehört, ist die von Perlmans Heirat mit einer anderen Delay-Studentin, Toby Friedlander. Sie war zwanzig und Perlman sechzehn Jahre alt, als das Ganze ernst zu werden begann. Sie kam zum Unterricht und sagte: «Ich glaube, ich habe mich in ihn verliebt, glauben Sie nicht auch, Miss DeLay?» Und Miss DeLay hörte zu und sagte: «Na ja, kann sein. Kann sein.»

«Was tue ich nur, wenn ich mich in ihn verliebt habe, Miss DeLay?»

«Nun», sagte Miss DeLay und legte eine Pause zum Nachdenken ein. «Wenn du wirklich in jemanden verliebt bist, mußt du versuchen, ihm zu geben, was er braucht.»

«Was, glauben Sie denn, braucht er, Miss DeLay?»

Miss DeLay und Toby Friedlander verbrachten einen Großteil ihrer Unterrichtszeit mit der Diskussion der Frage, was Itzhak Perlman wohl brauchte, und drei Jahre später war Miss DeLay Gast bei ihrer Hochzeit. «In meinem Verzeichnis ist es eine wirkliche Liebesheirat», sagte sie, nachdem das Paar sein fünftes Kind bekommen hatte. «Ich reise schrecklich gern mit ihnen nach England, Schottland, Israel, Frankreich. Ich schaue ihnen einfach gern zu, wie sie als Familie zurechtkommen, und erinnere mich an die ferne Zeit, da Itzhak noch ein kleiner Junge war. Die Beziehung, die ich zu Itzhak habe, hat sich gewandelt: Heute ist es eine Freundschaft. Nie werde ich den Tag vergessen, als mein Mann sich den Rücken verletzte - zuerst dachte ich, er hätte eine Herzattacke, und bestand darauf, ihn unverzüglich ins Krankenhaus bringen zu lassen. Das nächste war Columbia-Presbyterian, wo einer von Tobys Onkeln früher gearbeitet hatte, und ich rief sie an, um zu fragen, an wen man sich dort halten könnte. Sie sagte es mir, und los ging's. Fünf Minuten, nachdem wir angekommen waren, traf auch schon Itzhak ein und blieb drei Stunden lang mit mir im Warteraum zusammen.»

Die Intensität des Eingehens von Miss DeLay auf ihre Studenten wurde erwidert, und viele von denen, die sowohl bei ihr als auch bei Galamian Unterricht hatten, begannen eine deutliche Vorliebe für Miss DeLay an den Tag zu legen. Martha Potter, die beide Lehrer als Ersatz-Eltern betrachtete, war der Meinung, daß Galamian einfach nicht begreifen mochte, daß eine so reizende und weibliche Frau wie Miss DeLay auch gewandt und von ihm unabhängig sein konnte. Im Gegensatz zu seinen anderen Assistenten hatte Miss DeLay, wie die Studenten sagten, immer ihre eigenen Einfälle und ihren eigenen Stil, und nach einer bestimmten Zeit wurde deutlich, daß sie eigentlich niemandem «assistierte». Miss DeLay selber erzählte den Leuten immer, Galamian sei ein Mensch, der «aufmerksam zuhörte – und dazu sind nur wenige Musiker in der Lage!» Im Laufe der Zeit aber hatten die beiden immer weniger zu diskutieren. Sie war dreißig Jahre alt gewesen, als Galamian sie bat, seine Assistentin zu werden; mit dreiundfünfzig entschloß sich Miss DeLay endlich, einen Schlußstrich zu ziehen und den Sommer des Jahres 1971 damit zu verbringen, statt in Meadowmount an der Aspen Music School zu unterrichten.

Als sie Galamian, der damals siebenundsechzig Jahre alt war, anrief, um ihm ihren Entschluß mitzuteilen, hörte er ihr eine Weile schweigend zu und hängte dann wortlos den Telefonhörer ein. Bis zu seinem Tode im Jahre 1981 sprach er kein Wort mehr mit ihr. Ihr Bruch war, wie ihre früheren Studenten sagten, für alle Betroffenen traumatisch und wurde an der Juilliard School heftig diskutiert. Galamian suchte den Präsidenten des Konservatoriums auf, Peter Mennin, verlangte die Entlassung von Miss DeLay und drohte, dafür zu sorgen, daß sie keine Studenten mehr bekäme, wenn sie nicht entlassen würde. Mennin sah keinerlei Gründe für eine Entlassung von Miss DeLay, und die beiden Lehrer waren auch weiterhin in Juries und Komitees in gemeinsamem Einsatz, mehr als zehn Jahre lang und ohne miteinander zu sprechen. Der Bruch war so schmerzlich, daß sogar sechzehn Jahre nach seinem Vollzug Gordon Hardy, der Direktor der Aspen School, der Miss DeLay angestellt hatte und gleichzeitig Studenten-Vorsteher an der Juilliard School war, die Vorgänge nur widerwillig in der Öffentlichkeit auseinandersetzte. Offenkundig war, wie Isaac Stern später respektlos sagte, daß «die Zweigniederlassung die Oberhand gewonnen hatte», daß Miss DeLay sich selbständig gemacht hatte und in Bälde zur ersten aus Amerika stammenden und dort ausgebildeten wie auch zur ersten bedeutenden Geigenlehrerin in der Geschichte der westlichen Musik werden sollte.

Der dreizehnjährige Cho-Liang Lin aus Taiwan besuchte eine Meisterklasse in Sidney in Australien, als er zum erstenmal den Namen DeLay hörte. Jemand hatte ihren Lehrer, Itzhak Perlman, gebeten, doch einmal *seine* Lehrer zu beschreiben, und Perlman hatte die beiden folgendermaßen imitiert.

«Galamian!» hatte Perlman verkündet. «Galamian unterscheidet drei Arten von Vibrato. Ein schnelles (Perlman führte ein schnelles *vibrato* vor), ein langsames (Perlman führte ein identisches *vibrato* vor) und ein noch langsameres (wieder spielt Perlman dasselbe *vibrato*).

«DeLay!» Perlman setzte seine Geige ab, lächelte die versammel-

ten Studenten an und sagte mit hoher, heiterer Stimme: *«Hi, sugarplum!»*

Die ganze Klasse der australischen Studenten brach in Gelächter aus, und der Junge aus Taiwan, der zufällig genauso alt war wie Perlman, als dieser zum erstenmal Miss DeLay begegnete, und der auch nicht besser Englisch konnte, war nicht sicher, ob er auch richtig verstanden hatte. Das Wort *sugarplum* hatte er nie zuvor gehört, und auch von einer großen amerikanischen Lehrerin war ihm nie etwas zu Ohren gekommen. Jascha Heifetz hatte bei Leopold Auer in St. Petersburg studiert, Fritz Kreisler hatte in Wien begonnen und sein Studium dann in Paris bei Massart, dem Lehrer von Wieniawski, fortgesetzt. Sogar Yehudi Menuhin, der doch Amerikaner war, hatte bei Louis Persinger studiert, der wiederum bei dem belgischen Virtuosen Eugène Ysaÿe in Brüssel ausgebildet worden war. Lin war im Alter von elf Jahren von Taiwan nach Sydney geschickt worden, ganz allein, um einer Virtuosenkarriere willen. Einen guten und einflußreichen Lehrer ausfindig zu machen, war keine Sache, die sich so ganz nebenbei abtun ließ, und er stellte genaue Nachforschungen an. Sein eigener Lehrer, Robert Pikler (ein Ungar, der bei Bartók und Kodály studiert hatte), drängte ihn, an die Juilliard School zu gehen und bei Miss DeLay zu studieren, aber erst als ein anderer Ungar, Gyorgy Pauk, auf einer Konzerttournee durch Sidney kam und sie empfahl, faßte Lin seinen Entschluß.

Er brauchte zwei Jahre, um nach New York zu kommen. Da gab es finanzielle Probleme, Visa-Probleme und die Frage, wo der Fünfzehnjährige wohnen sollte, wenn er einmal an der Juilliard School aufgenommen war. Er mußte ein Probespiel vor einem Komitee ablegen – wie das alle Juilliard-Studenten taten –, bevor er angenommen wurde, und er wußte nicht einmal, welches der Mitglieder des Prüfungsausschusses denn nun Miss DeLay war. Schließlich hatte er seine erste Unterrichtsstunde, bei der er – vergeblich – darauf wartete, mit jenem besonderen Wort angesprochen zu werden, das er in Australien gehört hatte.

«Erst zwei oder drei Stunden später, als ich mit einer Etüde glänzte, nannte sie mich so», erinnerte sich Cho-Liang Lin zwölf Jahre später. Sie ging tatsächlich sehr geschäftsmäßig vor. Als die umsichtige, weit vorausschauende Planerin, die sie ist, versuchte

Miss DeLay zunächst meine Technik zu festigen. Sie gab mir Übungsstücke, Etüden auf und kaum mal ein Repertoire-Stück – *ein* Capriccio von Paganini, *ein* Mozart-Konzert. Ich dachte, ich könnte jetzt geradewegs an die wirklich gehaltvollen Sachen herangehen – Tschaikowsky, Sibelius. Nein. Ich durfte das nicht anrühren. Bogenübungen. Tonleitern. Grundlagen. Jeden Samstag dasselbe. In jenem ersten Jahr hatte ich nichts zu lachen.»

Miss DeLay gab Lin ein A mit Vorbehalt als Note, da dies, wie sie sich schlauerweise ausmalte, ihren Schüler dazu herausfordern würde, härter zu arbeiten. Bisher hatte er in Connecticut bei einer Familie gelebt, die junge Studenten aus Asien als Gönner betreuten. Nach New York kam er nur an den Samstagen, wie das viele Studenten in der Vorbereitungszeit für die Juilliard School taten, und erst im folgenden Jahr, als er in die Stadt umzog und viel mit anderen Juilliard-Geigern zusammen war, begann er ernsthaft zu arbeiten.

Lin charakterisierte sich selbst als höchst aufmerksamen Zuhörer, der, chinesischem Brauch gemäß, sich zu Beginn seines Studiums bei Miss DeLay seiner Lehrerin gegenüber nie ungehorsam zu zeigen oder eine Frage zu stellen gewagt hätte. Er war in der Lage, sein sechsjähriges Studium bei ihr auf auffallend geordnete Weise zu beschreiben. Miss DeLay, sagte er, hatte sein Spiel in der ersten Stunde analysiert und großes Gewicht auf die Entwicklung seines Bogenarmes gelegt – was, wie er sich vorstellte, aus der Galamian-Methode herrührte. Sie bedeutete ihm, er müsse seinen Klang vom zarten Stil unter englischem Einfluß, wie ihn die australischen Geiger bevorzugten, in Richtung einer Tongebung wandeln, die auch «noch in der fünfzigsten und nicht nur in der fünften Reihe zu hören war. Mehr Bogen, größere Bogengeschwindigkeit, stärkerer Bogendruck.» Als sein Bogenarm stärker geworden war, begann Miss DeLay mit der Arbeit an der linken Hand: «Sie entwickelte das ganze Intonationskonzept für mich, mit besonderer Betonung darauf, daß ich jeden Ton in seinem Kontext analysierte. Das erforderte viel mehr Zeit als das Erlernen der Bogenführung. Sie glaubt, daß viele Leute die Fähigkeit haben, eine Idee zu erfassen, und zwar Jahre bevor sie sie zu verwirklichen vermögen. Ich brauchte *Monate* der Arbeit an einem bestimmten Ton in einem bestimmten Akkord. Es ist nicht einmal so sehr das, was sie einem beibringt – es ist das, was sie vorschlägt, daß man es sich selbst beibringt. Eine solche Art von Unterricht hatte ich nie zuvor gehabt, und manche Studenten tun sich schwer damit, ihn zu akzeptieren. Sie kommen damit durch, wenn sie einfach immer schneller spielen – sie sagen: ‹Warum üben?› Aber ich habe ihr wirklich vertraut und ihren Weg eingeschlagen.»

Cho-Liang Lin fand es äußerst schwer, ihren Weg auch in bezug auf das Repertoire einzuschlagen. Miss DeLay drängte ihrem Schüler Paganini-Capriccios und Bach-Suiten auf, der doch darauf brannte, mit der Arbeit an den großen Konzerten zu beginnen. «Manchmal sah ich Shlomo Mintz auf dem Korridor oder Mark Kaplan. Ich fragte sie, was sie gerade machten, und sie antworteten: ‹Oh, letzte Woche habe ich Tschaikowsky mit dem Cleveland Orchestra gespielt›, und ich dachte mir: Das Paganini-Capriccio bringt mich ja nun, weiß Gott, nicht mit diesen großen Orchestern in Berührung! Aber ich hätte nie gewagt, mich darüber bei ihr zu beklagen. Sie hätte mich schon fragen müssen, bevor sie von mir eine andere Meinung zu hören bekommen hätte. Sie wollte ein Geben-und-Nehmen, und meine Sache war damals nur das Nehmen.»

Miss DeLay setzte Lin zunächst auf ein Mozart-Konzert an («Es gibt einen Grundstock im Repertoire, den man die jungen Leute absolvieren läßt», sagte Miss DeLay. «Es ist genauso, wie wenn die Kinder in der Schule lesen lernen. Man kann nicht jemandem, der in der vierten Klasse ist, ein Lehrbuch für die Oberstufe geben – er hat das Vokabular noch nicht. Aber man kann es anpassen.»), obwohl die normale Folge an Konzerten bei ihr mit einem oder zweien der vielen Vivaldi-Konzerte begann und sich mit Bachs Doppelkonzert, den beiden Standard-Konzerten von Haydn, den drei Standard-Konzerten von Mozart, den Konzerten von Mendelssohn, Bruch, Lalo, den beiden von Wieniawski und Vieuxtemps und einem von Paganini und Saint-Saëns fortsetzte, bevor ein Schüler sich an einem der großen romantischen und modernen Werke festbeißen durfte. Aber gleich nach dem Mozart-Konzert überließ sie es Lin, sich das nächste Stück selbst auszusuchen.

«Jeder spielte Wieniawski oder Glasunow oder Bruch», erinnerte sich Lin. «Ich suchte mir Saint-Saëns aus. Sie sagte, es eigne sich gut als Stück zum Probespiel, und das tat es wirklich. Es wurde mein Debüt-Stück mit dem Pittsburgh Symphony Orchestra, gewann einen Juilliard-Wettbewerb für mich und trug mir die ersten Engagements in St. Louis und Seattle ein. Dirigenten mögen Wieniawski gewöhnlich nicht, weil er musikalisch nicht wirklich Gewicht hat. Und sie wollen einen fünfzehnjährigen Burschen auch keinen Brahms spielen hören. Also machten wir den Saint-Saëns und dann den Tschaikowsky.»

Miss DeLay glaubt, daß das erstmalige Studium eines Konzertes den betreffenden Studenten auf ein derart hohes Niveau heben kann, daß er gut genug ist, in einer Meisterklasse mitzuspielen. Ein zweites Studium ist erforderlich, um dieses Niveau dem allgemeinen Aufführungsstandard anzupassen, und sie rät zu einer gewissen Zeitspanne zwischen diesen beiden Phasen, so daß sich der Student auch mit den anderen symphonischen, kammermusikalischen und solistischen Werken des Komponisten vertraut machen kann. «Ich absolvierte ein zweites Studium des Tschaikowsky-Konzertes bei ihr», sagte Lin. «Und da merkte ich zum erstenmal, welch große Musikerin sie ist. Sie analysierte die Struktur mit mir, fächerte sie in kleine Einheiten auf und brachte mir dann bei, wie sie vorzutragen war, mit streng technischen Mitteln. Man hört Geiger oft sagen: ‹An dieser Stelle muß das stärker herauskommen›, aber sie wissen nicht, wie sie es stärker bringen können. Nicht einmal große Geiger wissen manchmal, *wie* sie eine Phrase verlebendigen; sie machen es einfach. Miss DeLays Analyse übersetzt die Musik in technische Begriffe. Wir diskutierten eine achttaktige Phrase des Tschaikowsky-Konzertes so minutiös, daß ich genau wußte, wieviel Bogen ich bei jedem Ton einzusetzen hatte. Manche Geiger halten das für ein allzu unmusikalisches Vorgehen. Ich nicht.»

Lin verbrachte einen Monat mit der Arbeit am Tschaikowsky-Konzert, studierte dann das fünfte von Vieuxtemps ein und absolvierte ein zweites Studium des Mendelssohn-Konzertes. Als Student arbeitete er mit Miss DeLay weder an dem Brahms- noch am Beethoven-Konzert; als er aber sein Examen abgelegt hatte, hatten sie bereits eine Folge von Repertoire-Angeboten zusammengestellt – darunter hinreichend viele Konzerte aus der klassischen, romantischen und modernen Phase –, das für Konzertmanager äußerst attraktiv war.

Miss DeLay ermutigte Lin nicht, an Wettbewerben teilzunehmen. Wenn DeLay-Schüler in den siebziger Jahren auch viele der wichtigeren Wettbewerbe zu gewinnen begannen und sie selbst sich gelegentlich als Jury-Mitglied betätigte, waren sie doch allesamt mit ihren Argumenten gegen Wettbewerbe vertraut: Beinahe alle Wettbewerbe hatten auf diese oder jene Weise politischen Charakter; sie beeinträchtigten die Moral eines Geigers, wenn er oder sie verlor; sie trugen eventuell dazu bei, daß ein Geiger im Wettbewerbszirkus steckenblieb, wenn er oder sie gewann; sie konnten als Sprungbrett zu mehr Konzerten und mehr Aufmerksamkeit dienen, als der oder die Betreffende seinem Reifestadium gemäß zu verarbeiten in der Lage war. Statt dessen drängte sie Lin, Kunstgeschichte zu studieren, sich einem privaten Tutor für politische Wissenschaften anzuvertrauen und seine Beziehungen zu Freunden an der Juilliard School ebenso zu pflegen wie zu Leuten, die er aufgrund seiner wachsenden Konzerttätigkeit kennenlernte. Sie hatte darauf hingearbeitet, daß Sheldon Gold, der inzwischen verstorbene Kopf der Musikabteilung des International Creative Management, Lin spielen hörte, und als er neunzehn Jahre alt war, gab sie ihm entscheidende Hinweise, wie man mit einer größeren Konzertdirektion umzugehen hatte.

«Kürzlich spielte ich in Louisville», erinnerte sich Lin später, «wo der lokale Orchesterintendant bei ICM gearbeitet hatte. Er hatte einen Brief von Shelly Gold über mich bekommen und ihn eingerahmt in seinem Büro aufgehängt. Shelly hatte ihm geschrieben, daß ich mein Studium fortzusetzen und mein Repertoire zu erweitern hätte und er nicht zu viele Konzerte für mich buchen sollte. Ich glaubte, Miss DeLay hatte großen Anteil an diesem Brief. Später dann, unmittelbar nach dem Vertragsabschluß mit meinem englischen Manager, rief dieser sie an, um zu fragen, was sie davon hielte, wenn ich Tschaikowsky mit den Berliner Philharmonikern unter Muti spielte. Einen Tag später sagte sie mir: ‹Ich wollte dich nur wissen lassen, *sweetie*, daß ich einen Konzerttermin mit den Berliner Philharmonikern für dich abgelehnt habe.› Ich begann zu lachen. Zuerst mochte ich gar nicht glauben, daß sie wirklich mich wollten; dann konnte ich nicht glauben, daß sie für mich abgelehnt hatte. Und dann merkte ich, daß es zu früh gekommen wäre. Es wäre erst meine dritte Aufführung des Konzertes überhaupt gewesen.

Sie ist davon überzeugt, daß man seine erste Aufführung eines Konzertes nie mit einem der großen Symphonieorchester bestreiten sollte. *Nie.* Es ist selbstmörderisch. Ich brauchte zwanzig oder dreißig weitere Aufführungen, bevor ich es mit den Berlinern spielen konnte. Aus demselben Grunde lehnte ich später ein Auftrittsangebot für Brahms' Doppelkonzert mit Erich Leinsdorf und Lynn Harrell im Hollywood Bowl ab. Ich brauchte wenigstens fünf Aufwärm-Auftritte, und das Ganze war mir zu kurzfristig. Es brach mir zwar das Herz, aber heute bedauere ich es nicht. Ich lernte, ein Konzert nie für etwas Selbstverständliches zu halten. Einmal trieben wir ein gewagtes Spiel. Als ich zwanzig war, kam das Los Angeles Philharmonic Orchestra mit einem Angebot für das Beethoven-Konzert im Hollywood Bowl, und zwar ein halbes Jahr vor dem Konzerttermin. Ich hatte das Beethoven-Konzert bis dahin nie gespielt, aber wir arrangierten drei Aufwärm-Auftritte, die *Los Angeles Times* widmete mir eine tolle Kritik, und seither habe ich dreizehn Konzerte mit dem L. A. Philharmonic gegeben. Aber sie sagte: ‹Mach das nicht zu oft!›»

Wie die meisten ihrer Schüler spielte Lin auch, nachdem er sein Juilliard-Examen abgelegt hatte, weiterhin bei Miss DeLay, und wie viele ihrer Schüler merkte auch er, daß es Dinge gab, die er zwar gelernt hatte, aber erst wirklich zu begreifen begann, nachdem seine wöchentlichen Unterrichtsstunden lange vorbei waren. Im Jahre 1986, im Alter von sechsundzwanzig Jahren, war Cho-Liang Lin einer der berühmtesten internationalen Künstler. Er hatte einen Schallplattenvertrag mit Columbia Records, war sowohl von der *New York Times* als auch vom Magazin *People* interviewt worden und erteilte selbst Unterricht in Meisterklassen von Konservatorien in aller Welt.

«Wissen Sie, Unterrichten ist sehr schwierig!» rief er eines Abends nach einem Eröffnungskonzert in Tanglewood aus. «Ich unterrichte zwei Stunden lang in einer Meisterklasse, ich höre mir vier junge Leute an – ich bin erschöpft! Mein ganzer Verstand, meine ganze Konzentration sind aufgezehrt. Und sie macht das zehn oder zwölf Stunden am Tag. Dafür ist ungeheure Ausdauer erforderlich. Dabei hat sie ständig neue Ideen – sie entwickelt sich stetig weiter. Ich weiß wirklich nicht, wie sie das macht.»

Wenn sich irgendein Schüler von Miss DeLay als das genaue Gegenstück zu Cho-Liang Lin beschreiben ließe, so wäre das wohl Nadja Salerno-Sonnenberg. In Rom geboren und aus einer Arbeiterfamilie ohne Vater stammend, war die achtjährige Nadja der Grund dafür, daß ihre Großeltern mütterlicherseits, ihre Mutter und ihr Bruder 1969 nach Amerika emigrierten. Ihre Mutter brachte die Familie mit Unterrichten an Schulen in Philadelphia durch, und Nadja wurde am Curtis Institute aufgenommen – eine der jüngsten Schülerinnen, die das Konservatorium, das über keine eigenen Vorbereitungsklassen verfügte, je zugelassen hatte.

«Ich spielte bei Galamian in dessen Wohnung vor», sagte sie Jahre später. «Alles, woran ich mich erinnere, ist, daß seine Zigarettenasche ebenso lang wurde wie die Zigarette selbst. Er hob den Arm und schwenkte ihn langsam zum Aschenbecher hinüber, über einen schönen Perserteppich – vielleicht, um die Stärke seines Bogenarmes zu demonstrieren. Genau das ist die Galamian-Methode: Mein kleiner orientalischer Lehrer sagte mir, ich hätte den Bogenarm auf eine ganz bestimmte Weise zu halten und alle Dinge in einer ganz bestimmten Reihenfolge zu lernen. Und bei manchen Geigenschülern klappte das auch perfekt. Nicht bei mir. Ich fragte nach dem Warum. Ich erhielt keine Antwort. Dann begann ich schlechte Angewohnheiten zu entwickeln.»

Salerno-Sonnenberg war vierzehn Jahre alt und verbrachte den Sommer mit ihrer Geige in Frankreich, als die Managerin des Dirigenten Philippe Entremont, die verstorbene Eleanor Morrison, sie hörte und sich entschloß, sie bei Miss DeLay unterzubringen. Sie begleitete die Geigerin und ihre Mutter zur Juilliard School, wo Nadja dann, ihren mit Aufklebern gepflasterten Geigenkasten umklammernd, darauf wartete, daß Miss DeLay auftauchte – Verspätungen von ein bis zwei Stunden, merkte sie während ihrer Juilliard-Zeit, waren bei ihrer neuen Lehrerin an der Tagesordnung. Sie spielte einen Teil des Bruch-Konzertes, dann sagte Miss DeLay «wunderschön, *sugarplum*», und bat sie, draußen zu warten. Miss DeLay setzte Nadjas Mutter auseinander, sie könne nicht begreifen, wie diese es fertiggebracht habe, mit einer derartigen Bogenführung und einer derart merkwürdigen Haltung des Instrumentes das Stück durchzustehen, aber sie nahm die Italienerin als Schülerin auf. Bald bewegte sich Nadja in drei Welten: Cherry Hill, wo sie wohnte und in den Parkalleen spazierenging; Philadelphia, wo sie eines von zwei weißen Mädchen in einer Schule im Stadtzentrum war («nicht die Art von Schule, wo man irgend jemandem erzählt hätte, man habe gerade einen Geigen-Wettbewerb gewonnen»); und Juilliard, wo sie sich bald als eine der eigenwilligeren Studentinnen entpuppte.

«Ich war nicht diszipliniert», sagte sie im Rückblick auf sich selbst, aus der Distanz von zwölf Jahren. «Ich übte, was meine Mutter mir zum Üben aufgab. Sie merkte es, wenn ich einen Ton nicht traf und zu rasch eilte. Wenn meine Großmutter wissen wollte, warum sie mich nicht hörte, sagte ich: ‹Ich übe gerade die Pausen.› Ich glaube, Disziplin stellt sich nur dann ein, wenn man sich etwas dringend wünscht. Ich kam an die Juilliard School und war widerborstig. Im Grunde war es so, wie wenn ich mein ganzes Leben lang mit dem rechten Schuh am linken Fuß und umgekehrt gelaufen wäre und Miss DeLay mir gesagt hätte, ich sollte die Schuhe vertauschen, aber ich wollte nicht, weil es so bequem war, und es ist eben *schwer*, Einstellungen zu ändern. Man kann das nicht einfach so. Es *tut weh.* Also tat ich es nicht. *Ich tat es einfach nicht.* Weil ich mir dachte: *Ihr seht doch, ich bin in die Juilliard School gekommen. Ich habe mein Stück gespielt.* Genau so war ich. Ich mache meine Sache gut. Nur los mit dem Unterricht. Das ist alles.»

«Und *sie* - sie schaute mich an, taxierte mich und sagte sich: *Nun gut, mit der da werden wir eine Menge Geduld haben müssen.* So stelle ich mir das vor, weil ich *drei* Jahre lang einmal wöchentlich zum Unterricht kam und sie jedesmal sagte: ‹Warum nimmst du nicht diesen Fingersatz?› Und ich antwortete: ‹Weil mir der hier viel besser liegt.› Es war mir egal, daß ich die Stelle überhaupt nicht hinkriegte und sie schrecklich falsch klang. *Es lag mir viel besser.* Sie hätte sagen können: ‹Wenn du beim nächsten Mal nicht mit dem Fingersatz hier antrittst, den ich haben will, fliegst du raus – fliegst du aus meiner Klasse raus.› Dann hätte ich es getan. Weil man mir drohte. Und weil ich ein kleines Mädchen war. Aber ich hätte es nicht getan, weil ich einsah, daß es so das Beste wäre, und das wußte sie. Also sagte sie am Ende jeder Stunde: ‹Du weißt, *sugarplum*, daß du diese Position ändern mußt›, und ich sagte: ‹Hm, hm!›, und in der nächsten Woche machte ich denselben Mist. Sie gab mir etwas anderes zum Spielen und sagte dann, am Schluß der Stunde: ‹Du weißt, *sugarplum*, daß du diese Position ändern mußt ...›

Gut. Das ging drei Jahre so. Inzwischen lernte ich die anderen Schüler kennen. Ich begann den anderen beim Spielen zuzuhören. Jede Woche gab es irgendein Solo-Konzert. Ich sagte mir: Jesus, was hat der Bursche für einen starken Bogenarm. Sachen wie die könnte ich nicht spielen. Und allmählich sickerte es ein: *Weil er die richtige Position hat.* Also. Nach und nach ging ich zum Unterricht und änderte das. Von da an waren unsere Stunden wirklich gut.

Als ich vierzehn war, sagte ich zu ihr: ‹Ich bin kein Arschkriecher – und ich werde nie einer sein!› Man sieht die Burschen ihren Unterrichtsraum betreten – besonders die ausländischen –, und sie sind ja so höflich. Draußen rauchen sie Zigaretten und sprechen über Sex, aber wenn sie reinkommen, führen sie sich auf wie kleine Engelchen. Ich dagegen änderte mich nie. Von Anfang an hatte ich Schwierigkeiten. Nie habe ich an der Juilliard School einen Theoriekurs bestanden. Im College hatte ich Probleme. Ich kam rein und sagte zu Miss DeLay: ‹Ich versage in Theorie; *ich versage in Theorie.*› Und sie antwortete: ‹Du mußt dich hinsetzen und ihm sagen, daß du den Gedankengang nicht so schnell verstehst wie die anderen.› Und ich sagte: ‹Miss DeLay, soll das heißen, daß ich dümmer bin als die anderen?›, und sie sagte: ‹Du willst doch bestehen, oder nicht?› Also zog ich los und redete mit dem Lehrer, und er sagte: ‹Du bist nicht langsam, du bist sogar sehr gewitzt. Du bist bloß faul, du *willst* nicht lernen.› Und ich wurde wütend und sagte zu ihm: ‹Wissen Sie, Ihr Kurs ist *langweilig.* Anstatt einfach geradewegs zu sagen, *a* plus *b* ist gleich *c*, machen Sie diesen ganzen umständlichen Hokuspokus und verwirren mich total.› Also ließ er mich durchfallen. Natürlich ließ er mich durchfallen. Wenn ich getan hätte, was Miss DeLay wollte, hätte ich mir einen Tutor genommen und den Kurs bestanden. Zwei oder drei Jahre, nachdem ich Juilliard verlassen hatte, dämmerte mir das langsam.»

Nach fünf Jahren Unterricht bei Miss DeLay begann Nadja Salerno-Sonnenberg ohne Geige zur Stunde zu kommen. Sieben Monate lang, erinnerte sie sich, wartete sie vor dem Studio und ging dann nur hinein, um zu reden. «Das war eine sehr schlimme Zeit für mich», sagte sie. «Schließlich sagte sie eines Tages: ‹Wenn du nächste Woche nicht mit deiner Geige und einem Stück kommst, das du geübt hast, bist du nicht mehr in meiner Klasse, und ich verweise dich von der Juilliard School.› Ich lachte. Sie sagte: ‹Ich scherze nicht.› Und dann erhob sie sich mit dem kleinen Laut, den sie dabei immer macht, von der Couch und ging weg. Das jagte mir Angst ein. Zur nächsten Stunde kam ich mit dem ganzen Violinkonzert von Prokofjew. Ich begann zu üben. Dreizehn Stunden am Tag. Das war zwei Monate vor dem Naumburg-Wettbewerb des Jahres 1981. Mein Ziel war es, die letzte Runde zu erreichen, und ich gewann.»

Seit dieser Zeit ist Nadja Salerno-Sonnenberg als Solistin mit den Philharmonikern von Philadelphia und Cleveland aufgetreten, mit dem Chicago Symphony Orchestra und einem ganzen Schwarm anderer großer Orchester, ebenso bei allen bedeutenderen Sommerfestivals. Anstatt auf die Konzertbühne zu stolzieren wie ihr erklärter Held Dave Winfield, hat sie gelernt, sich gemessen zu bewegen, wie eine wirkliche Künstlerin, und sie hat sich auch Diplomatie angeeignet. «Ich wußte, daß ich es geschafft hatte, als ich mit einem Dirigenten zusammenarbeitete, der ehemals Geiger gewesen war. Er war mir gegenüber abscheulich», erinnerte sie sich. «Er gab mir kein A zum Stimmen, er stellte mich dem Orchester nicht vor. Ich war leichenblaß. Ich erwog schon, ihn zu schlagen, ihn zu treten oder ganz einfach von der Bühne zu verschwinden, aber irgendwie überstand ich die Probe.

Schon in den beiden ersten Minuten hatte ich beschlossen, nie wieder mit diesem Mann zusammenzuarbeiten, aber ich mußte einen Weg finden, das Konzert durchzustehen. Da dachte ich an Miss DeLay. ‹Du willst Karriere machen? Hier ist dein Ziel. Und hier ist das, was du tun mußt, um es zu erreichen. Schritt eins, zwei, drei.› Das Ziel war hier ein Konzerterfolg. Wie sollte ich es anstellen? ‹Geh einfach logisch vor.› Ich rief den Dirigenten an – wir wohnten im gleichen Hotel – und lud ihn zum Essen ein. Dreieinhalb Stunden lang redete er über sich selbst und seine Leistungen. Ich sagte ihm, daß ich, weil er ja auch Geiger sei, für alle Kommentare dankbar wäre, die er zu meinem Spiel abzugeben hätte. Ich bezahlte die Rechnung. Nach Ablauf von drei Tagen war ich seine bevorzugte Geigerin; jede Spielzeit ruft er mich an, um mich dazu zu bringen, wieder mit ihm aufzutreten.

Sie sagte immer wieder: ‹Laß dich unterwegs auf nichts anderes ein.› Gut, einmal spielte ich mit einem sehr wichtigen Dirigenten, einem wunderbaren Dirigenten, mit dem ich erneut auftreten wollte. Er kam in meine Garderobe, ich spielte das Stück durch, und sofort kam es zu dem ‹Was-machen-Sie-nach-der-Probe?› Ich wußte, worum es ging, aber seine Frau war in der Nähe. Glücklicherweise. Dann kam das Konzert. Er lud mich ein, nachher mit ihm zu essen, seine Frau war nicht im Konzert, und mein Auftritt war im ersten Teil. In der Pause sprachen wir miteinander, und ich war sehr herzlich – weil ich wußte, daß er mir in der Pause nichts anhaben konnte. Anschließend mußte er wieder hinaus und noch eine Symphonie dirigieren! Ich rief beim Flughafen an und buchte meinen Flug um. Und ich hatte das Hotel verlassen, bevor die Symphonie noch zu Ende war. Als ich erneut mit ihm zusammenarbeitete, stellte sich heraus, daß er mein Spiel mehr liebte als meinen Körper – der nicht gerade häßlich ist. Ich fuhr heim und erzählte das alles Miss DeLay. Sie sagte: ‹Du bist wirklich schlau, *sugarplum*. Wie gut, daß es noch einen andern Flug gab, nicht wahr?›»

Sowohl Cho-Liang Lin als auch Nadja Salerno-Sonnenberg hatten, wie beinahe alle Schüler von Miss DeLay, über ihr Privatleben mit ihrer Lehrerin zu sprechen begonnen, und zwar ursprünglich deshalb, weil sich ein emotionales Problem auf ihr Spiel ausgewirkt hatte, das mit den Mitteln der Technik nicht zu lösen war. Jeder Lehrer, möchte man meinen, der sich der mehrjährigen Mühe eines wöchentlichen Einzelunterrichts mit einem oder einer Studentin unterzogen hat, wird auch ein Interesse für das außermusikalische Leben seines Schützlings entwickeln, aber das traf – wie viele De-

Lay-Studenten bezeugen können – gar nicht immer zu. Eine solche Beziehung erfordert Interesse und Zeitaufwand auf seiten des Lehrers und Vertrauen auf seiten des Schülers, und für die Geigenschüler von Miss DeLay gehörte sie zu den zentralen Erfahrungen. Für Lin, dessen Mutter während seiner Studienzeit in Australien lebte, hatte die Lehrerin als Mutter-Ersatz gedient. Für Nadja Salerno-Sonnenberg, deren Mutter und Großmutter in nächster Nähe lebten, verkörperte Miss DeLay ein alternatives Rollenmodell, eine Frau, die, wie alle großen Lehrer, im Laufe der Jahre eine Fülle von Einsichten in das menschliche Verhalten zusammengetragen hatte, von denen sie zehren konnte.

Miss DeLay hatte Glück gehabt: Ihre Studenten hatten ihr kaum eines der Probleme aufgegeben – Verlöschen der Begabung, Nervenzusammenbruch, Drogenabhängigkeit, Schwangerschaft –, die in einer Ansammlung von hochmotivierten Kindern und Jugendlichen häufig sind. Andererseits kam beinahe jeder Zögling irgendwann mit dem Problem seiner oder ihrer Elternbeziehung zu ihr, und alle waren irgendwann einmal verliebt.

Die Eltern der Geigenschüler, die Miss DeLay unterrichtete, rangierten auf den Ebenen «außerordentlich» und «wunderbar» bis hin zu «schrecklich destruktiv». Einige waren verheiratet, einige geschieden, aber in jedem Falle hatte ein Elternteil (gewöhnlich die Mutter) es sich zur Aufgabe (und manchmal zum Lebensinhalt) gemacht, die Entwicklung eines Konzertsolisten zu überwachen. Diese Entscheidung konnte angemessen und gesund sein, wie Miss DeLay betonte; am anderen Ende des Spektrums aber gab es Eltern, die «verrückt» waren, oder, schlimmer noch, solche, die sich in bezug auf die Begabung des Kindes täuschten oder ohne Rücksicht auf ihr Kind ihren eigenen unbefriedigten Ehrgeiz inszenierten. Sie erinnerte sich eines kleinen Jungen, der zum Probespiel in ihr Studio kam und, mit ihr allein gelassen, verkündete, daß er, den Erwartungen aller Beteiligten zum Trotz, gar nicht vorspielen wollte und es nicht «klappen würde». Es klappte auch nicht, und Miss DeLay nahm ihn nicht in ihre Klasse auf. Weniger spaßig sind Geschichten, wie sie sich Juilliard-Studenten von dem gelegentlich auftauchenden DeLay-Schüler erzählten, der von den jüngeren Zöglingen eine Zeitlang angebetet wurde und dann «verschwand»

– ein offensichtliches Opfer eines Wettbewerbs oder zu vieler Wettbewerbe, zu großen elterlichen Drucks oder dessen, was Miss DeLay manchmal eine «Fehlplanung» seines oder ihres Lebens nannte.

«Wie bringt ein Elternteil sein Kind dazu, daß es den Wunsch verspürt, angestrengt zu arbeiten?» fragte sie kürzlich. «Nun, ich glaube, durch seine Begeisterung für das Ziel. Wissen Sie, kleine Kinder tun alles mögliche, um einem zu gefallen. Weil sie einen lieben. Und weil sie wollen, daß man selbst sie auch liebt. Wenn man nun also Konzertsolist wird, werden die Leute einen *bewundern*, manchmal sogar einem nacheifern oder einen beneiden, aber *lieben* werden sie einen deshalb nicht. Liebe bekommt man auf diese Weise nicht, und eine Menge junger Vortragskünstler versteht das nicht. Sie gehen aufs Podium in der Hoffnung auf etwas, was sie früher von ihren Müttern bekommen haben – oder wovon sie von ihren Müttern nicht genug bekamen –, und sehr oft sind sie enttäuscht.»

Mit Liebesgeschichten kam Miss DeLay insgesamt gesehen leichter zurecht. Ihre jüngeren Schüler schienen über den Familienstand der älteren gut im Bilde zu sein, ebenso über Miss DeLays Theorien in bezug auf das, was für einen Konzertsolisten den optimalen Ehepartner ausmachte – den Bemerkungen eines Teenagers nach zu urteilen, der sagte, er sei der Meinung, die Ehe zweier Hochleistungskarrieristen sei keinen hohen Wetteinsatz wert, und als Beweis die Scheidung des Geigers Pinchas Zukerman von der Flötistin Eugenia Zukerman zitierte.

Miss DeLay legte ihren männlichen Zöglingen nahe, nach einer Frau Ausschau zu halten, die die Belastungen zu ertragen vermochte, die eine Konzertlaufbahn einer Beziehung auferlegt, eine Frau, die in der Lage war, ihnen zu der Art von Leben zu verhelfen, das sie sich für sich selbst wünschten. Ihr Rat an die Adresse ihrer Studentinnen war zwangsläufig etwas komplizierter, weil es sogar im Jahre 1986 schwierig war, weibliche Geigenvirtuosen mit Erfolg an den Mann zu bringen und weil Miss Delay selbst die einander widerstreitenden Ansprüche an ihre Zeit nicht auszugleichen verstanden hatte.

«Ich habe größten Respekt für meine Tochter Alison, für Toby

Perlman und Vera Stern, die ein glückliches Familienleben haben», sagte sie eines Morgens, bevor sie sich zu einem erneuten Zehnstunden-Arbeitstag aufmachte. «Und es versetzt mich in Wut, daß es heute nicht in Mode ist, so etwas zu respektieren. Frauen, die zu Hause bleiben, sagen: ‹Ich bin nur Hausfrau.› Genau das ist lächerlich! Die wirklich wichtigen Dinge passieren zu Hause. Wenn man *wirklich* dazu veranlagt ist, kann man eine gute Mutter sein. Das steht im Mittelpunkt. Alles andere ist peripher, und die armen Männer wissen nicht einmal, wie peripher sie sind! In meinem nächsten Leben werde ich eben das tun, was meine Tochter und Toby Perlman tun!»

In diesem Leben aber erzählte sie Studentinnen wie der sechsundzwanzigjährigen Nadja Salerno-Sonnenberg, daß sie auf die richtige Zeiteinteilung zu achten habe. «Für mich wäre es dumm, jetzt zu heiraten und gleich ein Kind zu bekommen», sagte ihre frühere Schülerin im Wohnzimmer ihrer neuen Eigentumswohnung, die sie sich gerade gekauft hatte. «Obwohl ich für diese Art von Verantwortung durchaus reif wäre. Ich muß noch warten. Miss DeLay sagt, man muß warten, bis man sicherer dasteht, so daß man die Zeit erübrigen kann, Kinder zu haben, und nicht seine Karriere opfern muß. Zu mir sagt sie: ‹Macht nichts, wenn du dich mal verliebst, gewaltige Telefonrechnungen hast, weil du unterwegs bist, meinst, *das* sei der Mann, den du mal heiratest! Nein. Heiraten mußt du jemanden, der älter ist. Denn wenn er älter ist, wird er in allem, was er auch tut, gesicherter dastehen.› *Sehr wichtig.* Weil jeder Mann meines Alters, mit dem ich ausgegangen bin, immer vollkommen eingeschüchtert war von dem, was ich tue. Gegenseitiger Respekt. Was immer er tut, um sich seinen Lebensunterhalt zu verdienen – sie rät dringend, daß er kein Musiker sein soll –, man muß es respektieren. Er sollte ein guter Vater sein. Du mußt auch deinen eigenen Lebensstil in Betracht ziehen – du kannst nicht jemanden heiraten, der dich ständig zu Hause halten möchte! Versuche, keinen Tyrannen zu heiraten. Denk nach. Sei logisch. Und dann fällt einem ein, wie sie Eddie heiratete! Sie traf ihn im Zug!»

Miss DeLay glaubte natürlich, es sei zwar schwierig, aber durchaus möglich für eine Frau, eine Virtuosenlaufbahn einzuschlagen und doch Mann und Kinder zu haben. «Was man braucht», sagte sie, «ist Zeit für das Kind, Zeit für den Mann, Zeit, um für beide zu planen, Zeit für die eigene Arbeit und Geld zur Bezahlung aller Dinge, die man nicht selbst schaffen kann. Schauen Sie sich Schauspielerinnen an, die Kinder gehabt haben – das ist ein gutes Beispiel. Die Frage ist, wieviel Energie man in seine Arbeit stecken und wieviel in seine Kinder investieren will. Die meisten Mädchen, die ich unterrichte, möchten Konzerte geben, wollen aber auch ein Heim und Familie. Für eine Frau ist es schrecklich, das Leben eines Mannes führen zu müssen. Es ist *schrecklich*. Es ist einsam . . . Also. Es muß einen anderen Stil haben.»

Miss DeLays Studio ist ein schlichter, mit einem Teppich ausgelegter Raum im fünften Stock der Juilliard School, dessen große Fenster Ausblick auf den Platz des Lincoln Center und die Fassaden der Avery Fisher Hall gewähren, auf das Gebäude der Metropolitan Opera und auf das New York State Theatre. Er ist mit Stichen einiger legendärer Geiger, der Farbfotografie eines Weizenfeldes in der Nähe ihres Heimatorts, und zwei Andenken an Itzhak Perlman geschmückt – einem vergrößerten Kontaktabzug eines Filmes und einem Holzschnitt mit dem Datum 1962, den er Miss DeLay schenkte, nachdem er auf ihren Rat hin Kunstunterricht genommen hatte.

«Warum ist dieser Konzertagent nicht gut?» fragte ein Student Miss DeLay eines Nachmittags um fünf, in der ersten Septemberwoche des Jahres 1986, indem er sich in die Couch zurücklehnte.

«Er ist ein Schlitzohr», sagte Miss DeLay, die am anderen Ende der Couch saß, ohne ihre gewohnte Pause zum Nachdenken.

«Aber Bettler dürfen nicht wählerisch sein. Was kann ich also tun?»

«Nichts», sagte Miss DeLay. «Sogar ein Schlitzohr ist besser als gar nichts.»

«Können Sie sich den Lebenslauf anschauen, den ich ihm zu geben habe? *Sie* haben ihn geschrieben, Sie können ihn auch fertigmachen.»

Miss DeLay schaute sich den Lebenslauf an, obwohl ein Instrumentenhändler, etwa fünfzehn Studenten mit Anmeldeformularen und weitere drei mit vorbereiteten Übungsstücken und ihren Begleitern draußen warteten. Miss DeLay war für den folgenden Tag für einen Flug nach Indianapolis vorgemerkt, wo sie in der Jury eines Geigenwettbewerbs mitzuwirken hatte; sie würde zwei Wochen abwesend sein, und vor ihrer Tür bildete sich ein regelrechter Verkehrsstau.

Miss DeLay ließ sich nicht aus der Ruhe bringen. Und obwohl sie beträchtliche Schmerzen im Hüftgelenk hatte, die in einigen Monaten eine Operation erforderlich machen würden, und einen Stock benutzte, zeigten sich auf ihrem Gesicht doch weder Angst noch Schmerz, wenn sich die Tür ihres Studios wieder und wieder öffnete und ein weiterer Neugieriger hereinblinzelte, um nachzuschauen, wie spät es wohl werden würde. Statt dessen erzählte sie einen Witz über einen Mann, der zu Hause anrief, einen anderen, fremden Mann an den Hörer bekam, ihm auftrug, seine Frau zu erschießen, und dann merkte, daß er die falsche Nummer gewählt hatte.

«Ich glaube, eine Menge Leute haben gar kein Gespür für die Augenblicke, wo sie wirklich glücklich sind», hatte sie ein paar Tage zuvor gesagt, «weil sie so besorgt darum sind, ob sie auch alles richtig machen, ob sie wohl auf den grünen Zweig kommen. Sie erkennen und werten die wunderbaren Momente gar nicht, die sie erleben, weil die Angst sie förmlich lahmlegt.» Natürlich war es offensichtlich, daß Miss DeLay den Augenblick sehr genoß.

Der Student ging, und der Instrumentenhändler kam herein. Er und Miss DeLay hatten am frühen Nachmittag bereits eine Geige geprüft, die als Stradivari für Nadja Salerno-Sonnenberg ausersehen war; dann hatte Miss DeLay einige Studenten unterrichtet, und jetzt schauten sie sich eine andere Geige an. Die meisten Schüler von Miss DeLay waren nicht Eigentümer der Geigen, auf denen sie spielten. Einige hatten Freunde von Freunden, die ihnen ein Instrument kauften; andere hatten geliehene Instrumente; einige wenige waren so glücklich, mit ihrem Vortrag einen Zuhörer so gefesselt zu haben, daß er oder sie sich freiwillig bereit erklärte, für ein Instrument zu zahlen. Miss DeLay versuchte, wie sie sagte, ihre Schüler auf eben die Weise an Instrumente heranzuführen, wie sie sie an Musik heranführte. Sie forderte sie auf, Fachliteratur zu lesen, sich eingehend über das betreffende Instrument zu informieren, es in verschiedenen Sälen und Räumen zu erproben und die Instrumentenbauer selbst anzurufen.

Einer der wichtigsten außermusikalischen Aspekte, den Miss DeLay ihren Studenten wiederholt vor Augen führte, war die Bedeutung zwischenmenschlicher Beziehungen, und zwar beginnend in der Musikhochschule – mit den Klassenkameraden –, später dann draußen, in der weiteren Umwelt. Sie drängte die Teenager, die mit bedeutenderen Orchestern aufzutreten begonnen hatten, sich mit ihrem Erfolg nicht in den Räumen der Juilliard School zu brüsten, nicht den Boden unter den Füßen zu verlieren und sich keine Feinde zu machen. Den Schülern, die bereits ihr Abschlußexamen hinter sich hatten, empfahl sie die Anlage von Karteikarten für jede Stadt, in der sie auftraten, mit einem Verzeichnis der Namen aller Leute, denen sie begegnet waren, und unter Hervorhebung derer, die sich ihnen als besonders nützlich erwiesen hatten – diese Leute, sagte sie, verdienten kurze Dankesbriefchen und, wenn der betreffende Student bereits einen Schallplattenvertrag hatte, ein Exemplar einer neuen Aufnahme.

Der Instrumentenhändler verließ den Raum, und herein kamen die vierzehnjährige Midori und ihre Mutter Setsu Goto. Midori war zu dieser Zeit, nach Perlman, wohl die bekannteste aller Schülerinnen von Miss DeLay, weil am 28. Juli 1986 auf der Titelseite der *New York Times* ein Foto von ihr erschienen war. Zwei Tage zuvor waren bei einem Auftritt in Tanglewood unter der Stabführung von Leonard Bernstein zwei E-Saiten hintereinander an ihrer Geige gerissen, was landauf, landab einen wahren Sturm von Pressekommentaren auslöste. Richard Dyer, der Musikkritiker des *Boston Globe*, schrieb, sie sei «das größte Instrumentaltalent, das nach dem jugendlichen Yo-Yo Ma aufgetaucht» sei, und sogar die Zeitschrift *Time* räumte ihr eine ganze Spalte ein.

Miss DeLay hielt diese ganze Aufregung über zwei gerissene E-Saiten für ein bißchen «töricht». «Großartig, *sweetie*», sagte sie zu Cho-Liang Lin, nachdem er ihr einen ganzen Stapel hervorragender Kritiken mitgebracht hatte. «Und jetzt wieder an die Arbeit.» – «Sie versuchte mir zu verstehen zu geben», fuhr er fort, «daß Kritiken nicht das letzte Wort sind und daß *ich* selbst der einzige Kritiker meines Spiels sei und mich mit guten Kritiken nie zufriedengeben dürfe – ich sollte vielmehr etwas Neues probieren. Wenn ich *schlechte* Kritiken bekam, nahm sie sie in dem Sinne ernst, daß sie immer versuchte, sich die Perspektive des Kritikers vorzustellen. Ich wurde sehr ärgerlich, wenn ich schlechte Kritiken bekam. Sie dagegen sagte: ‹Bevor du dich aufregst, laß uns erst mal sehen, ob er irgendwo recht hat.› Gesetzt den Fall, die Kritik besagte, es sei gefällig und langweilig gewesen, dann fragte sie mich: ‹Was hast du gemacht? War dein Bogenstrich energisch genug? Hast du für den Konzertsaal genug eingesetzt? Vielleicht hat er deshalb gefunden, daß du nur gefällig warst.› Auf diese Weise verwandelte sie eine schlechte Kritik in etwas, das ich mir zunutze machen konnte.»

Die vierzehnjährige Midori verbeugte sich vor Miss DeLay und lächelte dann den Pianisten an, den sie um ein A zum Stimmen bat. Der Ausdruck «ein zartes Ding» schien eigens zu ihrer Beschreibung erfunden zu sein, wie sie dastand in ihrem rosa Kleidchen, das an dem zierlichen Körper herabhing, und in ihren glänzenden schwarzen Lackschuhen. Wie so viele DeLay-Schülerinnen in der Pubertät machte sie weniger den Eindruck einer Jugendlichen als den eines Kindes. Ihre Mutter, selbst Geigenlehrerin, beugte sich in ihrem Stuhl vor; Miss DeLay lehnte sich in ihrem Sofa zurück, lächelnd; und Midori schloß die Augen und begann mit der G-Dur-Sonate von Brahms.

Als sie das Stück beendet hatte, öffnete sie sie wieder. Miss DeLay und Midoris Mutter saßen still da; der letzte Ton hallte noch im Raum nach. Dann sagte Midori mit einem leichten Achselzucken: «Ich mag das eigentlich nicht ... es hat keinen besonders brillanten Schluß.»

Ihre Mutter, die an die unorthodoxen und höchst unfernöstlichen Bemerkungen ihrer Tochter gewöhnt war, lachte. In Japan hatte sie Midori zum angesehensten Lehrer des Landes gebracht, und ihre Tochter hatte, unmittelbar vor ihm stehend, ganz laut gesagt: «Nein, danke.» Was Midori an Miss DeLay wirklich mochte, war, wie sie sich später erinnerte, daß «Miss DeLay mich machen ließ, was ich wollte, solange es nicht wirklich seltsam war».

«Das ist richtig, es hat keinen sehr brillanten Schluß», sagte Miss DeLay. Midori war für Auftritte in Japan unter Vertrag und hatte ein Programm zusammenzustellen.

«Wie wäre es mit Franck?» fragte Midori.

Miss DeLay dachte nach. «Irgend etwas, Franck, Pause, irgend etwas, *Carmen*-Phantasie», sagte sie. «Wir brauchen etwas Deutsches dazwischen, um das Ganze koscher zu machen. Wie wäre es denn mit Mozart, Franck, Pause, irgend etwas, *Carmen*?»

«Ich möchte mit Bach beginnen», sagte Midori. «Das Stück, das Pinky mit mir gespielt hat.»

Für eine von Pinchas Zukerman betreute Meisterklasse in Aspen hatte Miss DeLay einen Auftritt von Midori arrangiert; der Geiger-Dirigent war zu Tränen gerührt und hatte Midori daraufhin zu Schallplattenaufnahmen mit ihm eingeladen.

«Bach könntest du spielen», stimmte Miss DeLay zu. «Bach, Franck, Kaffee und Zigaretten, Mozart C-Dur-Rondo, Paganini, *Carmen*.»

«Sie braucht noch ein anderes Programm», sagte Midoris Mutter.

«Ja, glauben Sie denn, daß die Leute zwei Eintrittskarten kaufen?»

«Die Konzertdirektion hat es so gewollt», sagte Midoris Mutter.

«Hat es so gewollt?» fragte Miss DeLay.

«Ich hatte mir eigentlich Prokofjew oder Bartók vorgestellt, aber ich weiß nicht recht», meldete sich Midori, und die Reihenfolge möglicher Stück-Kombinationen wurde wieder und wieder durchgegangen, wobei Miss DeLay die Tonart, in der die betreffenden Stücke standen, die Periode, den Stil und das Land im Auge behielt, immer an den größtmöglichen Gegensatz denkend.

«Ich schreibe alles auf, und die Agentur kann dann wählen», sagte Midoris Mutter.

Zum erstenmal schüttelte Miss DeLay den Kopf: «Überlassen Sie nicht denen die Wahl. Wählen Sie *selbst*.»

Inzwischen war es beinahe acht Uhr abends geworden. Midori und ihre Mutter verließen das Studio, und ein anderer Student trat ein. Einige der wartenden Studenten hatten sich bereits davongemacht, um etwas zu essen. Andere drängten sich noch immer draußen, vor Miss DeLays Tür. Im Jahre 1986 gab es ungefähr 150 junge Geigenschüler, die bei Miss DeLay und ihren sieben Assistenten studierten; von allen erwartete sie, daß sie später einmal die

Musik auch als Beruf ausübten, und ich fragte sie, ob sie sich je Sorgen mache, daß der Markt eines Tages gesättigt sein könnte.

«Natürlich mache ich mir Sorgen über den Markt», antwortete sie, «aber mir scheint, daß da irgend etwas mit dem Markt geschehen muß – nicht mit den Geigern. Die Leute *brauchen* Musik, und sie brauchen in ihrem Leben solche Ereignisse wie Konzerte. Ein Konzertbesuch ist etwas ganz anderes als die Isolation, wenn man zu Hause sitzt und in den Fernsehapparat schaut. Man muß sich mit seinen Freunden aufmachen, um einen wirklich festlichen und wunderbaren Abend zu erleben! Es gibt überall im ganzen Land Gemeinden – genau wie der Ort, wo ich herkomme –, wo alles, was die Leute an Musik kennen, das ist, was sie im Fernsehen vorgesetzt bekommen, und das ist sehr schade ...

Ich will Ihnen sagen, was ich mir ausgedacht habe: Die Konzertagenturen verkaufen heute ihre Programme an Gemeinden, wo ihre Künstler gute Gagen bekommen. Sie müssen das, um ihre Künstler und sich selbst durchzubringen. In Kansas verkaufen sie also an Kansas City, Wichita und Topeka, und damit hat sich's. Nun gibt es aber Hunderte von Städten im ganzen Staat Kansas, und manche davon haben kleine Orchester, Schulorchester, Universitätsorchester wie das, bei dem ich selbst mitspielte, und wenn jemand wollte, könnte er mit Konzerten mit ihnen den ganzen Staat durchkämmen. Man würde zwar nicht viel Geld verdienen, aber es ließe sich machen.

Es muß ein Weg gefunden werden, um die bereits existierenden Organisationen besser zu nutzen. Beispielsweise sollte man die YMCAs und YMHAs nutzen – sie sind sicher überall zu finden. Ich habe einen alten Freund, der als Lehrer an der University of Kansas emeritiert ist. Er ist jetzt über achtzig und hat eine Konzertreihe in Lawrence organisiert, in einer Gemeinde, die nie zuvor eine Konzertreihe gehabt hat. In dieser Hinsicht habe ich ein paar Ideen. Wenn ich Zeit dazu hätte, wenn ich mich dem wirklich widmen könnte, würde mir das viel Spaß machen.»

5

Kammermusik in den Bergen: Die Geschichte von Marlboro

Es regnet häufig in den Green Mountains von Vermont, wie fünfundsiebzig Musiker jeden Sommer erneut merken, wenn sie sich Abend für Abend zum Essen im Gemeinschaftsraum des *Marlboro Music Festival* zusammenfinden. Die dunklen Massive der umliegenden Berge, das feuchte Gras und der Nebel draußen lassen ahnen, warum in diesem Bundesstaat der Alkoholkonsum überdurchschnittlich hoch ist. Aber diese Musiker, jedenfalls der größte Teil von ihnen, verbringen wenig Zeit in Vermont. Der Grund, aus dem sie hier sind, hat wenig mit der Landschaft draußen, dafür sehr viel mit dem zu tun, was drinnen, in den weißen holzverschalten Häusern vor sich geht, die verlassen im Mondlicht liegen.

In diesem Gemeinschaftsraum saßen vor mehreren Jahren drei Pianisten beim Essen und versuchten eine Stunde ausfindig zu machen, zu der sie allesamt frei waren und das Triple-Konzert von Bach proben konnten, das sie ein paar Tage später mit dem Marlboro Chamber Orchestra aufführen wollten. Mieczyslaw Horszowski, der älteste Musiker in Marlboro und über achtzig, spielte das erste Klavier; Rudolf Serkin, in den Siebzigern und Leiter des Marlboro Festival, spielte das zweite; und Cynthia Raim, ihre vierundzwanzigjährige Studentin am Curtis Institute in Philadelphia, das dritte.

In einer anderen Ecke stand Luis Batlle, ebenfalls Pianist und Direktor des Kolischer-Konservatoriums in Montevideo in Uruguay, der verantwortlich war für die Equipe von fünf Musikern, die bei Tisch servierten. Alle Marlboro-Musiker übernehmen abwechselnd an wenigstens zwei Abenden in Marlboro den «Mannschaftsdienst», motiviert von einer ungezeichneten xerokopierten Notiz in ihren Briefkästen, auf der es heißt: «Wir sind überzeugt, daß es für Sie sehr befriedigend und ein gewaltiger Vorwärtsschritt in Ihrer persönlichen Entfaltung und Entwicklung sein wird.»

In diesem Augenblick machte sich eines von Batlles «Mannschafts»-Mitgliedern, ein ehrgeiziger, junger koreanischer Geiger namens Young-Uck Kim die Öffnung der Eiskrem-Bar zunutze, um einem Kollegen einen falschen Eisbecher zu servieren – zwei Kugeln kalten Kartoffelbrei mit Schokoladenguß und Schlagsahne zugedeckt, einer der beliebtesten Marlboro-Scherze. Ein anderes Mannschaftsmitglied, der große und schon in den mittleren Lebensjahren stehende Erste Flötist des Orchestre de Paris, wollte gerade die Tische abräumen, als plötzlich allerlei Gegenstände durch die Luft geflogen kamen. Young-Uck wurde mit Quark bekleckert, die Bach-Gruppe bekam einen gut gezielten nassen Serviettenknäuel an den Kopf. Im ganzen Speiseraum rissen auf einmal einige der prominentesten amerikanischen Musiker die Papiertischdekken von den Tischen und bastelten und warfen Papierflugzeuge, während ein anschwellendes Stimmengewirr aus Japanisch, Französisch, Italienisch, Ungarisch, Spanisch, Deutsch, Russisch, Hebräisch und Englisch sie anfeuerte.

«Manches ist purer Übermut, manches Langeweile, aber das meiste ein Abreagieren», sagte Paul Tobias, ein junger Cellist, über diesen abendlichen Spuk. «Den ganzen Tag über spielt man in diesen angespannten Situationen zusammen, wo die Grundinhalte der eigenen musikalischen Überzeugung auf die Probe gestellt werden. Ideal wäre es, wenn hier keinerlei Konkurrenzdenken herrschte, aber natürlich gibt es auch hier Wettbewerb, und in sieben Wochen mit hundertfünfzig Leuten, die auf einem Berggipfel mitten im Niemandsland zusammengepfercht sind, kommt es wohl auch zu Überhitzungen. Das Abendessen ist buchstäblich die einzige Gelegenheit, um sich gehenzulassen.»

«Setzen Sie mal hundertfünfzig Leute auf einem Berg zusammen und schauen Sie, was dann passiert!» sagte die Konzertpianistin Virginia Eskin, die, wie mehrere andere Musiker, in Marlboro einen Ehemann verloren und einen neuen gefunden hatte. «Hier gibt es kein Fernsehen. Kein Kino. Es ist sogar schwer, hier oben einen Rundfunksender zu empfangen. Die einzige Erholung ist Sex und noch mehr Kammermusik.»

Marlboro unterscheidet sich in vieler Hinsicht von anderen Sommerfestspielen. Es ist entlegen, exklusiv und kümmert sich nicht um die gewöhnliche Welt. Im Gegensatz zu Saratoga oder Aspen liegt es weder in einer beliebten Ausflugsgegend noch in der Nähe einer großen Stadt. Der nächste Flugplatz ist zwei Autostunden entfernt. Der Mangel an jeder Art von zusätzlichem kulturellem Reiz in der ganzen Gegend – Tanz, Theater, Kinos – trägt ebenfalls dazu bei, das Festival klein zu halten. Überdies hat Marlboro keinen Schulungs- bzw. Kurscharakter mit der großen Publikumsbeteiligung wie in Aspen oder Tanglewood. Hier gelten alle Teilnehmer, ungeachtet ihres Alters, als Berufsmusiker, und es werden keinerlei Privatstunden erteilt. Weil Marlboro teilweise deshalb existiert, um den Musikern eine Atempause nach den Anspannungen des Berufslebens zu ermöglichen, gibt es auch nur ein Minimum an Reklame, keinen festgelegten Zeitplan für Konzerte oder Solisten und nur zwei öffentliche Konzerte pro Woche. Marlboro versucht (vergeblich), dem Star-Kult entgegenzuarbeiten, und hält am Ideal einer «musikalischen Republik von Gleichen» fest – angesichts einer Gruppe von Leuten, die notorisch bekannt dafür ist, daß sie sowohl Stars als auch Direktoren hervorbringt.

Manche Marlboro-Teilnehmer – zumeist die älteren – bekennen sich ernsthaft zu diesem Ideal. Andere halten die sieben Wochen in den Bergen für Ferien für Berufstätige. Wieder andere – vor allem die jungen, ehrgeizigen, karriereorientierten – sehen das Festival als eine Art Stellenvermittlung für eine kammermusikalische Laufbahn, als Ort zur Pflege wichtiger Kontakte, und es besteht keinerlei Zweifel, daß Marlboro auch diese Funktion ausübt, und zwar gut. Über 1000 angesehene Musiker haben hier den Sommer verbracht, und Dutzende von Kammermusik-Vereinigungen (darunter das Guarneri-, das Cleveland- und das Vermeer-Quartett) nahmen hier ihren Anfang.

«Wir müssen daran arbeiten, der in unserer Werbung beschriebenen Republik von Gleichen näherzukommen», räumt Philipp Naegele ein, der über fünfundzwanzig Jahre lang in Marlboro Violine und Viola gespielt hat. «Offenkundig kommt man nicht hierher, um sich einen Namen zu machen. Die Bemühung um Zusammenspiel hat hier höheres Gewicht als der individuelle Ehrgeiz, so daß das Problem, mit dem sich die Leute konfrontiert sehen, darin liegt, eine Balance zwischen Selbstlosigkeit und Selbstbehauptung zu finden.»

«An einem Ort wie diesem hier gibt es eine unglaublich große Zahl starker Persönlichkeiten, die sich allesamt behaupten und ins Geschäft bringen wollen», sagte ein jüngerer Musiker. «Aber sogar mit all den Spannungen ist es noch immer die erholsamste berufliche Umgebung, die ich kenne.»

Das *Marlboro Music Festival* hat eine unorthodoxe Geschichte. Ältere Musikliebhaber führen sie bis ins Jahr 1950 zurück, als ein Englisch-Professor an der University of Chicago seinen Ehrgeiz, Rektor einer Hochschule zu werden, nicht länger zügeln konnte und das Marlboro College gründete. Walter Hendricks war ein tatkräftiger Charakter, der bald herausfand, daß unter seinen Nachbarn in Vermont zahlreiche prominente Musiker waren. Dazu zählten beispielsweise der Geiger Adolf Busch und seine Familie, die aus Deutschland emigriert waren, und der aus Frankreich stammende Flötist Marcel Moyse mit seiner Familie. Busch war eine Autorität, was Streichinstrumente betraf; Moyse galt als Sachverständiger für Holzblasinstrumente, und Buschs Schwiegersohn, Rudolf Serkin, war Pianist. Hendricks kam zu dem Schluß, daß sie gemeinsam ein hervorragendes Kammermusik-Seminar abhalten könnten, und bevor sie noch alle Einzelheiten diskutiert hatten, kündigte er das Projekt auch schon in der Lokalpresse an.

Philipp Naegele, damals Student der Musikwissenschaft in Yale, erinnert sich, die Ankündigung eines neuen Kammermusik-Seminars im Frühjahr 1950 am Schwarzen Brett seiner Fakultät angeschlagen gesehen zu haben. «Ich schnappte Namen auf, die mir heilig waren, also schrieb ich unverzüglich nach Marlboro, bekam aber keine Antwort. Irgend jemand hatte offensichtlich die Bewerbungsschreiben verschlampt. Schließlich aber kam es doch in Ordnung, und ich nahm eines Samstag nachmittags den Zug nach Vermont. Ich erinnere mich, daß nur ein paar Waggons den Berg hinauffuhren. Die Passagiere warfen einen kurzen Blick auf die Gruppe von bescheidenen Holzhäuschen, die sich da mitten im Niemandsland zusammendrängten, und reisten wieder ab. Übrig blieben nur vier: zwei Flötisten, ein Pianist und ich. In diesem Sommer übte ich, saß lesend in den Feldern und fuhr dreimal wöchentlich zu Busch nach Guildford zum Unterricht. Nach diesem Sommer entschloß ich mich, die aktive musikwissenschaftliche Arbeit fahrenzulassen. Die Sommer in Marlboro gaben mir die Möglichkeit, mich der Kammermusik zu widmen.»

Im darauffolgenden Sommer brachen die Musiker die Verbindung zu Hendricks ab, weil sie merkten, daß er finanziell verantwortungslos handelte, und organisierten sich unabhängig vom College. Aber diese «Organisation» war nur minimal. Die Gruppe entschloß sich, sowohl Amateure als auch Studenten, die in der Ausbildung zu Berufsmusikern begriffen waren, aufzunehmen. Von Anfang an war das musikalische «Milieu» heterogen und spiegelte die jeweiligen Stile von Musikern wider, die von der französischen, deutschen und russischen Instrumentalschule geprägt worden waren. Der Pianist Rudolf Serkin wurde der Leiter der Gruppe, als 1952 sein Schwiegervater starb, und eine Zeitlang hatte nahezu jedermann Zutritt zum Marlboro-Kreis, von seinen Berufskollegen bis hin zu Kammermusik-*aficionados*. Serkin erinnert sich wehmütig an diese Zeit. Er ist ein jungenhaft wirkender Mann, der die Verantwortlichkeit für Verwaltungsangelegenheiten meidet und es insbesondere verabscheut, anderen Menschen «nein» sagen zu müssen. Es war daher besonders schwierig für ihn, ernsthaft an Kammermusik Interessierten die Teilnahme am Marlboro Festival abzuschlagen, die für ihn zu einem wunderbaren Sommererlebnis geworden war. Im Jahre 1957 aber kam auf Serkins Einladung der Geiger Isaac Stern nach Marlboro und bestand darauf, daß für die Teilnehmer ein Mindestmaß an musikalischer Kompetenz vorausgesetzt wurde. Der schmächtige, scheue Serkin, der Konflikte vermeiden wollte, lauschte stumm, als Stern erklärte: «Wenn ein Mitglied eines Quartetts falsch spielt, ist es ruiniert, selbst wenn er der netteste Mensch ist.»

Nach diesem Sommerkurs, erinnert sich Serkin, «schluckte er hinunter» und lud manche Leute einfach nicht mehr ein.

Er forderte jedoch auch weiterhin Kollegen auf, mit denen er besonders gern in Konzerten auftrat, ihre Sommerferien in Vermont zu verbringen. Nachdem Serkin 1954 mit dem Budapester Streichquartett in der Library of Congress konzertiert hatte, lud er die Gruppe für einige Wochen ein, und Alexander und Mischa Schneider und Felix Galimir kehrten danach jeden Sommer wieder zurück.

Der Zwanglosigkeit, wie die Musiker zur Teilnahme in Marlboro aufgefordert wurden, kam auch die Unbekümmertheit in finanziellen Dingen gleich. Anfangs hatte Serkin selbst die ganze Sache finanziert, unter Beihilfe seiner Freunde, wenn es nötig wurde. Beispielsweise willigte 1960 der Cellist Pablo Casals ein, seinen ersten Sommer in Vermont zu verbringen, aus dem dann dreizehn weitere werden sollten. «Wir hatten kein Geld», erinnert sich Serkin, «also schrieb eine mir sehr liebe Freundin – deren Namen ich nicht nennen will, weil es ihr, obwohl sie bereits tot ist, nicht recht wäre – einen Blankoscheck für ihn aus. Beim erstenmal blieb er zwei Wochen. Im nächsten Sommer blieb er die ganzen sieben Wochen da, und danach kam er zwei Wochen zu früh und blieb noch volle zwei Wochen nach Ende des Seminars.»

Casals' Anwesenheit kam Marlboros wachsendem Ansehen in hohem Maße zugute (obwohl sie eben jenen Persönlichkeitskult begründete, den die Kammermusik-Puristen zu vermeiden wünschten), und etwa zur gleichen Zeit merkte Serkin, daß Marlboro eine solidere finanzielle Grundlage brauchte als die auf privaten Stiftungsbeiträgen und Improvisationen beruhende. Eine Zeitlang hatte das Festival mit einem Plan experimentiert, der vorsah, daß wohlhabende Gönner den Proben beiwohnen konnten; aber als die Intimität der kleinen Gruppen diese Gönner dazu verleitete, auch Vorschläge betreffend *tempi* und Stil beizusteuern, wurde er wieder aufgegeben. Serkin schreibt die Neuordnung der finanziellen Angelegenheiten seinem Freund, dem Dirigenten George Szell, zu. «Eines Tages fragte er mich, wie wir es denn mit dem Geld anstellten, und ich sagte ihm, meine Freunde und ich kämen selbst dafür auf», erinnert sich der Pianist. «Szell sagte: ‹Ich werde Ihnen jemand schikken.› Und der frühere Intendant des Cleveland Orchestra, Frank Taplin, tauchte auf und brachte unsere Finanzen in Ordnung.»

Taplin begann damit, ein Stiftungskuratorium zu organisieren.

Eine seiner ersten Maßnahmen bestand darin, die Aufführungen aus dem Speisesaal mit seinen 300 Sitzen (in dem sie aber nur knapp 200 Gäste hatten unterbringen können) in einen 1962 gebauten Konzertsaal mit 660 Plätzen zu verlegen. Ein weiterer Schritt war, ein Stiftungsvermögen zusammenzutragen, das es erlaubte, im Verein mit staatlichen Zuschüssen, privaten Spenden, dem Erlös aus Kartenverkäufen und den Teilnehmerbeiträgen das stetig wachsende Budget zu finanzieren. Obwohl die Übungs- und auch die Unterkunftsräume in Marlboro schlicht sind – manche würden sogar spartanisch sagen (metallene Klappbetten, kleine Räume, gemeinschaftliche Badezimmer) –, treibt die Teuerung die Kosten auch weiterhin in die Höhe. Zusätzlich zur Unterbringung und Verpflegung der Musiker während der siebenwöchigen Kursdauer kommt in Marlboro noch ein Verwaltungsstab und ein Toningenieur, der alle Aufführungen aufzeichnet (Marlboro produziert unter eigenem Namen, Marlboro Recording Society, eine Schallplattenreihe, aber auch in Kooperation mit Columbia Records). Während der Konzertsaison unternehmen ausgewählte Musiker landesweite Tourneen mit einem Kammermusikprogramm *Music From Marlboro*, das stets ausverkaufte Häuser zu verzeichnen hat, und Rundfunksendungen der *Music From Marlboro*-Programme haben dazu beigetragen, das Festival nachhaltig im «öffentlichen Ohr» zu verankern.

Während Marlboros Einflußbereich, sein Prestige und seine Aktivitäten im Laufe der Jahre gewachsen sind und die Zahl der Musiker, die teilzunehmen wünschten, sich vervielfacht hat, ist das Festival selbst willentlich klein geblieben – bis hin zur Aura der Exklusivität. Jedes Jahr wurden weniger als hundert Musiker aufgenommen, und zwar aufgrund eines Auswahlverfahrens, das sich der Analyse widersetzte und die idiosynkratische Mischung aus Tribalismus, Idealismus, dem Bedürfnis, faire Maßstäbe aufrechtzuerhalten, und der Weigerung der Gemeinschaft widerspiegelt, sich durch feste Regeln binden zu lassen. Da der Kammermusikbetrieb ein ausgewogenes Verhältnis der Instrumente erfordert, konnten etwa zwanzig Geiger, zehn Pianisten, zehn Bratschisten, zehn Cellisten, aber nur zwei oder drei Baßgeiger und ebenso viele Blech- und Holzbläser pro Instrument zugelassen werden. Die Qual der Wahl wurde sogar noch durch den Umstand erschwert, daß es mehrere Musiker gab, die zwei Jahrzehnte lang mit schöner Regelmäßigkeit nach Marlboro zurückgekehrt waren.

Diese Marlboro-Veteranen – die drei Streicher des Budapester Quartetts, der Pianist Mieczyslaw Horszowsky, die Cellistin Madeline Foley und der Fagottist Sol Schoenbach – wurden als erste gebucht. Dann folgten die jüngeren «Wiedergänger» – beinahe alle Marlboro-Musiker wollten ein zweites oder drittes Mal teilnehmen. Die beiden Verwalter sagten (obwohl sich nur schwer erklären läßt, wie), daß dieses Verfahren etwa fünfundzwanzig Plätze übrigließ. Diese Plätze waren theoretisch reserviert für junge Berufsmusiker im Alter von achtzehn bis achtundzwanzig, die entweder auf dem Wege zu einem öffentlichen Probespiel an der West- oder Ostküste waren, die eingeladen bzw. empfohlen worden waren, oder sich bei Serkin direkt beworben hatten. Die Konzertpianistin Virginia Eskin kam nach Marlboro, weil sie ihm einen Brief geschrieben hatte. Sie legte einiges Material über amerikanische Komponisten bei, über die sie Nachforschungen angestellt hatte (darunter eine Frau namens Mrs. H. H. A. Beach), und merkte an, sie wolle ihre Neugier darauf befriedigen, wie die von ihr entdeckte Musik wohl klänge. Serkin antwortete mit einer Einladung. Die japanische Geigerin Yuuko Shiokawa, die in Salzburg wohnte, wurde eingeladen, nachdem der Dirigent Rafael Kubelik sich bei Serkin für sie verwendet hatte. Zwei Mitglieder des Israel Philharmonic Orchestra wurden eingeladen, weil ein Marlboro-Veteran für sie Fürsprache eingelegt hatte.

«Jeder, der etwas Außergewöhnliches an sich hat, wird aufgenommen», sagt ein Cellist, der das Festival als eine Art privaten Club auffaßt. «Aber die meisten finden den Weg über die größeren Konservatorien an der Ostküste, wo sie einen früheren Marlboro-Adepten kennenlernen, der dann ihre Teilnahme befürwortet. Das ist der Weg, wie er überall im Musikleben an der Tagesordnung ist, und Marlboro faßt die ganze Situation nur zusammen.»

Die Gruppe, die sich schließlich in Marlboro zusammenfindet, ist eine Ansammlung von äußerst unterschiedlichen, egozentrischen, leistungsstarken und häufig schwierigen Individuen. Einige, insbesondere die Streicher, sind Veteranen von Sommerkursen wie etwa Meadowmount. Andere haben nie solche Kurse mitgemacht und fühlen sich abgeschreckt von der Vorstellung, in Wohnheimen zu leben, einen von neun bis sechs dauernden Stundenplan zu haben und zum nächsten Zigarettenautomaten fast zehn Kilometer fahren zu müssen. Sieben Wochen lang sind Menschen, für die das ständige Reisen mit Jetflugzeugen von Kontinent zu Kontinent eine Art Lebensweise ist, an diesem Ort gestrandet. Ihre Aktivität wird bestimmt vom Generalstundenplan, jenem ungeheuer komplizierten, mit Farbmarkierungen ausgestatteten Nervenzentrum von Marlboro, das die Spieler allwöchentlich vier oder fünf verschiedenen Kamermusikgruppen zuteilt und mehr als 140 verschiedene Musikstücke verzeichnet, die zur gleichen Zeit einstudiert werden.

Vor ihrer Ankunft in Marlboro werden die Teilnehmer gebeten, fünf Kammermusikwerke anzugeben, die sie vorbereitet haben, und zehn weitere, die sie im Laufe des Sommers gern einstudieren würden. «Sie bekommen nicht die Chance, darauf hinzuweisen, *mit wem* sie gern spielen möchten», sagt Endel Kalam, ein Bratschist, der die schwierige Aufgabe eines Stundenplanmachers erfüllt. «Gruppen, die nur aus Stars bestehen und nicht schwer zu organisieren sind, werden mit Mißbilligung betrachtet. Leicht wäre es auch, einfach nur ausfindig zu machen, welche Leute das gleiche Stück spielen möchten, und diese dann in eine Gruppe einzuteilen. Aber das Verfahren ist viel komplizierter. Ein paar Tage vor Sommeranfang setzen die älteren Musiker sich zusammen und beratschlagen, welches Repertoire für den betreffenden Musiker am sinnvollsten ist. Dann stellen sie zusammen, was sie für kompatible Gruppen halten, und zwar sowohl vom persönlichen wie vom musikalischen Standpunkt – wobei jede Gruppe einen älteren Musiker enthält, der das einzustudierende Stück gut kennt.»

Dieser ältere Musiker leitet schließlich das Kammermusikensemble. Er oder sie entscheidet, ob es gute Fortschritte macht und mit dem Studium des betreffenden Werkes fortfahren oder davon Abstand nehmen soll. «Natürlich entstehen Probleme», räumt Kalam ein. Manche Gruppenmitglieder müssen aus den unterschiedlichsten Gründen aufbrechen: Konzertverpflichtungen, Arzttermine, Siestas, Krankheiten. Eine glücklich gewählte Gruppe möchte so lange wie möglich zusammenbleiben; eine unglücklich zusammengestellte möchte sich so rasch wie möglich trennen. Manche Musiker sind sehr beliebt und gesucht. Andere nicht. Manche Musiker können vielleicht nur sechzehn Stunden in der Woche spielen, während andere mit fünf vollen Tagen pro Woche ausgebucht sind. Jeder möchte gern ausgewählt werden, das erarbeitete Stück am Wochenende öffentlich vorzutragen, obwohl sie brieflich vorgewarnt worden sind, daß die Aufnahme in Marlboro keinerlei Garantie für einen Auftritt bei den hiesigen Konzerten bedeutet.»

Ein Auftritt in Marlboro, vor einem Publikum von Berufskollegen wie vor einem Zuhörerkreis, der sich wahrscheinlich aus den anspruchsvollsten Kammermusikern zusammensetzt, ist das Ziel jedes Marlboro-Teilnehmers, allen Versuchen zum Trotz, die «aufführungsorientierte» Arbeit zu entwerten. Alle Musiker in Marlboro – gleichgültig, ob sie erst kürzlich ihren Abschluß am Konservatorium gemacht haben oder schon fünfzig Jahre aufgetreten sind – sind «aufführungsorientiert»; und zur Mitte der Woche hin verdichten sich die Spekulationen darüber, welche Gruppe wohl für einen Auftritt bei den Wochenendkonzerten ausgewählt wird. Von manchen Gruppen heißt es, daß sie angeblich gut zusammenarbeiten, während andere in dem Ruf stehen, katastrophale Konflikte im persönlichen oder musikalischen Bereich auszutragen. In einer so kleinen Enklave wie Marlboro bleiben nur wenige Geheimnisse lange geheim, und obwohl die Marlboro-Teilnehmer Lippenbekenntnisse für das Ideal des «Studiums um des Studiums willen» ablegen und versuchen, Konkurrenzgefühle zu unterdrücken, werden sie in Wirklichkeit doch alle von der Aussicht auf öffentliche Konzerte angespornt.

Das Verfahren, nach dem aus über hundert *works-in-progress* die Stücke für die öffentlichen wöchentlichen Konzerte ausgewählt werden, ist ebenso geheim wie die Selektion der Marlboro-Teilnehmer selbst. Theoretisch geht dies so vor sich, daß das älteste Gruppenmitglied Serkin und dem Arbeitsplanmacher Hinweise gibt, ob die Einstudierung eines bestimmten Werkes fortgesetzt und eine Aufführung angestrebt werden sollte, ob dies eher in einem der informellen, nur für Marlboro-Teilnehmer bestimmten Konzerte oder in einem jenes halben Dutzends von öffentlichen

Konzerten vor Publikum geschehen sollte. Dann entscheidet Serkin. In der Praxis aber wird diese Entscheidung sehr nachhaltig von dem ältesten Gruppenmitglied selbst beeinflußt, das, wie jeder Trainer, der auf seine Mannschaft stolz ist, das Beste für sie herausholen muß, ebenso von den Marlboro-Veteranen, die eine ausgewogene Programmgestaltung, eventuelle Schallplattenaufnahmen, persönliche Bedürfnisse der betreffenden Musiker und auch das in Betracht ziehen, was sie selbst an jenem Wochenende gern hören möchten.

Wie in jeder Gemeinschaft, die sich je um eine «Republik von Gleichen» bemüht hat, haben manche Mitglieder unweigerlich einflußreichere Stimmen und Persönlichkeiten als andere, und ihre Wünsche geben auch häufig den Ausschlag. Am auffallendsten ist das in den Kammermusikgruppen selbst, wo theoretisch jedes Ensemblemitglied in bezug auf die Interpretation eines gegebenen Werkes das gleiche Stimmrecht hat. Manche älteren Musiker versuchen ganz bewußt, den jüngeren Musikern ihre Auffassungen zu entlocken, während andere sich wie Dirigenten benehmen. Ganz ähnlich versuchen manche jüngeren Musiker, das Konzept eines älteren unumwunden in Frage zu stellen, während andere dazu zu scheu oder zu ängstlich sind.

Eines Nachmittags begannen vier Musiker, zum erstenmal ein Klavierquartett von Fauré zu proben, und Isadore Cohen, Geiger des Beaux Arts Trios, nahm das Werk mit drei jungen Musikern in Angriff, die dem Alter nach seine Kinder hätten sein können. Cohen war ein Kammermusik-Veteran mit zehnjähriger Marlboro-Erfahrung; er war so oft dagewesen, weil er das ständige Zusammenspiel mit denselben beiden Leuten «nach einer Weile doch sehr beschränkt» fand und weil das Festival für seine Familie zu einem angenehmen Sommerurlaubsort geworden war. «Im Sommer», sagte er, «möchte ich mich mit anderen Ideen, mit einem anderen Repertoire und mit einer Stimulierung konfrontiert sehen, die aus der Mischung von älteren und jüngeren Leuten hervorgeht.»

Im allgemeinen hatte Cohen eine Vorliebe dafür, die Gruppe, mit der er arbeitete, ein Stück von Anfang bis Ende vom Blatt spielen zu lassen, um zu sehen, welcher Teil die meiste Probenarbeit erfordern würde. «Für mich», sagte er, «ist Klarheit von größter Bedeutung und danach das Timbre. Man muß sich ein bestimmtes Klangkonzept zurechtlegen: Klangfarbenabstimmung, Bogeneinsatz, Vibrato und eine bestimmte Gleichartigkeit in der Phrase. Und wenn diese Dinge geregelt sind, müssen sie allen Betroffenen auch noch einleuchten, denn wenn sie von diesen Ideen nicht restlos überzeugt sind, kann die Aufführung nicht gut werden.»

Cohen gehörte dem Lehrkörper des Mannes College of Music an und war sehr geschickt darin, den Studenten ihre Reaktionen zu entlocken. «Ich habe hier gleich am Anfang ein Problem», sagte er zu den drei anderen Musikern im Probenraum. «Was ist das Thema? Ist es eine zweitaktige Figur?»

«Ich glaube schon», sagte die Pianistin, unsicher auf das Notenblatt vor ihr starrend.

«Ich habe sie zuerst zu bringen», sagte der Bratschist.

Cohen, in der festen Überzeugung, daß zunächst einmal das Gerüst eines Stückes freigelegt werden müsse, weil er der Meinung war, junge Musiker hätten die Neigung, «von einer kleinen Pfütze zur nächsten zu waten», wiederholte seine Frage.

«Glauben Sie, daß das das Thema ist? Ist es denn möglich, daß es einen Takt lang in der Bratsche und einen im Cello gebracht wird?»

«Ich glaube nicht», sagte der Bratschist.

«Ich möchte nur verstehen, was wir hier tun», sagte Cohen.

«Hören Sie es anders?» fragte der Cellist schüchtern.

«Was ich höre, ist nicht so wichtig»; sagte Cohen. «Was, glauben Sie, schwebte Fauré vor?»

Erkundungen wie diese nahmen jedoch recht viel Zeit in Anspruch. Tpyischer waren eigentlich beim weiteren Fortgang der Probe freundliche Tips von Cohen, wie: «Lassen Sie uns nicht allzusehr im unklaren über diesen Einsatz, Cynthia», oder: «Steve, verspüren Sie irgendeinen Drang, Ihre gebundene Note etwas länger auszuhalten?»

Dieser Versuch eines sokratischen Unterrichts wird jedoch in Marlboro nicht einheitlich unternommen. Ein Geiger wie Sandor Vegh beispielsweise, der, nach der Beschreibung seiner Studenten, so ausschaut, «wie man sich einen altnordischen Götterkönig vorstellt», ist der Meinung, er komme nach Marlboro, um die stilistische Tradition, die er selbst von Meistern der Vergangenheit übernahm, weiterzuvermitteln. Als Ungar, der ein enger Freund von Bela Bartók und Schüler von Kodály war, hält Vegh Marlboro für den einzigen Ort auf der Welt, wo die mitteleuropäische Tradition von Kammermusik auf direktem Wege an die amerikanische Jugend weitergegeben werden kann. «Hubay war mein Lehrer, als ich jung war», sagt er. «Und Hubay spielte Sonaten zusammen mit Brahms und Joachim. Joachim kannte Mendelssohn, und durch meinen Lehrer bin ich ein Teil dieser Tradition. Nach dem Kriege aber haben wir in Mitteleuropa diese Tradition eingebüßt. Osteuropa wird zunehmend provinziell. Westeuropa wird zunehmend trockener, intellektueller und dekadenter. Was wir einmal hatten, ist nicht mehr. Ich fühle mich als einer der letzten Mohikaner und komme nach Marlboro, weil ich hier fortsetzen möchte, was ich ererbt habe. Wir möchten Nachfolger haben. Was ich aus der Vergangenheit mitbekommen habe, kann nicht vergehen, wenn ich es der jüngeren Generation übermittle, und dies hier ist der angemessene Ort dafür.»

In einem Raum nicht weit von dem, wo das Fauré-Quartett geprobt wurde, nahm Vegh, massig gebaut, mit glattem hell-grauem Haar, das ihm in die Stirn fiel, sich seines eigenen Quartetts an. Sie hatten noch nicht einmal sechs Töne gespielt, als er sie auch schon unterbrach. «Sehr gut, was Sie gespielt haben, aber ein bißchen nervös», sagte er. «Sie sind nicht locker genug. Sie haben mehr Spannung, als die Musik braucht.»

Die drei anderen Spieler unternahmen einen erneuten Ansatz, um in Beethovens Opus 135 einzusteigen, als Vegh seine Geige auf dem Oberschenkel abstützte und sagte: «Sehen Sie – *vielleicht*, spielen Sie *vielleicht*, nicht ja oder nein. Es bleibt etwas offen hier, der Charakter, und sie spielen es tragisch!»

Das Quartett fand sich erneut zum ersten Takt zusammen. Diesmal brachten sie es auf zehn Takte.

«Aha! Aha! Sehr gut!» Vegh bat sie, das Ganze zu wiederholen.

«Nein. Ich mag das nicht, und ich weiß, warum. Sie eilen mit der Bratsche. Sie verlieren den Kontakt.»

Vegh bat die Musiker, einzeln zu spielen, und arbeitete an der Abstimmung des Klanges, wobei er den Einsatz eines Instruments mit dem Ende einer Phrase des anderen koordinierte.

«Nein», sagte er erneut. «Das war zu rund.»

Vegh lehnte sich zurück und setzte zu einem Vortrag über Bogentechnik an, wie er sie erlernt hatte. «Nicht alles Alte ist gut», sagte er, weit ausholend, «aber worauf sie sich nun einmal verstanden, ist Bogentechnik. Heute wird aller Ausdruck in die linke Hand gelegt.» Wieder bat er sie, noch einmal die ersten zehn Takte zu spielen, und wieder unterbrach er. «Es war wunderbar – nur zu langsam.»

Nach einer Dreiviertelstunde gingen sie zum elften Takt über.

Veghs Unterrichtsstil stand im allgemeinen in dem Ruf, mehr diktatorisch als pädagogisch zu sein, und doch beeilten sich die Studenten darauf hinzuweisen, daß die Gruppen, in denen er als Senior fungierte, schon nach zwei Proben wie guteingespielte Ensembles klangen. Ebenso beeindruckt waren sie von seinem leidenschaftlichen Einsatz – ein bezeichnendes Merkmal des Marlboro-Stils und ein Merkmal, das in heutigen Konservatorien und bei Wettbewerben kaum allzu große Ermutigung findet.

«Heutzutage sehen wir uns der großen Gefahr ausgesetzt, daß die Wissenschaft die Musik beherrscht», erklärte Vegh seinen jüngeren Kollegen mit Vorliebe. «Die jungen Leute, finde ich, wagen nicht, sich auf die Art und Weise auszudrücken, wie sie wirklich empfinden. Mozart muß auf *diese* Weise gespielt werden, bringt man ihnen bei, und sie übernehmen eine geschickte Spielweise, die leicht zu rechtfertigen ist. Der *wirkliche* Wert bei allem und jedem aber ist die Persönlichkeit. Man hat heute ein sehr hohes und gleichmäßiges Spielniveau, aber keine Berge und Täler, keine Höhen und Tiefen. Ich versuche ihre Phantasie, ihre Gefühle zu beeinflussen. Ich versuche sie zu befreien. Die Leute hier haben einen sehr hohen technischen Standard. Man kann alles und jedes von ihnen verlangen, und sie reagieren unverzüglich, so daß man in kürzester Zeit ein erstklassiges Quartett zusammenbekommt. Aber sie müssen lernen, den Mut zu haben, auszudrücken, was sie empfinden. Musik ist nicht objektiv; sie ist *subjektiv.* Ich sage ihnen: ‹Spielen Sie das mit Pathos›, und sie haben Angst davor, sentimental zu klingen. Sie möchten studio-ähnliche, objektive Darbietung hinlegen. Ich halte diese ganze Perfektion für unaufrichtig. Sie ist unmenschlich.»

Der Umstand, daß Marlboro Fehlern bewußt Platz einräumt und

zu Experimenten ermutigt, die in anderen Zusammenhängen Mißbilligung erregen würden, ist einer der Gründe dafür, daß viele Musiker Jahr für Jahr wiederkommen. Es verschafft ihnen die Möglichkeit, sich nicht nur künstlerisch auf die Äste hinauszulassen, sondern auch die Rollen (Solist, Orchestermitglied, Lehrer) hinter sich zu lassen, die ihre Aktivität während der Konzertsaison einschränkt.

Young-Uck Kim beispielsweise hatte nahezu acht Jahre lang mit niemandem zusammengespielt, und seine Reiserouten als Solist liefen darauf hinaus, daß er den Großteil des Winters allein verbrachte. «Ich habe dieses Jahr etwa fünfzig Konzerte gegeben, und es war immer dasselbe», sagte er. «Man kommt am Flughafen an, sitzt wartend in der Abflughalle, sitzt im Flugzeug, fährt zum Hotel, wo man eine telefonische Nachricht vorfindet, die einem mitteilt, wann man zur Probe im Konzertsaal zu sein hat. Es gibt nur eine Probe. Höchstens zwei. Der Dirigent ist überlastet, man kriegt ihn nur für etwa zwanzig Minuten zu fassen. ‹Das Orchester kennt das alles in- und auswendig›, erzählt er einem. Man denkt: Das Orchester mag dieses Mendelssohn-Konzert hundertmal gespielt haben, aber doch nie mit mir! Aber der Dirigent geht bereits die Partitur durch, weist auf diese oder jene Stelle hin und redet über *tempi*. Niemals diskutiert man wirklich über die Auffassung.

Manche Dirigenten spielen ein Stück auf eine bestimmte Weise, die sie mir zuliebe durchaus nicht ändern. Es ist mir auch schon passiert, daß ich den Dirigenten vorher *überhaupt nicht* zu sehen bekommen habe.

Was hier in Marlboro so befriedigend für mich ist, ist, daß man *Zeit* hat. Ich habe nicht darum gebeten, diesen Sommer irgendein besonderes Stück spielen zu dürfen, weil ich mit jedem Stück zufrieden bin, das ich zugewiesen bekomme. Hier kann man jedes Stück beim Frühstück, beim Mittag- und beim Abendessen und bei der Probe studieren und diskutieren. Ich kenne die meisten Leute hier, aber sie in New York zu treffen, gelingt mir nie, obwohl die meisten von uns dort leben, weil wir alle so viel herumreisen, daß wir nie zur gleichen Zeit zu Hause sind. Hier kann man Freundschaften erneuern, und das gibt mir ein sehr starkes Gefühl von Sicherheit.»

Musiker, die in eben den Orchestern spielen, über die Young-

Uck Kim sich beklagte, leiden unter einer ähnlichen Reglementierung ihres Lebens und sehen Marlboro als Ort, an dem sich nicht nur studieren, sondern auch die Begeisterung zurückgewinnen läßt, die sie ursprünglich zur Wahl einer musikalischen Laufbahn bewog. «Das ganze Jahr über denke ich daran, daß ich wieder nach Marlboro komme», sagte Eli Eban, Klarinettist beim Jerusalem Symphony Orchestra. «In einem Orchester-Ensemble sind nicht alle hundert Mitglieder jeden Tag gleich gut vorbereitet, und nicht jeden Tag ist der Dirigent mitreißend. Außerhalb der Orchester-Umgebung neigen die Spieler dazu, ein wenig gewinnsüchtig zu sein. Sie nehmen die Mühe, ein Kammermusikstück einzustudieren, nur auf sich, wenn sie ein paar Konzertverträge in der Tasche haben. In einem Orchester kann man darauf verzichten, auf die Musik zu achten. Man achtet auf den Taktstock des Dirigenten, auf Intonation und Genauigkeit. Man muß in einem großen Saal spielen, und es werden von einem alle möglichen Dinge verlangt, die man zu einem bestimmten Zeitpunkt gar nicht leisten kann. Man kann zweifellos nicht plötzlich anfangen, darauf zu achten, wie jedes Mitglied irgendeiner Klanggruppe sich zum Ausdruck bringt.

Für mich ist Marlboro ein Ort des Lernens. Ich lerne zuzuhören. Die Leute zwingen einen förmlich zum Zuhören. Jeder nimmt die Qualität der Musik, die er macht, ernst. Wenn ich dann in Israel eine Dürrezeit durchzustehen haben, erinnere ich mich immer an das, was ich hier gemacht habe, und versuche mir vorzustellen, wie ich an eine Sache herangehen würde, wenn ich in Marlboro wäre.»

Diese Einstellung ist ein klarer Beweis für den Erfolg einer Institution, zu deren Zielen auch die Verbreitung ihrer Philosophie in der gesamten Musikwelt gehört. Ein Sommer in Marlboro ist für Hunderte von Musikern gleichbedeutend mit einem «Gütesiegel» geworden, und der Umstand, daß Marlboro nicht an Wirkung eingebüßt hat, obwohl es sich in wachsendem Maße institutionalisiert hat, wird der Präsenz von Rudolf Serkin zugeschrieben. Musikern flößt seine Karriere Ehrfurcht ein, seine Persönlichkeit aber entwaffnet sie. Sie verweisen darauf, daß der Pianist jetzt eigentlich im «Ruhestand» lebt, daß er lange krank war und sich im Grunde mehr schonen sollte, statt dessen aber nur angestrengter als zuvor zu arbeiten scheint. Er ist immer noch zu den ausgelassensten Streichen aufgelegt, weiß über alle Details und Schwierigkeiten des Festivals genauestens Bescheid und vermittelt mit Humor und Umsicht, damit sich anbahnende Konflikte wenn möglich nicht zum Ausbruch kommen.

«Er ist fraglos ein großer Mann», sagte einer seiner Mitarbeiter, «und doch würde er hier nie einen Meisterkurs abhalten oder das Orchester dirigieren. Gleichzeitig ist er sehr gewitzt und ehrgeizig und würde nicht das kleinste bißchen Autorität abtreten, während er alle anderen davon überzeugen möchte, daß er sich selbst doch ganz im Hintergrund hält.»

«In Marlboro sind die Egos so dicht geprägt, daß es eine Persönlichkeit braucht, der jedermann Respekt abnötigt. Serkin tut das», sagte ein anderer Alteingesessener. «Ich fürchte, daß diese Gemeinschaft ohne ihn nicht überleben wird. Ich kenne hier weit und breit niemanden, der seine Arbeit fortsetzen könnte.»

Serkin hat selbst lange über die Zukunft von Marlboro nachgedacht. Von Kollegen wurde er als Mensch beschrieben, der «die Notwendigkeit ständigen Wandels erkannt hat, der immer nach Mitteln und Wegen zur Störung des Gleichgewichts Ausschau hält, so daß die Dinge nicht stagnieren».

«Ich *weiß*, daß nichts sich immer gleichbleibt», sagte er eines Abends, auf den Treppenstufen des Hintereingangs zum holzgetäfelten Speiseraum sitzend und in die weite Bergwelt hinausschauend. «Wohin entwickelt sich das alles hier? frage ich mich. Marlboro begann wirklich nur durch Zufall. Dann fingen die Leute an, herzukommen und nach etwas Ausschau zu halten, das ihnen bisher gefehlt hatte.

Die Landschaft hier bringt die in jedem Menschen vorhandene Großzügigkeit zum Vorschein, selbst wenn man manchmal etwas kratzen muß, um darauf zu stoßen. Diese Gemeinschaft erzieht einen. Früher hatten wir einmal einen Geigenvirtuosen hier, der sehr arrogant war und nicht einmal im Speiseraum helfen wollte. Also bediente ihn auch niemand, ohne Plan oder Abstimmung untereinander. Er mußte sich selbst bedienen, und nach zehn Tagen war er in Ordnung.»

Serkins faltiges Gesicht verzog sich im Gedenken daran zu einem kindlichen Grinsen.

«Dies ist ein Ort», sagte er, «an dem man lernen kann, die zweite Geige zu spielen. Eine ganze Menge Leute weiß, wie man die erste Geige spielt. Aber gut und überzeugend zweite Geige zu spielen – das ist eine große Kunst.»

6

Die Vermarktung von James Galway

Es war an einem Donnerstag abend um fünf Minuten vor neun, und Stille herrschte in der Carnegie Hall. In das Schweigen hinein machte sich ein großgewachsener Dirigent im Frack auf den Weg zum Pult; ihm folgte ein kleiner, stämmiger, bärtiger Ire in weiten Marinehosen und einem dunkelblauen Samtjackett und mit einer gepunkteten Fliege angetan. Ein massives silbernes Herz und ein Silberkreuz baumelten an einer Kette um seinen Hals. Er trug seine 4500-Dollar-Flöte aus achtzehnkarätigem Gold, als sei sie eine Schrotflinte, und in seinem Schritt und in der Art, wie das Orchester auf seine Ankunft reagierte, lag etwas, das ein verwirrtes Raunen im ganzen Konzertsaal aufkommen ließ.

Als das Orchester mit Mozarts Zweitem Flötenkonzert begann, verstärkte sich die Unruhe. Obwohl James Galway bereits Ende Dreißig war und früher als der hervorragende Erste Flötist des London Symphony Orchestra und der Berliner Philharmoniker gewirkt hatte, sah er doch nicht im geringsten wie ein klassischer Musiker aus. Und er trat auch nicht auf wie einer. Er steckte seine linke Hand in die Hosentasche, hielt die Flöte gegen seine rechte Schulter gelehnt und benahm sich weiterhin genau so, wie einem schon in der Grundschule beigebracht wird, daß man sich vor versammeltem Publikum *nicht* benehmen darf. Galway grinste und runzelte die Stirn. Er trat von einem Fuß auf den anderen. Er inspizierte die Zuhörer neugierig mit seinen dunkelblauen, astigmatischen, flinken Augen und wandte ihnen dann den Rücken zu, um den Ersten Geigen zuzuzwinkern.

Dann setzte er plötzlich, entschlossen, die Flöte an die Lippen, und das Raunen im Saal erstarb. Im Gegensatz zu anderen Solisten, die sich von der Welt abwenden, wenn sie spielen, nimmt Galway sowohl mit dem Orchester als auch mit dem Publikum Kontakt auf – wie ein begeisterter Pfadfinderführer, der sein Fähnlein um sich sammelt. Wie der Franzose Jean-Pierre Rampal, der erste Flötist, dem eine erfolgreiche Solistenkarriere gelang, strahlt er Freude, starke Sexualität und die Illusion aus, daß Flötespielen ein Kinderspiel ist. «Sogar inmitten der reißendsten Tonkaskaden», schrieb die Londoner *Financial Times*, «holt er wahrscheinlich Atem, aber mit solch wohlverborgener Kunst, daß man eine Art göttlichen Dispens von derart gewöhnlichen physischen Notwendigkeiten argwöhnt.»

Als Galway den ersten Satz beendet hatte, lief ein Flüstern mit Ausdrücken wie «Rattenfänger», «Puck», «Alan Bates» und «Pan» durch die samtgepolsterten Sitzreihen. Ältere Zuhörer erinnerten sich an die charismatischen Geiger und Pianisten früherer Zeiten. Dann setzte Galway zum langsamen zweiten Satz an, und ein so zauberhaft schöner Klang füllte den Saal, daß die Zuhörer den Atem anzuhalten begannen.

«Der Mann ist ungewöhnlich begabt», sagt der Geiger Pinchas Zukerman. «Er ist ein Naturtalent, wie Heifetz. Er hat verblüffende Leichtigkeit, wunderbare musikalische Auffassungsgabe *und* einen eigenen, einzigartigen Klang. Er hat nicht bei Rampal oder Baker oder sonstwem studiert. Es ist *sein* Klang, und es gibt nur sehr wenige Musiker, von denen sich das sagen läßt.»

Als Galway zum Schlußsatz ansetzte, lachten einige Leute entzückt auf.

«Für mich bedeutet es absolute Perfektion, wenn Jimmy spielt», sagte Julius Baker, der Erste Flötist des New York Philharmonic Orchestra und der anerkannte Doyen der amerikanischen Flötisten. «Das ist für mich eine Inspiration wie eine *bar mitzvah*. Er vermittelt mir das Gefühl, als gehörte ich zu seiner Familie, und es ist befriedigend zu sehen, daß hier jemand Beifall erhält, der ihn wirklich verdient.»

Das Publikum in der Carnegie Hall zollte ihm ebenso Beifall, wie es am darauffolgenden Tag auch die Kritiker taten. Das Ganze wiederholte sich in Chicago, Ann Arbor, Toronto, Schenectady und Boston, als sein Zuhörerkreis sich über die reinen Klassik-Anhänger hinaus erweiterte und auch Flöten-Freaks einbezog (Leute, die mit Vorliebe Herbie Manns Jazz-Flöte lauschen, Jethro Tulls Rock-Flöte, der klassischen Flöte von Jean-Pierre Rampal, Ransom Wilson und Paula Robison; Leute, die auf dem College-Campus oder in öffentlichen Parks vor sich hinblasen; Leute, die einen weltweiten Flöten-Boom ausgelöst haben), bis hin zu Leuten, die nie zuvor einen Konzertsaal betreten, aber über Galway gelesen oder ihn im Fernsehen gesehen hatten.

Dieses zusammengewürfelte Publikum war kein Zufall. Es war das Resultat einer gewitzten Marktstrategie. Im Kauderwelsch des Plattengeschäfts gilt der unkonventionelle Galway als *crossover phenomenon*, als Künstler, der bei mehreren getrennten Publikumsschichten Anklang findet. In Großbritannien, wo ein klassischer Musiker froh sein darf, wenn er in einem Jahr 5000 Langspielplatten absetzen kann, verkauften sich von Galways Aufnahme der *Mozart Flute Concerti* 65 000 und von seiner Flötentranskription von Vivaldis *Vier Jahreszeiten* 60 000 Stück. Gleichzeitig löste seine Aufnahme von John Denvers *Annie's Song* die Rock-Singles der englischen Hitparade ab und setzte nahezu eine halbe Million Exemplare um.

In den späten siebziger Jahren verkaufte Galway innerhalb von drei Jahren 750 000 Schallplatten, gewann den «Grand Prix du Disque» und verdiente 250 000 Pfund allein an Plattentantiemen. In London waren seine Konzerte binnen vierundzwanzig Stunden ausverkauft, und zu seinen Fans zählte auch die Königin. «In England erzielte er größere Umsätze als alle anderen klassischen Künstler, Vladimir Horowitz eingeschlossen, der fünfzig Jahre lang die Spitze gehalten hatte!» sagt ein RCA-Vertreter, der mit beiden zusammenarbeitet. «Nicht nur das Massenpublikum denkt, daß er ein phantastischer Flötist ist, auch die Flötisten selbst denken so. Ein Star ist ein Star, und eines der Dinge, die einen Star ‹machen›, ist ein erfolgreiches Marketing.»

Während Horowitz und andere sorgsam ein nicht-kommerzielles Image pflegten, stürzte sich Galway beherzt in den Strudel der Vermarktung. Er gab seinen Namen für Galway-T-Shirts her («Ich kenne Leute, die ausflippen würden, wenn sie ein Horowitz-T-Shirt bekommen könnten. Ich selbst, zum Beispiel.»), für Galway-Blechflöten («Ein beliebtes Weihnachtsgeschenk!») und für bestimmte von ihm empfohlene Querflöten («Die Kinder können sicher sein, daß sie für ihr Geld einen guten Gegenwert bekommen»). Er schrieb eine Autobiographie, investierte seine Schallplattenhonorare in Filme und Videocassetten von Galway-Meisterkursen und produzierte sechs einstündige Fernseh-Sondersendungen.

«Viel zu viele Musiker verlassen die Konservatorien, die dann denken, die Welt schulde ihnen ihren Lebensunterhalt», sagt Michael Emmerson, der britische Manager, der Galway 1975 überredete, das bestbezahlte Orchester der Welt zu verlassen, die ehrwürdigen Berliner Philharmoniker. «Ich weiß von niemandem, der sich dann aber tatsächlich eine Strategie zurechtlegte. Schauen Sie sich Frank Sinatra und Bing Crosby und die Art und Weise an, wie sie ihre Karriere in die Hand nahmen! Es gibt keinen Grund, warum ein klassischer Musiker das nicht auch tun sollte.

Ich halte es für richtig, daß ein Solist eine Pension braucht, wenn er sechzig ist oder wenn seine Lippen auslassen oder sein Arm unsicher wird, und diese Pension läßt sich durch Schallplattenaufnahmen organisieren. Wenn man ein ausgezeichnetes Produkt hat, muß man es auch angemessen fördern, was den Verkauf betrifft. In unserem Fall sind Konzerte ein Weg zur Verkaufsförderung von Galway-Schallplatten. Das mag sich unorthodox anhören, aber es ist genau das, was die Pop-Knaben schon seit eh und je gemacht haben. *Wir* haben es in England gemacht. Und jetzt wollen wir es in den Vereinigten Staaten machen.»

Die Chancen jedes klassischen Künstlers, in den Vereinigten Staaten ein Pop-Star zu werden, sind im Grund gleich Null, sagten die leitenden Männer aller größeren amerikanischen Schallplattenfirmen. «Wir waren nie in der Lage, so etwas zu verwirklichen», hieß es bei CBS. «Es würde drei Jahre dauern, wenigstens eine Million Dollar für Werbung und Absatzförderung verschlingen, und *nicht einmal dann* würde es unbedingt klappen.» Obwohl die amerikanische Schallplattenindustrie gegen Ende der siebziger Jahre einen Umsatz von 3,5 Milliarden Dollar erreichte, machten die Erlöse aus dem Klassik-Sektor doch nur 5% dieser Gesamtsumme aus. Von mehr als 1500 LPs, die damals das Prädikat «goldene Schallplatte» erzielt und einen Verkauf von wenigstens einer halben Million Exemplaren erbracht hatten, waren nur sieben Klassik-Platten.

Marktexperten hatten darauf verwiesen, daß der Klassik-Markt nicht nur klein und schwer zu erfassen war, sondern sich überdies auch noch aufteilte in Kammermusik-, Opern- und Symphonie-Liebhaber, ferner in Leute, die sich nur für bestimmte Instrumente (wie Klavier) oder bestimmte Epochen (wie das Barock) interessierten. Weil das klassische Repertoire festumgrenzt ist und ein «neuer Sound» bei weitem nicht so willkommen war wie in der Pop-Welt, konnten neue Aufnahmen häufig Konkurrenzprodukte aus dreißig Jahren haben. Als RCA Galways Mozart-Schallplatte auslieferte, waren bereits zweiundzwanzig andere Aufnahmen des Werkes auf dem Markt. Seine *Vier Jahreszeiten* war die dreißigste Einspielung im Schwann-Katalog.

Klassische Musiker, die seit dem Zweiten Weltkrieg zum Begriff geworden waren, hatten sich ihren Ruf nahezu unweigerlich außerhalb der üblichen Kanäle von Klassik-Aufnahmen oder -Konzerten erworben. Bei dem Piansisten Van Cliburn war das der Fall, als er 1958 den angesehensten Klavierwettbewerb der Sowjetunion, den Tschaikowsky-Preis, gewann, und zwar zu einer Zeit, als die Amerikaner jeden Sieg über die Russen als einen Vorteil im Kalten Krieg auffaßten. Leonard Bernstein gelang es, indem er Musicals schrieb, Arthur Fiedler dadurch, daß er seinen Namen mit den volkstümlichen Konzerten der Boston Pops und «leichter Klassik» verknüpfte. Die beiden hatten, ebenso wie Herbert von Karajan, André Previn, Beverly Sills, Luciano Pavarotti und Vladimir Horowitz, begriffen, daß das Fernsehen den Schlüssel zu größeren Zuschauerkreisen und hoher visueller Präsenz bot.

James Galway, der Karajan sechs Jahre lang von seinem Notenpult aus beobachtet hatte, begriff rasch, worauf es ankam. «In einer einzigen Show wie der von Dick Cavett», sagte er, nachdem er bei dem beliebten Talkmaster aufgetreten war, «kann man mehr Amerikaner erreichen als in sechs Wochen harten Tournee-Betriebs. Man kann ins Wohnzimmer der Leute eindringen und zu Menschen Kontakt aufnehmen, die keine Konzerte besuchen, kann das

Mädchen, das im Supermarkt arbeitet, und den Jungen, der in der Garage schuftet, ansprechen. Ich jedenfalls *liebe* es, für drei Millionen Menschen zu spielen. Ich fühle mich ungefähr wie ein Zigeuner des Düsenzeitalters.»

Um Viertel nach acht wartete Galway im zugigen grünen Raum eines Fernsehstudios in Toronto auf seinen Auftritt in *Canada After Dark*. Obwohl die CBC-Mitarbeiter darüber scherzten, diese Nachahmung der Johnny-Carson-Show sei «das einzige Programm in der Geschichte Kanadas mit einer negativen Publikumsbewertung», hielten die RCA-Werbestrategen es doch für einen gelungenen Coup, daß Galway aus einer ganzen Schar von Autoren, Schauspielern, Gurus, Rock-Stars, Politikern und Sport-Heroen ausgewählt worden war, die allesamt auf Gratis-Sendezeit brannten.

Galway und seine goldene Flöte nahmen sich fehl am Platze aus. Auf dem Fernsehmonitor vor ihm trugen der Gastgeber und Kanadas führender Fernsehschauspieler Büffelfell-Mäntel und Strohhüte, schwenkten Fußballwimpel und rissen antifeministische Witze. Auf der anderen Seite des Raumes warteten sieben polyesterbandagierte Bewerberinnen um den Titel einer Fußballkönigin darauf, auf die Bühne trotten zu können. Auf der Couch neben ihm lümmelten sich ein hagerer, stieräugiger Folk-Gitarrist namens Valdy und drei Mitglieder seiner Gruppe. Das Drehbuch hatte Galway und Valdy dazu ausersehen, den Schauspieler zu begleiten, wenn er die Kennmelodie aus seiner neuen TV-Serie sang.

Galway beobachtete den Monitor, wobei sein volles, koboldhaftes Gesicht undurchsichtig blieb. Innerhalb der letzten vierundzwanzig Stunden hatte er ein Konzert in Ann Arbor gegeben, etwas geschlafen, war von Detroit nach Toronto geflogen und hatte dann sieben Stunden lang den Fragen von sechs Radio-, Fernseh- und Zeitungsreportern standgehalten, die ihm samt und sonders eine besondere Stellungnahme, einen Brocken Gerücht, ein gutes Zitat abverlangten. Er hatte in zehn Filmrollen hineingelächelt, sich eine halbstündige Pause geleistet und dann bei einem Empfang für 100 Schallplattenhändler, Provinz-Diskjockeys und noch mehr Presseleute gespielt, denen er als «Wiederbelebungsspritze für das klassische Repertoire» vorgestellt worden war.

Den ganzen Tag über hatte er dieselben Fragen über sich ergehen lassen müssen: «*Haben Sie bei Rampal studiert? Warum nicht? Wer hat Ihr Spiel beeinflußt? Wen halten Sie für Ihren Rivalen? War es schwer für Sie, die Berliner Philharmoniker zu verlassen? Hat Karajan Sie wirklich den Mann vom Mars genannt? Haben Sie diese Erfolgswelle vorausgesehen? Warum sind Sie so produktorientiert? Warum spielen Sie eine goldene Flöte? Warum leben Sie in der Schweiz? Gibt es irgendwelche Fragen, die Sie gern gestellt bekämen?*»

Sogar als der *Toronto Star* eine Erklärung dafür haben wollte, warum seine erste Ehe scheiterte, blieb Galway gelassen. Er war ein guter Interviewpartner: unweigerlich höflich, zu Anekdoten aufgelegt, gut informiert. Er erfaßte genau, was ein Fragesteller zu erfahren wünschte, und funktionierte peinliche Fragen zu seinem eigenen Vorteil um.

«*Warum ich nie einen akademischen Titel in Musik erworben habe*? Ich war zu sehr damit beschäftigt, Flöte zu üben.»

«*Geld*? Meine Vorstellungen von Geld sind die, daß man, wenn man Geld will, an die Börse gehen muß. Oder Maschinengewehre in den Nahen Osten verkaufen. Oder Häuser bauen. Aber nicht in den Musikbetrieb gehen.»

«*Annie's Song*? Wissen Sie, vier Monate lang habe ich in einem Krankenhauszimmer gelegen, nachdem ich letztes Jahr von einem Motorrad überfahren wurde. [Im August 1977 war er in einen Unfall verwickelt und von einem Motorrad überfahren worden, das ihm beide Beine und den linken Arm brach. Galway wurde ein Streckverband angelegt, der ihm drei Monate Bewegungslosigkeit eintrug, bevor er sich einer zweiten Operation zu unterziehen hatte. Erst im März 1978 konnte er wieder gehen, und das Treppensteigen war noch lange schwer für ihn.] Eines Tages hörte ich mir eine dieser Schallplatten von John Denver an, und mir gefiel die Art, wie er vor allen diesen Fans und Groupies von seiner Frau sprach. Ich dachte mir: *Genau das werde ich für meine Annie tun.* Wissen Sie, manche Leute vergessen einfach, daß bestimmte Scherzi und Menuette einmal die Pop-Songs ihrer Zeit waren. Ich nahm *Annie's Song* in der Absicht auf, etwas Schwung in die abgeschlaffte klassische Musikszene zu bringen. Die Leute, die sie kaufen, werden morgen hingehen und Mozart kaufen. Ich weiß, daß das auf diese Weise funktioniert. Man muß die Leute langsam daran heranführen.

Avantgarde-Musik? Nein, dafür habe ich keinerlei Sympathie. Herr Boulez und Herr Stockhausen haben nie mein Herz bewegt. Ich gebe neue Musik in Auftrag und spiele sie. Aber ich glaube, wir sollten die Komponisten dazu auffordern, sich zu erinnern, woher sie stammen und welche Melodie ihre Mütter ihnen vorsangen. Wir sollten die Musiker ermutigen, sich zu ihren Traditionen zu bekennen. Und wir sollten die Menschen nicht ermutigen, zu Robotern zu werden.»

Galways Interviewpartner schieden verblüfft von ihm. Manche spotteten über sein «irisches Auftreten». Einige waren durch seine Unverblümtheit entwaffnet. Kaum einer erkannte, daß es, wie Galway selber glaubte, die Strenge einer protestantischen Erziehung war, die seinen unablässigen Perfektionismus erklärte wie auch den Glauben, es sei «jedermanns Pflicht, ein so fröhliches Gesicht aufzusetzen wie nur möglich. Wir sind nicht auf Erden, um anderen Menschen das Leben sauer zu machen.»

Galway wuchs in einer Vorstadt von Belfast auf, die während der ersten vier Jahre seines Lebens von der Deutschen Luftwaffe bombardiert wurde, die sich die Eisenbahnlinien und Werften der Stadt als Angriffsziele auswählte. «Ich frage mich öfter», pflegte er im Scherz zu sagen, «was Hitler wohl zu Göring gesagt hätte, wenn ihm klargeworden wäre, daß der Reichsmarschall versuchte, einen künftigen Ersten Flötisten bei seinen geliebten Berliner Philharmonikern zu vernichten.»

Die Männer aus der Carnalea Street waren Hafenarbeiter, Straßenbahnschaffner oder Lastwagenfahrer und bildeten das, was Galway die «Arbeitslosen»-Klasse nennt. Die Frauen standen um sechs Uhr in der Frühe in den winzigen, einander völlig gleichen Ziegelstein-Reihenhäusern auf, zündeten das Kohlenfeuer an, machten ihren Familien das Frühstück und eilten dann in die Tabakfabriken und Garnspinnereien. Ihre Kinder verließen die Schule und begannen zu arbeiten, wenn sie vierzehn Jahre alt waren.

«Es war nicht gerade ein Ort, wo man Wunderkinder großzieht», sagte Galway, «aber mit den Slums in den Staaten ließ es sich doch noch nicht vergleichen. Von meinem Fenster im Schlafzimmer aus konnte ich die Schiffe der Cunard-Linie emporwachsen und vom Stapel laufen sehen. Wir spielten in den Werften, auf der Schutthalde und am Bahnhof, dem größten Geschenk für Kinder. Es gab überall in den Häuserblocks Luftschutzkeller, und die Bombardements waren für die Erwachsenen ziemlich schrecklich, aber wir Kinder – für uns war es großartig. Sie hatten auch irgendeine Maschine, die eine höllische Menge Rauch produzierte, der aufstieg und dann über der Stadt hing. Es ist geradezu ein Wunder, daß ich überhaupt Flöte spiele, wenn man daran denkt, daß ich mir die Lungen mit dem Zeug füllte!

Es war eine phantastische Kindheit», beteuerte er. «Wenn ich das Ganze noch mal zu erleben hätte, würde ich überhaupt nichts daran ändern wollen.»

Als Galway neun Jahre alt war, wurde auf den Werften das Nieten mechanisiert, und sein Vater, der Nietendrücker von Beruf war, wurde arbeitslos. Obwohl Galway darauf bestand, es sei «so aufregend nun auch wieder nicht gewesen, seinen Vater ohne Arbeit zu sehen – das gehörte einfach zum Leben», behielt er doch die Erinnerung an ihn im Gedächtnis, wie er Tag um Tag dasaß und Solitär spielte und dann zu trinken begann, bis er ganz «außer Rand und Band» geriet. Er erinnert sich auch, daß sein Vater «von der Flöte geradezu besessen» gewesen sei.

Musik stand in der Carnalea Street in hohem Ansehen, und die Galways waren nicht nur als tüchtige Flötisten bekannt, sondern auch deshalb, weil sie tatsächlich ein Klavier besaßen. «Es war seit Beethovens Zeiten nicht mehr gestimmt worden», erzählte Galway aufgeräumt, «aber meine Mutter spielte auswendig, und das Haus war so voller Leute, daß man sich nicht rühren konnte. Sie sangen sentimentale Lieder wie *South of the Border* oder alte Cowboy-Songs.»

Galways Vater versuchte bei seinem Erstgeborenen zunächst Interesse für eine Mundharmonika zu wecken, dann für eine Geige – beides ohne Erfolg. Statt dessen begann Jimmy Galway sich im Alter von sieben oder acht Jahren die Töne von Volks- und Weihnachtsliedern auf einem Blechpfeifchen zusammenzusuchen. Mit neun war er das jüngste Mitglied der Onward Flute Band geworden, die sich mittwochs und freitags über einer Garage der Gegend zusammenfand. «Etwa dreißig Flötenspieler waren da, lauter Männer, dazu Trommeln, Becken und Triangel. Allein in meiner unmittelbaren Nachbarschaft gab es fünf Bands – man kann sich nicht vorstellen, was für eine Krankheit das in Nordirland war. Die Spieler bekamen ihre Instrumente durch öffentliche Subskription, das heißt, sie zogen von Haus zu Haus und sammelten bei den Leuten Geld. Es gab Bands, in denen alle nur die Melodie spielten, und es gab vierstimmige und sechsstimmige Bands. Wir hatten Uniformen von der ortsansässigen Transportgesellschaft, und am *Remembrance Day** marschierten wir in Viererreihen mit handgemalten Orange-und-Purpur-Bannern, und die ganze Stadt war auf den Beinen. Wenn man in einem Spielmannszug spielt, ist das sehr gut für das Rhythmus-Gefühl. Es geht einem geradezu ins Blut über. Als ich ans Pariser Konservatorium kam, war ich verblüfft: Jeder dort dachte, er würde eine Solistenkarriere machen und brauche nicht im Takt zu spielen.»

Galway begann bei seinem Vater Flöte zu lernen, aber beide waren so stur, daß er bald zu seinem Onkel überwechselte. «Wo ich herkomme, hat niemand etwas in aller Form studiert», sagte Galway ungeduldig. «Man schaute sich etwas von den Nachbarn ab, und man bezahlte dafür nicht mit Geld. Mein Onkel brachte mir die Taktmaße bei, wie Akkorde aussahen und wie das zu entziffern war, was da auf der Notenseite stand. Ein anderer, seines Zeichens Buchbinder, brachte mir Theorie bei. Und ich lernte in der Band.»

Galway war dreizehn, als er Schüler von Muriel Dawn wurde, einer englischen Sängerin, deren Gatte das Belfast Philharmonic Orchestra als Intendant leitete, ebenso das Belfast Youth Orchestra und andere Gruppen. Zum erstenmal gab sich Galway mit Atemübungen, Tonleitern und Tongebung ab. «In jenen Tagen versuchte ich einfach nur, wie laut und wie schnell ich spielen konnte; Muriel versuchte nicht nur, mir etwas Schönheitsempfinden einzupflanzen, sondern brachte mir auch bei, wie ich mich zu benehmen und was ich zu tun hatte. Ich kam gewöhnlich in kurzen Hosen und heruntergerutschten Socken zum Unterricht, weil ich gerade ein Fußballspiel hinter mir hatte. Sie änderte das. Ich dachte, daß, wenn ich

* Waffenstillstandstag am 11. November

nicht korrekt spielte und mich anständig aufführte, das eine Sünde vor Gott sei. Nicht das Beste zu geben, was in seinen Fähigkeiten stand, war Häresie. Ich weiß nicht, woher ich diese Ideen hatte. Ich habe meine Mutter oder meinen Vater nie in einer Kirche gesehen. Aber, wissen Sie, Schützen sind von Natur aus religiös. Und das ist es: Sie müssen ihren Weg machen.»

Mit vierzehn verließ Galway die Schule. Douglas Dawn hatte ihm eine Lehrstelle in einer Klavierfabrik besorgt, in der Annahme, daß die räumliche Nähe zu Musikinstrumenten die Sache erleichtern würde. Statt dessen begann Galway, der die Nase voll davon hatte, Leimtöpfe zu leeren und Elfenbeintasten zu polieren, Klaviere zu hassen. Mittlerweile spielte er Mozart, Bach und Elgar in Kammermusik-Gruppen, in Orchestern und im Rundfunk und gewann überdies mehrere Wettbewerbe mit Spielmannszügen. Er war ein mürrischer Jugendlicher, der wahrscheinlich Klavierstimmer geworden wäre, wenn das Belfast Education Committee ihm nicht auf Fürsprache von Douglas Dawn ein Sonderstipendium zugebilligt hätte. Als «begabter Slum-Sprößling» wurde Galway zum Studium zu John Francis geschickt, der am Royal College of Music in London Flöte unterrichtete. Wenn er gute Fortschritte machte, würde ihm das Studium bis zum Examen bezahlt werden.

Niemand in der Nachbarschaft hatte je etwas Ähnliches unternommen. «Ich war fünfzehn Jahre alt. Ich hatte nie zuvor in einem Flugzeug gesessen. Nie war ich weiter weg gewesen als Dublin. Und plötzlich stand ich da in diesem phantastischen Haus mit einem Rolls-Royce draußen vor der Tür und den vollständigen Werken von Bach, *gebunden*, in der Bibliothek. John Francis wurde nicht nur mein Flötenlehrer, sondern auch mein Vater-Ersatz. Er nahm mich mit in Ausstellungen, mit zum Schwimmen und zeigte mir, was es mit dem Ballett auf sich hatte. Ich konnte aufhören, mir über diese blöden Klaviere Gedanken zu machen, ich konnte mit dem Fahrrad am Buckingham-Palast vorbeifahren und den *ganzen* Tag Flöte spielen. Jemand hatte mir geradewegs die Himmelstür aufgetan, wissen Sie.»

«Mister Galway! Eine Minute», rief der Produktionsassistent für die Sendung *Canada After Dark*. Auf dem Fernseh-Monitor erklärte der Gastgeber: «Unser nächster Gast ist einer der besten Flötisten unserer Zeit. Der Mann mit der fünftausend-Dollar-Flöte aus achtzehnkarätigem Gold, eine große Legende, ein erstaunlicher Mensch und wahrscheinlich der größte Flötist der Welt. Ich bin glücklich, Ihnen James Galway vorstellen zu können.»

Drei Tage später war er in der Union College Memorial Chapel in Schenectady, New York. Es war schneidend kalt, und die meisten Mitglieder des New Irish Chamber Orchestra hatten eine Magenverstimmung, auch Galway. Der Flötist mischte sich unter die anderen Spieler, sprudelte Witze heraus und überspielte seine Müdigkeit. «Wenn man nicht volle vierzehn Runden durchstehen kann», hatte er an diesem Nachmittag gesagt, als er in Buffalo das Flugzeug wechselte, «nützt es nichts, wenn man noch so gut spielt.»

Seit der Aufzeichnung von *Canada After Dark* hatte er ein Konzert absolviert, vier weitere Interviews gegeben, eine Party mit Flötisten und Flötisten-Groupies in Toronto besucht, einem Mädchen eine Stunde gegeben, die ihm deswegen schon in London zugesetzt hatte, und sich in einem Plattengeschäft für eine Signierstunde zur Verfügung gestellt, wo etwa 150 Leute, denen es freistand, zu sagen oder zu tun, was sie wollten, ihm zugesetzt hatten.

«Ich dachte, Karajan hätte Sie einen Menschen vom Mars genannt. Aber Sie sehen einem Marsmenschen ja gar nicht ähnlich», sagte ein Mann mit dem Aufzug eines Geschäftsmannes.

«Nun, Mars ist ein Stadtviertel von Belfast, wissen Sie.»

«Könnten Sie schreiben ‹Für Tom Gallagher herzlichen Glückwunsch zum Geburtstag›, und zwar hier?»

«Tut mir leid. Vielleicht nächstes Mal. Zu viele Leute hier, wissen Sie.»

«Darf ich Sie nach Ihrer Atemtechnik fragen?»

«Da gibt es ein großartiges Buch, das Sie lesen sollten. *Zen in der Kunst des Bogenschießens.*»

Etwa nach der Hälfte der Zeit erstarrte Galways Gesicht. Jemand hatte ihm eine Schallplatte einer guten Freundin und früheren Schülerin überreicht, die sich drei Wochen zuvor überraschend das Leben genommen hatte. Galway hatte den Morgen vor seiner Abreise nach Schenectady mit ihren Eltern verbracht und nach den Gründen für die Tat gesucht. «Manchmal wundere ich mich – diese

Leute, die mich bei meinem Auftritt auf der Bühne sehen, haben oft nicht die leiseste Idee, was für Dinge mir durch den Kopf gehen», hatte er mehrmals im Laufe der Woche gesagt. «Und ich da oben wie ein Affe: Ich mache einfach weiter, als sei gar nichts geschehen.»

Jetzt trieb er sich wie ein kleiner Junge unter den Mitgliedern des New Irish Chamber Orchestra umher. Sie behandelten ihn familiär, mit einer Mischung aus Zuneigung, Respekt und Stolz. Ihr Dirigent, André Prieur, der 1947 in Paris die Erste Flöte gespielt hatte, während Jean-Pierre Rampal die Zweite übernahm, übte Nachsicht mit ihm: «Jimmy tut nie zweimal dasselbe; immer muß man auf der Hut sein, was als nächstes kommt», sagt er. «Mit den anderen ist es mehr Arbeit. Mit Jimmy ist es ein großer Spaß.» Wenn auch einige Spieler murrten und sagten, Galway spiele «ein bißchen für die Galerie» und das Orchester sei nicht dazu da, «für Jimmy Galway den Steigbügelhalter zu spielen», schienen sie ihn doch auch zu mögen. Er war einer von ihnen; sie alle wußten, woher er kam und was er seither getan hatte.

Galway verließ das Royal College of Music, die Guildhall School und das Pariser Konservatorium ohne Studienabschluß. «Ich war nicht dafür geschaffen, diese ganze Bürokratie zu überstehen», sagt er. «Theorieprüfungen absolvieren, Solfeggieren, Musikverständnis aneignen. Ich glaube nicht, daß jeder durch dieselbe Ausbildungsmaschine gedreht werden sollte. Es sollten auch Unterschiede berücksichtigt werden. Ich sagte also den Leuten, die für mein Stipendium aufkamen, daß ich den Kram hinwerfen würde. Sie boten mir an, mich ‹krank› zu schreiben, aber ich sagte, ich sei nicht ‹krank›, sondern einfach nicht mehr interessiert. Wenn der betreffende Professor beim Unterricht regelmäßig nur dasitzt, Zeitung liest und Gitanes raucht, hat es keinen Sinn mehr, überhaupt hinzugehen. Also ging ich und übernahm meine erste Anstellung in England.»

Im Alter zwischen zweiundzwanzig und dreißig Jahren arbeitete Galway mit den fünf besten Londoner Orchestern zusammen und trennte sich wieder von ihnen, manchmal mehr als einmal. Sein Engagement an der Sadler's Wells Opera dauerte vier Jahre, aber «es trieb mich die Wände rauf»; an der Royal Opera, wo er ein halbes Jahr arbeitete, «behandelte mich der Intendant wie Dreck, also sagte ich: ‹Gut. Gib's auf!›» Er hatte bereits das BBC Orchestra, das London Symphony Orchestra und das Royal Philharmonic Orchestra verlassen, als er 1969 – unwahrscheinlicherweise – als einziges englischsprachiges Mitglied bei den Berliner Philharmonikern landete.

«Von Karajan habe ich eine Menge gelernt. Jeder andere dirigiert Taktschläge, aber Karajan dirigiert Töne. Wissen Sie, Musik ist kein eins-zwei-drei-vier – sie wird nur aus Nützlichkeitsgründen so niedergeschrieben, damit man sich eine *Vorstellung* davon machen kann, wie etwas geht. Karajan liebt Phrasen, und er bringt die Schönheit jeder Linie immer deutlich heraus, in einer starken, reinen Weise, ohne unangemessenes Gefühl. Es gibt Musiker, von denen gesagt wird: ‹Er versteht es, eine Geige weinen zu lassen.› Es gibt tatsächlich einige Musiker, die *nur* wissen, wie man eine Geige weinen läßt. Karajan weiß mehr. Er kennt alle Arten von Klängen, und er weiß jederzeit, welchen Klang er haben möchte. Ich fand, ich müßte irgendwie dazupassen. Jeder, der von draußen zu diesem Orchester stößt, muß dafür sorgen, daß er dazupaßt. Das ist die Tradition der Berliner Philharmoniker.»

Galway versuchte sechs Jahre lang, dafür zu sorgen, daß er dazupaßte, und arbeitete mit den weltbesten Instrumentalisten, Dirigenten und Sängern zusammen. Aber während er seine Arbeit liebte, haßte er den Aufenthalt in Berlin. «Ich sprach zum Beispiel kein Deutsch und fühlte mich sehr einsam, weil die Leute im Berliner Philharmonischen Orchester und in Deutschland ganz allgemein, wie ich finde, sich nicht so sehr mögen und sich nicht so umeinander kümmern, wie sie das in Irland tun. Ich weiß gar nicht, wie lange man in Berlin mit jemandem bekannt sein muß, bis man endlich zu seiner Weihnachtsfeier eingeladen wird. Mein bester Freund im Orchester, Lothar Koch, lud mich einmal in sechs Jahren zu sich nach Hause ein – und das auch nur, weil wir dort eine Probe hatten. Der andere Solo-Flötist hat mich überhaupt nie nach Hause eingeladen.»

Galway driftete in die subkulturelle Szene Berlins ab. Er wohnte in einer Quasi-Kommune mit Leuten, die biologisch-organische Nahrung aßen, über Politik diskutierten, Hasch rauchten und Rockmusik hörten – alles Dinge, die er nie zuvor getan hatte.

«Vorher hatte ich nie Zeit, innezuhalten und nachzudenken», sagte er. «Ich arbeitete immer zu angestrengt. In Berlin hörte ich mir zum erstenmal die Beatles an. Und Pink Floyd. Das haute mich förmlich um. Lieber Himmel, ich dachte, ich könnte tatsächlich hineinkommen in das, was die da künstlerisch machten. Ich hatte beim Phil glattrasiert, mit Brille und beinahe kurzgeschoren angefangen. Dann ließ ich mir einen Frank-Zappa-Bart stehen und fing an, zu den Proben in meinem Schaffellmantel zu kommen. Das war nicht die Art und Weise, wie sich die Philharmoniker benahmen. Man denke, manche von ihnen trugen vierzig Jahre lang dieselben schwarzen Anzüge und silbergraue Krawatten, was ich sogar für ein größeres Unglück hielt als alles, was ich selbst tat. Aber gut, das war es nicht, weswegen ich wegging. Ich ging weg, weil ich meine eigene Musik machen wollte, nicht die eines anderen, nicht einmal die Karajans. Ich wollte meinen eigenen Klang finden.»

Am nächsten Tag war er in der Symphony Hall von Boston. Galway hatte auf den Orchester-Bus verzichtet und eine sechssitzige Beechcraft nach Boston gechartert, um zwei zusätzliche Stunden Schlaf herauszuschinden. «Ich gebe meine Gagen für Transportmittel aus», scherzte er. «Diese Tournee macht mir mehr Unkosten, als sie mir einbringt. Aber sie ist eine Investition, wissen Sie; es ist meine Begrüßung Amerikas. Unsere Theorie ist die, daß man immer nur ein Land auf einmal erobern kann. Wir konzentrieren uns auf die englischsprachigen, wo ich im Fernsehen auftreten und mit den Leuten in ihrer eigenen Sprache reden kann. In England haben wir es so gemacht. Dann in Holland. Jetzt in Amerika. In den nächsten beiden Jahren komme ich noch einige Male in die Staaten zurück. In weniger Zeit kann man es nicht schaffen. Es dauert eine ganze Weile, bis die Leute einen kennen.»

Hinter der Bühne der Symphony Hall schien jedermann Galway zu kennen. Über 200 Flötisten waren zum Besuch einer Konferenz in der Stadt und strömten in den Raum der Solisten, zusammen mit dürren, vorpubertären Flötisten, Amateur-Flötisten in mittleren Jahren, Hippies und Geschäftsleuten, ehemaligen Schülern und ihren Familien sowie anderen Solisten.

«Ich bin nur rasch gekommen, um Sie zu begrüßen, und ich gehe gleich wieder. Sie müssen nervös sein», sagte der Geiger Itzhak Perlman.

«Warten Sie. Wohin gehen Sie?» Galway schnitt ihm den Weg ab und stellte ihn dann einem anderen Besucher als «mein Manager, Al Capone» vor.

«Ich habe Dutzende von Mädchen für dich fahrenlassen; ich bleibe nur deinetwegen in Boston», verkündete der Flötist Julius Baker und umarmte Galway.

«Ich habe für diesen Knaben hier eine Trillerpfeife mitgebracht, wissen Sie», sagte Galway zu der ihn umdrängenden Menge. «Sie haben ja keine Ahnung, wie viele Bullen ich umlegen mußte, um da heranzukommen.»

Als er die Bühne betrat, lag ein unbezähmbarer Stolz in seiner Haltung. Er spielte für seine Standesgenossen, einige der besten Flötisten der Welt. Die Ersten Flöten des Boston Symphony Orchestra, der Boston Pops und des New York Philharmonic Orchestra waren im Publikum vertreten, ebenso Flötenlehrer, freiberufliche Flötisten und die wachsende Schar junger Flötenschüler, für die er ein Vorbild war. «Er hat eine ganz andere Auffassung als die meisten Solisten», sagte einer. «Er spricht über den Klang, aber er spricht auch über Gott. Er glaubt wirklich, daß die Musik von Gott kommt und daß er sein Werkzeug ist.»

Galway sagte, er habe tatsächlich immer so empfunden und sich als Kind schon den Gedanken zurechtgelegt, daß Mozart durch ihn spräche. Seinem Motorradunfall aber schrieb er es zu, daß seine «spirituellen Werte» bestärkt und er lange genug außer Gefecht gesetzt worden sei, um die Möglichkeit ebenso wie die Fallgruben einer erfolgreichen Solistenkarriere sorgfältig abschätzen zu können.

«Ich war in der Lage zu sehen, was die Werbemaschine aus mir machen konnte, wenn ich nicht auf der Hut war», sagte er. «Und dann der Eifersuchtsfaktor im Musikgeschäft, der etwas Schreckliches ist. Lange war ich sehr eifersüchtig auf andere Spieler, und diese Eifersucht nahm einen Teil von mir in Anspruch, den ich anderswo besser hätte einsetzen können. Eines Tages dachte ich dann: *Ich mache nicht genau dasselbe wie der oder jener Bursche. Ich sollte mir ihretwegen keine Sorgen machen. Ich bin in einem anderen Verein.*

Ich glaube, daß die amerikanische Denkweise, die Sucht, alles nach der Summe von Geld zu beurteilen, die jemand verdient, das Leben der Menschen ruiniert. Ich weiß nicht, wieviel Geld ich habe, und ich bin nicht einmal wirklich daran interessiert, es zu wissen. Wir beschäftigen einen vollamtlichen Buchhalter, also verdienen wir ja wohl Geld. Aber wieviel muß man eigentlich verdienen? Nach einiger Zeit wird es zu so etwas wie einem Spiel. Wissen Sie, die einzige Wirkung, die Geld auf mich hat, ist die, daß es mir bestimmte Sorgen abnimmt. Wenn man arm ist, macht man sich um Geld Sorgen, und das führt dazu, daß man sich auch noch um andere Dinge Sorgen macht. Jetzt brauche ich mich um Geld nicht mehr zu kümmern und fühle mich ganz frei. Aber ich möchte mir keinen Düsenjet oder ein Schwimmbad oder irgendwelchen sonstigen Trödel kaufen. Wissen Sie, wenn man einen Rolls-Royce hat, braucht man jemanden, der ihn fährt. Wenn man ein Schwimmbad hat, muß man sich um seine Instandhaltung kümmern.

Was tue ich also da im Fernsehen, und wozu diese ganze Werbung? Ich bringe dem allgemeinen Publikum eine ganze Menge Musik nahe. Sie werden kaum glauben, wie viele Briefe ich von gewöhnlichen Leuten bekomme, die nie zuvor klassische Musik gehört haben. Diese Leute würden sonst von Anfang bis Ende ihres Lebens nie Bach hören. Sie würden nie einen Konzertsaal betreten. Also muß man ihnen den in ihr Wohnzimmer kommen lassen. Ich bringe Leute mit dem Geist in Berührung, der zwar immer da ist, mit dem sie aber nicht in Berührung sind. Ich meine, Sie konnten manche dieser Leute zuhören *sehen*. Ich brauche nicht über eine besondere Philosophie oder Religion zu reden. Sie ist da. In der Musik.»

Galway heftete seine astigmatischen Augen auf eine Art inneres Licht. Sie waren glänzend, herausfordernd und voller Leben. «Manchmal ist das sehr schwer. Sich um sich selbst herum etwas persönlichen Raum schaffen, den man wirklich braucht. Denn wenn man sich fortwährend verausgabt, braucht man einige Zeit, um einfach nichts zu tun. Nur herumzusitzen. Mein Ideal ist es, acht Monate freie Zeit zu haben. Ich möchte viel mit den Kindern zusammensein, mit meiner Frau. Schwimmen gehen. Vielleicht einen Monat nach Israel reisen. Die Kinder mit nach Irland nehmen.

Oder meine eigenen Sachen erledigen. Ich könnte sogar noch einigen Leuten mehr das Flötespielen beibringen. Inzwischen aber muß ich mich selbst fest in den Sattel setzen.»

Nach dem Konzert lud Galway eine zwanzigköpfige Gruppe zum Essen in eines der kostspieligsten Restaurants von Boston ein. Es wurde Morgen, bevor er sich schlafen legte. Er hatte am nächsten Tag ein Konzert in Portland, Maine, zu geben. Und davor eine weitere Platten-Signierstunde. Dann plante er, ein Flugzeug zu nehmen und nach Hause in die Schweiz zu reisen.

7

Ein europäischer Musiker in Amerika

Am Morgen seines fünfundsiebzigsten Geburtstages, als die antike *horloge* in der Diele ihr kurzes musikalisches Bruchstück beendet hatte und neun Uhr zu schlagen begann, schlüpfte Hugo Burghauser in seine Pantoffeln und ging auf einem Pfad aus Perserteppichen ins große Zimmer seiner Wohnung am Central Park South hinüber. Es war der Raum, in dem er den größten Teil seiner Zeit verbrachte und der so reich mit Erinnerungsstücken an das Musikleben in Europa ausstaffiert war, daß man denken mochte, man sei in Wien und nicht in New York. Da standen Rokoko-Stühle im abgedunkelten Salon; mehrere Barockengel hingen an den Wänden (einen davon hatte er als Geschenk der Wiener Philharmoniker für Arturo Toscanini zum siebzigsten Geburtstag gekauft); zerfledderte Stöße von Konzertprogrammen, die bis ins Jahr 1918 zurückreichten; Porträts von Otto Klemperer, Bruno Walter und Toscanini; eine silberne *Rosenkavalier*-Rose, die er als offizielles Geschenk von der Wiener Staatsoper erhalten hatte, und die Originalpartitur von Richard Strauss' Concertino für Klarinette und Fagott, die der Komponist mit der Widmung «*Hugo Burghauser, dem Getreuen, 1946*» überschrieben hatte.

Burghausers schöne Züge waren seit damals weicher, sein Haar war weiß geworden, aber an seinem fünfundsiebzigsten Geburtstag wahrte er noch immer die aufrechte Haltung und das höfliche Benehmen eines mitteleuropäischen Patriziers. Auch seine Hände waren gut gealtert: sie waren fest und gepflegt, mit langen, schmalen Fingern, die auf einer Klaviertastatur eineinhalb Oktaven greifen konnten. Seine großen haselnußbraunen Augen schienen jetzt weiser dreinzublicken, weniger diabolisch jedenfalls als in seiner Jugend. Tatsächlich hatte die Zeit den Musiker weniger verändert als die Wiener Vorstadt, in der er 1896 zur Welt gekommen war, zu einer Zeit, als noch eine von Pferden gezogene Straßenbahn sie mit Wien verband. Die Hämmer der Hufschmiede waren die einzige Musik bis zwei Uhr nachmittags, wenn der Leierkastenmann den Hof der Burghausers betrat.

In New York verfügte Burghauser über eine hervorragende Stereoanlage mit Tonbandgerät und Fernsehappart. Aber er zog es vor, in seinem Wohnzimmer zu sitzen, ohne alle diese Annehmlichkeiten einzuschalten, und auf das Gurren der Tauben auf dem Fensterbrett, auf das sanfte Rollen der Aufzugtür und das ständige Rauschen des Verkehrs sieben Stockwerke tiefer zu lauschen. Als die Klingel läutete, drang sie deutlich durch die kleine Wohnung, und Burghauser ging mit erwartungsvollem Lächeln, um die Tür zu öffnen.

«Morgen, Herr Professor.» Der Portier begrüßte ihn und händigte ihm einen ganzen Stapel Briefe und Telegramme aus. Der oberste war von der Opernsängerin Lotte Lehmann, die über achtzig Jahre alt war und auf einer Ranch in Santa Barbara in Kalifornien lebte. Sie hatte am selben Tag Geburtstag wie Burghauser und bereits seit vierzig Jahren Grüße mit ihm getauscht. Ein zweites Telegramm kam aus New Jersey und stammte von Maria Jeritza, die Puccini einst die größte Tosca aller Zeiten genannt hatte. Dann gab es Geburtstagsgrüße vom Präsidenten der Wiener Philharmoniker; von Burghausers zweiter Gattin, einer Choreographin und Regisseurin an der Scala; von seiner Tochter in Wien; von vielen früheren Kollegen am Metropolitan Opera House und an der Wiener Staatsoper, mit denen er in den siebenundfünfzig Jahren, seit er Fagott spielte, bei der oder jener Gelegenheit zusammengearbeitet hatte; und von anderen Freunden.

Das Telefon klingelte, als er sie gerade durchsah, und er nahm ab, in Erwartung der Stimme eines weiteren Gratulanten. Statt dessen war John DiJanni am Apparat, der Intendant des Metropolitan Opera Orchestra, der keine Ahnung von Burghausers Geburtstag hatte. Einer der Stamm-Fagottisten der Met war nicht in der Lage, an jenem Nachmittag *Elektra* zu spielen, und er zögerte, einen jungen, unerfahrenen Nachwuchsmann zu bitten, als Ersatz einzuspringen. Würde Burghauser verfügbar sein?

«Natürlich», antwortete Burghauser liebenswürdig, in seinem langsamen, anziehend akzentuierten Englisch. «Es wird mir eine Ehre sein auszuhelfen.»

In den siebziger Jahren verließ Hugo Burghauser etwa zweimal im Monat seinen «Ruhestand», um sich mit seinem Instrument zur Verfügung zu stellen, das das Aussehen eines hölzernen Abflußrohrs oder auch einer maßgefertigten Schrotflinte hat. Burghauser selbst wies gern darauf hin, daß, während Vivaldi, Mozart und Weber noch ganz unbefangen für das Fagott geschrieben hatten, spätere Komponisten es als den «Clown des Orchesters» auffaßten. Prokofjew war sogar so weit gegangen, ein *Scherzo Humoristique* für vier Fagotte zu schreiben, was in Burghausers Augen ähnlich war, wie wenn man für eine Armee von Fröschen schrieb.

Er saß auf einem kleine Brokatsofa in seinem Wohnzimmer und prüfte sein Fagott, indem er sich zu erinnern versuchte, ob er die Klappen diese Woche bereits geölt hatte oder nicht. Das Instrument lag da, in drei Teile aus Ahornholz zerlegt. Wären diese drei Teile «geradlinig» aneinandergefügt worden, zu einem einzigen fortlaufenden Rohr, so hätte das Fagott eine Länge von mehr als zweieinhalb Metern gehabt; in seiner angestammten, gekrümmten Form war das Ende nur noch etwas über einen Meter von Burghausers Lippen entfernt. Er polierte das metallene Mundstück, ein dünnes, in das kleinste der drei Holzteile mündendes Röhrchen, und legte das Instrument dann hin, als die Türklingel erneut läutete. Es war Dr. Brumberger, ein Wiener Zahnarzt, der Burghauser häufig Ratschläge in ärztlichen und anderen Fragen gab und ihm heute alles Gute zum Geburtstag wünschte. Der Fagottist forderte ihn auf, Platz zu nehmen, und setzte dann die Inspektion seines Instrumentes fort.

Einen Überfluß an Fagottisten, die man im 17. Jahrhundert auch scherzhaft «Tieftonholzknüppelvergnügling» nannte, hat es nie gegeben. Das war einer der Gründe, der Burghauser sechzig Jahre zuvor ein Stipendium zum Studium an der Wiener Musikhochschule eingetragen hatte.

Hugo Burghausers Mutter war «eine sehr musikalische Italienerin», deren Vater noch unter Verdis Leitung Flöte gespielt hatte, und sein Vater war ein sudetendeutscher Agronom, der zur Unterhaltung Walzer von Johann Strauß liebte. Er war der Meinung, Musik, insbesondere Theatermusik, verdürbe die Sitten und sei für einen jungen Bürger als Broterwerb untauglich. Er schickte Burghauser auf ein Lehrerseminar. «Es begab sich aber», erinnerte sich Burghauser mit offensichtlichem Vergnügen, «daß ein echter indischer Swami in Wien ankam, der unabsichtlich verantwortlich war für die Erfüllung meines Wunsches, Musik zu studieren. Er hielt Vorträge vor der Wiener Theosophischen Gesellschaft, und eben dort sah ich – durch den Weihrauch hindurch – Louis Thern, einen früheren Schüler von Franz Liszt und Mitglied des Direktorats der Wiener Musikhochschule.»

Burghauser hatte trotz seines Vaters an seinen Hoffnungen auf eine musikalische Laufbahn festgehalten – er hatte seit der Kindheit Klavier gespielt und in einem Kirchenchor gesungen, zusammen mit einem anderen Knaben, der dann heranwuchs und der bekannte Dirigent Joseph Krips wurde –, und er erschmeichelte sich eine Einladung, um vor Thern zu spielen. Thern gab ihm zusätzliche Klavierstunden und ermutigte ihn zum Vorspiel für die Aufnahmeprüfung an der Musikhochschule. Als Burghauser die Aufnahmeprüfung bestand, weigerte sich sein Vater jedoch, ein Musikstudium in welcher Form auch immer zu finanzieren.

Glücklicherweise war der Direktor der Musikhochschule auch der Leiter ihres Orchesters, und dieses Orchester brauchte einen Fagottisten. «Der Direktor hieß Wilhelm Bopp, und er benutzte einen Stock, ähnlich dem Stab, den Napoleon einsetzte, wenn er hoch zu Roß Befehle gab. Wenn wir schwatzten, klopfte Bopp aufs Pult, um Ruhe zu schaffen, wobei der Stock häufig in zwei oder drei Teile zersplitterte und er dann mit dem kleinsten Stück weiterdirigierte. Er betete sein Orchester an, und die Vorstellung, keinen Fagottisten zu haben, brachte ihn beinahe zur Verzweiflung. Irgend jemand muß ihm von den finanziellen Schwierigkeiten erzählt haben, die ich hatte, denn er trat mit dem Vorschlag an mich heran, ich könne alles studieren, was ich nur wollte – bei Befreiung von allen Studiengebühren –, wenn ich nur Fagott spielte. Natürlich hätte ich mich an *jedem* Instrument versucht, um nur ein Stipendium zu bekommen, und ich war so dankbar, daß ich gut genug spielen lernte, um schon im ersten Jahr einen Platz im Orchester zu bekommen.»

Im Jahre 1915, als Burghauser neunzehn Jahre alt war und der Erste Weltkrieg Europa verheerte, wurde er zum 84. Wiener Kavallerieregiment eingezogen, das auf dem Balkan eingesetzt werden sollte. Burghauser erinnert sich noch der Aufschriften an den Güterwaggons, die die Soldaten dorthin transportierten: «Acht Pferde oder vierzig Mann.» Im letzten Augenblick aber erhielt er Befehl, sich beim Musikkorps des Regiments zu melden. Dessen Erster Fagottist, wurde ihm später berichtet, hatte sich die Hände an einem Kessel mit kochendheißem Zuckerguß verbrüht, während er in seiner *patisserie* arbeitete, und war monatelang nicht imstande, sein Instrument zu spielen. Burghauser nahm seinen Platz ein und mußte später erfahren, daß seine ursprüngliche Kompanie in Kämpfen vollständig aufgerieben wurde.

Als der Krieg 1918 schließlich zu Ende ging, war die frühere Hauptstadt der Österreichisch-Ungarischen Doppelmonarchie auf eine jammervolle Durchgangsstation für Tausende arbeitsloser kaiserlicher Offiziere reduziert. Burghauser erinnert sich großer Gemeinschaftsküchen, in denen Suppe und Graubrot gereicht wurde, und an Geschäfte, die mit Kerzenstümpfchen und Azetylen-Gas beleuchtet wurden, das noch lange nach Sonnenuntergang seinen Gestank in den Straßen hinterließ. Er erinnert sich auch, daß Knappheit an Kleidungsstücken herrschte und die Musiker in ihren alten Militäruniformen Konzerte gaben. Aber die Armut und das Elend des Lebens im Wien der Nachkriegszeit entmutigten ihn nicht. Tatsächlich hätten die Bedingungen für einen jungen, am Beginn seiner Laufbahn stehenden Musiker gar nicht besser sein können. Die musikalische Tradition Wiens war ungebrochen, und trotz der ärmlichen Wirtschaftslage waren die Konzerte ausverkauft. Richard Strauss selbst war beim Probespiel des zweiundzwanzigjährigen Burghauser für das Orchester der Wiener Staatsoper zugegen.

«Namen sind bekanntlich Schall und Rauch», sagte Burghauser langsam. «Eine ganze Generation von Musikern hat bereits keine Vorstellung mehr davon, was das Goldene Wien oder das Wiener Ensemble war. Erinnern sie sich an Leo Slezak? An Elisabeth Schumann oder Erich Schmedes? Schaljapin? Ich muß sagen, der Mann war manchmal exzessiv – man hätte meinen können, er habe Drogen genommen! Einmal sang er ein Ständchen, bei dem er sich selbst auf der Laute begleitete, und war mit dem Tempo des Dirigenten unzufrieden. Als die erste Strophe zu Ende war, riß er den Degen aus der Scheide, sprang auf den Souffleurkasten und übernahm für die Dauer der Arie mit dem Degen die Dirigentenfunktion!

Aber denken Sie nur nicht, daß die Dirigenten weniger theatralisch waren. Im Jahre 1920 trat Arthur Nikisch wie ein indischer Fakir gekleidet auf. Immer fiel ihm das Haar über das eine Auge, und die Damen fanden ihn unwiderstehlich romantisch. Bevor er uns den Einsatz gab, wandte er sich dem Publikum zu und fixierte es mit einem charismatischen Blick. Er *hypnotisierte* die Zuhörer, und sogar wir hartgesottenen Musiker fühlten uns wie in Trance. Dann begann das Konzert. Die Leute sagten, daß, wenn Nikisch ans Dirigentenpult getreten und den Stab vor einem leeren Orchestergraben geschwungen hätte, das Publikum doch in der Lage gewesen wäre, die Musik zu *hören*, die er den unbesetzten Stühlen entlockte! Zu der Zeit spielten wir auch unter der Leitung anderer großer Dirigenten wie Bruno Walter, Felix Weingartner, Sir Thomas Beecham und Erich Kleiber. Das waren damals alltägliche Begebenheiten und keine große Seltenheit wie heute, wenn ein Bernstein oder Karajan irgendwo wie ein Zugvogel auftaucht und zwei Wochen später wieder verschwindet. Das waren *unsere* Dirigenten.»

Burghauser hörte auf, sein Instrument zu poliern, und machte sich an die Vorbereitung des Mundstücks. Er nahm ein Rohrblatt, das in einem kleinen Wassernapf zum Einweichen gelegen hatte, und begann mit einem scharfen Messer den oberen Rand auszudünnen. Je dünner die Lippen des Spielers, um so dünner muß das Rohrblatt sein. Also saß Burghauser einige Minuten lang über das etwa zehn Zentimenter lange Rohr-Mundstück gebeugt. Schließlich befestigte er das Rohrblatt am Ende des silbernen Röhrchens, spreizte seine Finger über die Löcher und Klappen des Instrumentes und brachte den Klang hervor, der nach dieser ausladenden Vorbereitung immer wie eine Anti-Klimax wirkte.

Der Wiener Zahnarzt lachte, ebenso der Fagottist.

«Als ich das Fagott-Konzert von Weber bei meinem Examensauftritt an der Musikhochschule spielte», sagte Burghauser, «lachten sie, bevor ich noch auf meinem Stuhl Platz genommen hatte! Das ist vielleicht der Grund dafür, warum Fagottisten zu Beginn des Jahrhunderts so selten waren. Wissen Sie, als Strauss mich 1918 engagierte, hatte er keine große Auswahl!»

Die Wiener Oper bestritt damals eine zehnmonatige Spielzeit und bot fünfzig Opern pro Saison an, sehr viel also, verglichen mit der Metropolitan Opera oder der Scala, die ein halbes Jahrhundert später jeweils nur noch etwa fünfundzwanzig boten. Von Burghauser wurde erwartet, daß er die Partituren aller fünfzig kannte, eine Forderung, die noch dadurch erschwert wurde, daß während des Ersten Weltkrieges die Aufführung aller italienischen Opern untersagt gewesen war und Burghauser manche davon noch nie gehört hatte.

Sein Leben war in den frühen zwanziger Jahren äußerst betriebsam. Weil die Mitglieder des Orchesters der Wiener Staatsoper gleichzeitig als die Wiener Philharmoniker auftraten, hatte Burghauser morgens Opernprobe, spielte abends Opernaufführungen und an den Wochenenden Symphoniekonzerte und unterrichtete zwischendurch an der Musikhochschule noch einige Schüler. Zu einer Zeit, da Reisen noch einen Luxus bedeutete, war das Orchester nahezu jeden Sommer ins Ausland eingeladen.

Im Juni 1922, erinnerte sich Burghauser, schiffte sich das Ensemble nach Südamerika ein. Er hatte nie zuvor den Atlantik überquert, und sogar die Braunkohle, die die Decks der *Principessa Mafalda* überstäubte, entmutigte ihn nicht. Die *Principessa* sank später irgendwo vor der Küste von Brasilien, aber zu jener Zeit war sie geradezu verschwenderisch für Kreuz- und Lustfahrten eingerichtet. «Als wir uns dem Äquator näherten», pflegte Burghauser seinen Freunden zu erzählen, «organisierte die Mannschaft eine großartige Zeremonie. Wir Männer wurden in Kostüme gesteckt, mit falschen Schnurrbärten und gewaltigen Backenbärten ausstaffiert und erhielten die Weisung, uns neben dem Schwimmbecken auf Friseur-Stühlen niederzulassen. Dann kam Neptun mit Dreizack, Pinsel und Rasiermesser, um uns zu rasieren, und dann stürzten seine Assistenten uns mitsamt den Stühlen ins Becken.

Das war alles völlig harmlos, aber einer der Geiger bekam es mit der Angst zu tun, schloß sich in seiner Kabine ein und weigerte sich herauszukommen. Er wurde sofort entdeckt, mit Gewalt herausgeholt und zur Zahlung eines Lösegeldes in Gestalt einer Sonderaufgabe gezwungen: Er mußte durch ein fast zwanzig Meter langes Rohr kriechen, das aussah wie der Schlund einer Boa Constrictor. Nach kaum einem Meter bekam er einen Schreck und wollte rückwärts wieder herauskriechen, aber einer der Seeleute hatte einen Wasserschlauch und spülte ihn jäh damit vorwärts, so daß er beinahe ertrunken am anderen Ende herauskam. Diese Art von Spektakel war auf der *Principessa* üblich.»

Sein ganzes Leben lang war Burghausers berufliches Dasein mit Konzertieren und Üben einer Routine unterworfen, in der sich Aberglauben und Gewohnheit miteinander verbanden. Nachdem er sein Instrument zusammengesteckt und sein Rohrblatt vorbereitet hatte, begann er mit seinen Aufwärmübungen.

Die Uhr in der Diele schlug zwölf, und der Wiener Zahnarzt erhob sich, um zu gehen. Burghauser begleitete ihn zum Aufzug und ging dann in seine winzige Küche hinüber, um sich seinen Tee aufzubrühen, der zusammen mit einer oder zwei Salzstangen sein Mittagessen ausmachte. Man mußte aufpassen, was man aß, bevor man ein Konzert bestritt. Streicher hatten nicht darauf achtzugeben, bei Holzbläsern aber konnte ein voller Magen Gefahren heraufbeschwören und die richtige Atmung erschweren. Er bereitete das Getränk wie üblich zu: ein großer Löffel Honig, eine halbe Tasse starker Earl-Grey-Tee, genügend Milch, um dem Ganzen eine bleiche Färbung zu verleihen, und einige Tropfen Rum aus einer Glaskaraffe. Die Farbe der Mischung war genau die jenes Tee-Ersatzes, den er nach dem Ersten Weltkrieg in Wiener Kaffeehäusern geschlürft hatte. Dank der Devisen, die er von Auslandstourneen besaß, konnte er sich schließlich sogar richtigen Tee leisten.

Nach dem Krieg hatte Burghauser eine Wohnung gemietet und eine junge Bildhauerin geheiratet, mit der er eine Tochter hatte. Und er hatte einen bescheidenen Anteil an der Verwaltungsarbeit der Wiener Philharmoniker übernommen, indem er zuerst beim

Kartenverkauf und anderen Büroarbeiten Hand anlegte und später im Plenum des Orchesters mitdiskutierte.

Richard Strauss wurde von Franz Schalk in der Leitung des Opernhauses abgelöst, und gegen Ende der zwanziger Jahre wurde Schalk durch Klemens Kraus ersetzt. «Er war ein fähiger, aber wenig publikumswirksamer Dirigent, und als es 1929 zum großen Börsenkrach kam, wurden wir uns darüber klar, daß ein Wechsel im Dirigentenamt das einzige war, das uns wieder volle Häuser bescheren konnte.» Burghauser brachte ein neues System von Gastdirigenten in Vorschlag, wobei fünfzig Prozent der Konzerte Kraus zufallen und die andere Hälfte zwischen verschiedenen anderen Dirigenten geteilt werden sollte. Kraus lehnte den Plan ab und wurde, weitgehend aufgrund der Politik von Burghauser, völlig entmachtet. Verschiedene Dirigenten übernahmen seinen Platz, darunter Bruno Walter, Fritz Busch und Otto Klemperer, und bald spielte das Wiener Philharmonische Orchester wieder vor vollen Häusern. 1932 wurde Burghauser, damals sechsunddreißig Jahre alt, zum Vorsitzenden des Orchesterrates gewählt.

Seine erste Maßnahme war die, Arturo Toscanini einzuladen, während der Spielzeit 1933/34 ein Konzert zu dirigieren. Toscanini nahm die Einladung an, und als Burghauser sie offiziell bekanntmachte, erhob sich in der österreichischen Presse ein großer Aufruhr. Ungeachtet seines künstlerischen Weltruhms hatte Toscanini Hitler bereits öffentlich kritisiert und war ein erklärter Gegner der italienischen Faschisten. Er sollte überdies eine bedeutsame Rolle bei Burghausers Flucht aus Europa und seiner Niederlassung in den Vereinigten Staaten spielen.

«Er kam mit dem Nachtzug aus Paris an», erinnerte sich Burghauser. «Er war damals sechsundsechzig Jahre alt, und es war eine lange Reise gewesen. Er sah aus wie ein Priester in seinem schwarzen Alpaka-Gewand mit einer weißen Borte am Kragen. Als er den Konzertsaal betrat, erhob sich das gesamte Orchester. Wir fühlten uns, als seien wir an einem mystischen Sakrament beteiligt, und für mich blieb Toscanini immer ein Priester der Musik. Er wählte Wagners *Meistersinger*-Vorspiel – das erste Mal in fünfzig Jahren, daß ein Italiener in Wien ein solches deutsches Werk dirigierte. Wir waren daran gewöhnt, es eine um die andere Woche in der Oper zu spielen, und hielten unsere Interpretation für völlig selbstverständlich. Toscanini aber verlieh dem Vorspiel eine solche Durchsichtigkeit, daß es für uns klang, als ob wir es zum erstenmal hörten. Er sagte nichts, sang nur hier und da eine Stimme mit oder gab Hinweise zur Dynamik, aber er besaß das, was ich nur einen außergewöhnlich starken musikalischen Willen nennen kann. Den teilte er uns auf vollkommene Weise mit, und wir reagierten darauf wie ein Mann. Die Kritiker übertrafen einander an Lobpreisungen, und für mich war es der Beginn einer Freundschaft, die erst endete, als er 1957 hier starb.»

Burghauser trank seinen Tee aus, stellte seine Rosenthal-Tasse mitsamt der Untertasse in die Spüle und ging ins Bad, um sich zu rasieren, wie er das immer vor einem Auftritt tat. Das Gesicht im Spiegel war angenehm und ausdrucksvoll, Eigenschaften, die einst einen Fotografen der Zeitschrift *Time* gefesselt hatten, der den Fagottisten unter Tausenden von Konzertbesuchern in Tanglewood ausgewählt hatte und sein Gesicht fotografierte, wie er der Musik lauschte. Der Fotograf war sich natürlich nicht bewußt, daß sein «Objekt» einst eine der prominentesten Gestalten der klassischen Musikwelt gewesen war. Neben seiner Präsidentenschaft bei den Wiener Philharmonikern von 1932 bis 1938 war er Professor an der Musikhochschule gewesen, überdies Präsident der Musikergewerkschaft und Musikalischer Sachverständiger beim Obersten Gerichtshof von Österreich. Ebenso bekannt war er als Gatte der Primaballerina Margherita Wallmann, die er nach der Scheidung seiner ersten Ehe geheiratet hatte.

Seine zweite, fünf Jahre dauernde Ehe war «lebhaft», wie Burghauser oft mit nachdenklichem Lächeln sagte. Die Karrieren der beiden Ehepartner zogen häufig lange Trennungen nach sich, desgleichen Bühnenkräche, wenn sie gemeinsam in der Oper arbeiteten. Das Paar führte ein Boheme-Leben, das sie durch ganz Europa und auch nach Amerika führte, und zwar zu einer Zeit, als das Leben für die Mehrheit der Bevölkerung in wachsendem Maße Einschränkungen unterlag.

Im Jahre 1935 verbrachten die Burghausers fünf Monate in Hollywood und arbeiteten beim Bühnenbild bzw. der Filmmusik für den Film *Anna Karenina* mit, in dem Greta Garbo auftrat. Sie bewohnten einen Bungalow unmittelbar neben der Familie von Charles Laughton, kauften sich einen neuen Ford, lernten Autofahren und unternahmen lange Reisen an der kalifornischen Küste. «Gelegentlich bekam ich ein Strafmandat», erinnerte sich Burghauser, «aber das wurde von MGM bezahlt.» Ein Ausflug führte auf einen Marktplatz am Sunset Boulevard, wo ein lächelnder chinesischer Händler ihm eine süße braune Paste in die Hand drückte und der Musiker eine beträchtliche Dosis Peyote hinunterschluckte. Erst nach der Rückkehr zu seinem Haus begann die Droge zu wirken, und er erlebte etwas, was er als eine «ungeheure sexuelle Explosion» beschrieb. Obwohl er den Marktplatz später wieder nach dem chinesischen Händler absuchte, fand er ihn doch nie mehr. Bald wurde er mit anderen Rauschmitteln bekannt gemacht. «Bei Parties wurden gewaltige Mengen Alkohol konsumiert, obwohl doch Prohibition herrschte. In Wien gab es nur gemütliche Zusammenkünfte, bei denen man herumsaß, etwas aß und ein Glas Wein serviert bekam. Als ich in Hollywood zum erstenmal einen Schluck Whiskey probierte, spuckte ich ihn sofort wieder aus, weil ich ihn für ein Insektenvertilgungsmittel hielt. Jetzt trinke ich ihn pur und halte das für eine ganz bezeichnende Veränderung; es gibt einem gegen Ende eines langen Tages *tatsächlich* eine Art Aufschwung. Aber ich habe es nie gelernt, bei Parties so lange zu stehen. Trotz all der luxuriösen Dinge, der Rasenflächen und Schwimmbecken schienen die Leute stundenlang zu stehen. Während eines ganzen Abends im Hause von irgend jemandem setzten sie sich nie auch nur ein *einziges* Mal hin.»

Als die Burghausers nach Wien zurückkehrten, waren die Nazis ganz unübersehbar geworden, aber für Politik interessierte sich das Paar ebensowenig wie ihre übrigen Freunde in Künstlerkreisen, und für die Ereignisse in Deutschland blieben sie taub. Dann wurde der österreichische Bundeskanzler aufgefordert, mit Hitler zusammenzutreffen. Mehrere Musiker, die Burghauser kannte, verließen Österreich unverzüglich, darunter Bronislav Huberman, der gerade in einem Sanatorium seinen Mittagsschlaf hielt, als er durch das aufgeregte Hin und Her geweckt wurde, das der Ankündigung im Radio folgte. Ein anderer Musiker, den die Begleitumstände der

Zusammenkunft in Alarmbereitschaft versetzten, war Toscanini, der Burghauser noch am selben Tag ein Telegramm schickte, um sein für den Sommer geplantes Engagement in Salzburg abzusagen. Burghauser telegrafierte ihm zurück, er sei seiner Meinung nach übertrieben pessimistisch. Vier Wochen später erfolgte der «Anschluß» Österreichs an das Deutsche Reich.

«Wir spielten gerade *Eugen Onegin*», erinnerte sich Burghauser, «und es war einer jener Abende, an denen jeder in der Pause die Neigung verspürte, in den Arkaden des Hauses einen Zug frischer Luft zu schnappen. In dem Augenblick, als wir durch die Innentüren hinaustraten, hörten wir den Lärm und das Geschrei; Panzer und Kanonen rollten über die Ringstraße. Ich erinnere mich, daß wir uns wortlos anschauten. Was sollte man da auch sagen? Wir kehrten in den Orchestergraben zurück und spielten vor einem nahezu leeren Haus.»

Als Burghauser zwei Stunden später das Haus durch den Bühneneingang verließ, erinnerte er sich, hingen die Straßen voller Hakenkreuzfahnen, und endlich erlebte der Fagottist jenes Gefühl von Dringlichkeit, das andere bereits so viel früher empfunden hatten. Obwohl Burghauser selbst katholisch war, hatte er eine Jüdin zur Frau und war als Anti-Nazi und als persönlicher Freund vieler Juden bekannt. Tatsächlich wurde er am nächsten Tag seines Amtes als Präsident der Wiener Philharmoniker enthoben und darüber informiert, daß seine Position an der Musikhochschule mit Ablauf des Jahres beendet sein würde.

Schwerwiegende Entwicklungen folgten auf dem Fuße. Eines Tages fand er bei der Probe ein Exemplar von Julius Streichers antisemitischem Hetzblatt *Der Stürmer* auf seinem Notenpult, mit seinem eigenen Gesicht als Karikatur auf der Titelseite. Er wurde beschuldigt, die Karrieren angehender Nazi-Dirigenten und -Komponisten behindert zu haben. Seine Hauptaufgabe als Präsident der Wiener Philharmoniker hatte in der Tat darin bestanden, Verträge mit Dirigenten auszuhandeln, und er hatte wirklich eine Reihe von Dirigenten abgelehnt, darunter Eugene Ormandy und Fritz Reiner, und zwar einfach deshalb, weil Toscanini, Walter, Weingartner, Furtwängler und Klemperer verfügbar waren. Unter denen, die er abgewiesen hatte, waren auch mehrere fähige Dirigenten, die inzwischen politischen Einfluß erlangt hatten.

Ein zweites, sogar noch gefährlicheres Problem hatte sich aus einem trivialen – in normalen Zeiten eher lächerlichen – Vorfall bei einer Probe entwickelt. Wilhelm Furtwängler war angekommen, um das Orchester zu leiten, als Burghauser gerade wegen einer Mandeloperation im Krankenhaus lag. Er hatte nachmittags eine Probe abgehalten, was eine Abweichung vom Normalrhythmus der Philharmoniker bedeutete, und es hieß, daß er wegen der politischen Situation besonders gereizt sei. Bei der Probe hatte der Cellist, der genau unter dem Pult des Dirigenten saß, offenkundig zuviel zu Mittag gegessen und, nachdem er das Cello zwischen die Knie geklemmt hatte, die obersten Knöpfe seiner Hose geöffnet, um seinem Magen etwas Entlastung zu verschaffen. Der Dirigent bemerkte nichts. Dann griff der Cellist zwischen zwei Sätzen mit der Hand nach dem Notenständer und entblößte sich ganz dramatisch vor dem Dirigenten.

Der Dirigent verließ den Probenraum, und der im Krankenhaus liegende Burghauser, der auf dem Wege der Besserung war, wurde aus dem Bett geholt, um Furtwängler zur Rückkehr zu veranlassen. Es fiel ihm nicht schwer, den Dirigenten zu besänftigen; als er jedoch den Cellisten von dem bevorstehenden Konzert suspendierte, kam es zu einem heftigen Wortwechsel. Der Cellist schimpfte Burghauser einen «Tyrannen», woraufhin Burghauser den Cellisten einen «Anarchisten» nannte. Daraufhin verklagte der Cellist Burghauser wegen übler Nachrede.

Sie erschienen vor einem amüsierten Richter, der sie drängte, sich außergerichtlich zu einigen, und einen Termin für eine zweite Anhörung festsetzte, wenn ihnen das nicht gelingen sollte. Der Cellist blieb unversöhnlich, und zur Zeit der zweiten Anhörung war bereits ein neuer Richter im Amt, der, wie der Cellist, das Parteiabzeichen deutlich sichtbar am Rockaufschlag trug. Es dauerte nur einige Minuten, bis Burghauser wegen übler Nachrede zu einigen Wochen Gefängnis verurteilt war. Vor seinem Haftantritt wurden jedoch in Österreich Wahlen abgehalten, und allen Personen, die sich irgendwelcher Vergehen schuldig gemacht hatten, wurde eine Generalamnestie zuteil.

Der Zwischenfall überzeugte Burghauser, daß er Österreich jetzt verlassen mußte, während sich seine Frau auf einer Tournee durch Argentinien befand. Alle Emigranten wandten sich hoffnungsvoll nach Westen, überlegte er und entschloß sich selbst, nach Osten, nach Budapest, zu gehen. Er schrieb an einen dortigen Konzertagenten und unterbreitete ihm seinen Wunsch nach einigen Kammermusikkonzerten, und schon bald erhielt er eine offizielle Einladung, die es ihm ermöglichte, ohne Paß nach Ungarn einzureisen. Mitglieder der Bürgerwehren waren am Abend des 12. September 1938 dabei, Lautsprecher in den Bäumen zu installieren, als Burghauser Wien verließ. Als er den Bahnhof erreichte, tönte Adolf Hitlers Stimme aus den Lautsprechern, und in der allgemeinen Aufregung waren die Zugschaffner besonders unaufmerksam.

Burghauser, der seine Geburtsurkunde, sein Fagott, seine Einladung und die für Reisende erlaubten 10 Mark bei sich trug, bestieg ohne Zwischenfall den Zug nach Budapest.

Die Uhr in der Diele schlug eins, als Burghauser nach seinem Mantel griff, den Rand seiner schwarzen wollenen Kappe über die Ohren klappte, den Fagottkasten ergriff und sich auf den Weg quer durch den Central Park zum Metropolitan Opera House im Lincoln Center machte. Dreiunddreißig Jahre zuvor hatte er nahezu dieselbe Kleidung getragen, als er in Budapest ankam. Sein letztes Reiseziel war damals Toronto gewesen, wo Sir Ernest MacMillan eine freie Fagott-Stelle hatte, für die er Toscanini um eine Empfehlung gebeten hatte. Der Maestro, wie Burghauser ihn stets nannte, hatte Burghausers Namen vorgeschlagen, und MacMillan hatte ihn unbesehen verpflichtet.

Es würde keinerlei Schwierigkeiten machen, Kanada zu erreichen, wenn er erst einmal in Cherbourg war; das Problem lag darin, nach Frankreich einzureisen, und zwar zu einer Zeit, da die französische Regierung sich weigerte, auf irgendeine Weise mit deutschen Staatsbürgern zusammenzuarbeiten. Burghausers Bemühungen bei der französischen Botschaft in Budapest um einen Laisser-passer erwiesen sich als fruchtlos; also wandte er sich an einen einflußreichen Freund, Graf Esterhazy – dessen Vorfahren die Dienstherren von Josef Haydn gewesen waren.

Der Graf riet ihm, sich südwärts nach Jugoslawien zu wenden und sein Glück bei den dortigen Franzosen zu versuchen. Burghauser tat das, hielt sich bei Freunden auf, die er kennengelernt hatte, als er in Zagreb konzertierte, und telegrafierte seinem Hausmeister in Wien, er möge ihm doch alles für eine lange Reise Erforderliche schicken. Zwei Tage später kam ein Lastwagen an, der ihm nicht nur alle Kleider mitbrachte, sondern auch all die Auszeichnungen, die er als Präsident der Wiener Philharmoniker erhalten hatte – darunter die *Officier d'Académie*-Urkunde, die er 1937 bei der Weltausstellung in Paris für das Orchester entgegengenommen hatte. Als er dieses Dokument den Franzosen präsentierte, wurde ihm bereitwillig ein Transitvisum ausgestellt, und er bestieg eilig einen Zug nach Italien. An der Grenze wurde er aufgefordert, seinen Paß und den Nachweis seiner Freistellung vom Militär vorzuzeigen, aber Burghauser hatte inzwischen den Wert seiner Sammlung von Ehrengaben begriffen. Die Aufforderung des Offiziers mißachtend, zog er seine Ernennungsurkunde zum *Cavaliere Ufficiale dell'Ordine della Corona d'Italia* hervor, und der Mann nahm Haltung an, salutierte und murmelte: *«Va!»*

Einmal in Italien, eilte Burghauser schnurstracks zum Hause Toscaninis in Mailand. Toscanini hatte seine Weigerung, für Nazi-Deutschland oder Österreich zu dirigieren, standhaft aufrechterhalten. Überdies hatte er eine Alternative zu den alljährlichen Salzburger Festspielen gegründet, die er erfinderisch «Die Salzburger Festspiele in Luzern» nannte. Hitler faßte das als unerträgliche Provokation auf, und Mussolini hatte den Maestro unter Hausarrest gestellt, so daß Burghauser keine Mühe hatte, seinen Freund ausfindig zu machen. Zwei Polizisten empfingen ihn an der Tür von Toscaninis Haus, befragten ihn und inspizierten sein Gepäck. Der Maestro war sicher, daß sein Haus für ein Gespräch zu unsicher war, weshalb die beiden Musiker zum Comer See hinausfuhren. Toscanini gab Burghauser eine Liste seiner persönlichen Freunde, die ihm zweifellos Geld für die Überfahrt auf einem Überseedampfer leihen würden, aber als der Fagottist nach Paris kam, klapperte er alle Adressen ohne Erfolg ab. Nach dem letzten Besuch fand er einen Gendarm in seinem Hotel vor, der auf ihn wartete und ihn aufforderte, ihm seine Papiere zu zeigen. Burghauser zeigte ihm seine Transitvisa und wurde davon in Kenntnis gesetzt, daß er Frankreich binnen einer Woche zu verlassen habe oder dorthin zurückgeschafft würde, was jetzt das Großdeutsche Reich hieß.

Am folgenden Tag sah Burghauser einen ihm bekannten amerikanischen Multimillionär wieder, der den größten Teil des Jahres in Versailles lebte, weil er die Amerikaner in wachsendem Maße für vulgär hielt. Der Mann gab verschwenderisch viel Geld für die Kunst aus und patronisierte die Wiener Philharmoniker, wo Burghauser ihm auch begegnet war. Der amerikanische Ästhet schickte einen Rolls-Royce, um Burghauser abholen zu lassen, und beeindruckte den Hoteldirektor damit so nachhaltig, daß der Fagottist nie zur Bezahlung seiner Rechnung aufgefordert wurde. Als sie sich zum Essen niedergelassen hatten, erklärte Burghauser seine mißliche Lage und bat um ein kleines Darlehen, um für seine Überfahrt aufkommen zu können. Der Amerikaner brachte daraufhin, wie Burghauser sich betrübt erinnerte, in ausgezeichnetem Deutsch seine lebenslange Überzeugung zum Ausdruck, daß Freundschaft nie durch Geldangelegenheiten getrübt werden sollte, und lenkte die Unterhaltung auf andere Themen, während der Fagottist sich fragte, wie in aller Welt er je nach Kanada kommen sollte.

Als er später an diesem Tag ins Café Weber kam, wo sich viele Flüchtlinge zusammenfanden, gab man ihm allen Ernstes den Rat, sich der Fremdenlegion anzuschließen. Burghauser war 1922 in Afrika gewesen und davon überzeugt, daß dies, angesichts der mit Sicherheit bevorstehenden Deportation, seine einzige Alternative sei. Er bewarb sich im dazu dienenden Anwerbungsbüro und unterzog sich sogar einer ärztlichen Untersuchung, als ihm ein so unwahrscheinlich glücklicher Zufall zu Hilfe kam, daß er an dieses Wunder noch dreißig Jahre später kaum glauben konnte.

Da er nicht schlafen konnte, stand der Fagottist noch vor dem Morgengrauen auf. Er war überzeugt, seinen letzten Tag als freier Mann zu erleben, und wanderte stundenlang durch die Straßen von Paris. Nur Hausmeister und Dienstmädchen waren zu dieser Zeit auf den Beinen, spritzten Wasser auf die Gehsteige und fegten mit ihren Kehrbesen. Burghauser lenkte seine Schritte zur Place Vendôme, um einen Abschiedsblick auf Chopins Haus zu werfen – eine Art symbolisches Lebewohl an Paris, Europa und Toronto, das er nicht einmal zu Gesicht bekommen hatte. An einer Ecke des Platzes lag das Geschäft des Couturiers Schiaparelli, dessen Schaufenster wunderbar mit Hüten dekoriert war. Während er kurz vor acht Uhr bewundernd davor stand, hörte er das Quietschen von Bremsen hinter sich, und als er sich umdrehte, sah er Signora Carla Toscanini aus einem Taxi steigen.

Der Zufall hatte es gewollt, daß die Toscaninis am vorhergehenden Tage die Ausreiseerlaubnis aus Italien erhalten hatten und sich noch an diesem Nachmittag nach Amerika einschiffen würden. Während ihr Mann frühstückte, hatte Signora Toscanini sich aufgemacht, um sich einen neuen Hut zu kaufen. Burghauser erzählte ihr, was ihm in den neun Tagen zugestoßen war, seit er das Paar in Mailand besucht hatte, und schloß damit, daß sein Eintritt in die französische Fremdenlegion bevorstand. Die Gattin des Maestro gab ihm rasch das Geld, das er brauchte, und der Fagottist kam kurz nach den Toscaninis im New Yorker Hafen an.

Als er schließlich Toronto erreichte, sah sich Burghauser mit einer Gruppe lokaler Journalisten konfrontiert, die ihn zur Lage in Europa befragten und ihn in den zwei Jahren, in denen er in der Stadt spielte, zum bekanntesten Mitglied des Toronto Symphony Orchestra machten. Als aber England Deutschland den Krieg erklärte, war er erneut gezwungen, das Land zu verlassen. Gesetzlich war er noch immer deutscher Staatsangehöriger und hätte als solcher in einem eigens dafür geschaffenen Lager interniert werden müssen. Also kam Burghauser 1940 mit der Hilfe von Toscanini, der jetzt das NBC Symphony Orchestra dirigierte, nach New York. Er war damals Anfang Vierzig und trotz aller Empfehlungen, Auszeichnungen und einflußreichen Freunden praktisch mittellos. Tausende europäischer Musiker waren bereits vor den Nazis in die Vereinigten Staaten geflohen, und die American Federation of Musicians hatte, als protektionistische Maßnahme, einen sechsmonatigen Ortsansässigkeitsnachweis für Orchestermusiker verbindlich gemacht.

Burghauser hatte sich allmählich eine gelassene Sicht der Situation zu eigen gemacht, in der er sich damals befand. «Natürlich», sagte er später, «wenn man vor dem Holocaust flieht, glaubt man, daß sogar das Wohnen unter einer Brücke wünschenswerter ist, als weiterhin in Europa zu bleiben. Aber wenn man schließlich unter dieser Brücke ankommt, scheint sie einem zum Leben ganz ungeeignet – so rasch vergißt man den Zwang der Notwendigkeit. Anfangs wohnte ich in einem Zimmer für drei Dollar die Woche, mit einem Bad, das ich mit zehn anderen Mietern zu teilen hatte. Dauernd gab es da Krach und Schmutz, ein gewaltiger Gegensatz zu meinem früheren Lebensstandard, und aus diesem Grunde hielt ich die Anonymität für einen Segen. Sie läßt einen mit seinem verwundeten Stolz allein, ohne daß jemand mit dem Finger auf einen zeigt, und ist tatsächlich ein großer Schutz.»

Dieselbe Anonymität tat Hugo Burghauser aber auch weh. Als ein Flüchtlingsbüro ihm eine Unterkunft mit einem Wohnungsgenossen besorgte, weigerte der Mann sich anfangs, mit dem Fagottisten zu sprechen, weil er glaubte, Burghauser sei ein Gestapo-Agent; erst nach mehreren Wochen ließ er sich vom Gegenteil überzeugen. An manchen Abenden ging Burghauser auf Parties wohlhabender Amerikaner, die ihres gesellschaftlichen Status' beraubte mitteleuropäische Adelige, Politiker ohne Wahlkreis und Künstler ohne Bühne begönnerten. An anderen Abenden wurde er von Musikern oder Musik-Verwaltern von oben herab behandelt, die es eigentlich besser hätten wissen sollen. New York war mit Flüchtlingen und Vertriebenen geradezu vollgestopft, und man pflegte bereits zu sagen, daß jeder Dachshund aus Europa hier herumlief und vorgab, früher ein Bernhardiner gewesen zu sein. «Sie sind der fünfte, dem ich begegne, der behauptet, Präsident der Wiener Philharmoniker gewesen zu sein», schnaubte der Manager des NBC Symphony Orchestra, nachdem Burghauser sechs Monate in den Vereinigten Staaten war und als Fagottist verpflichtet wurde. Burghauser erinnert sich, zu überrascht gewesen zu sein, um etwas zu entgegnen, und zu verlegen, um den Männern entgegenzutreten, die behaupteten, das zu sein, was er selbst gewesen war.

«Meine Ansicht war, daß ich alle meine Auszeichnungen durch bloßen Zufall erhalten hatte», pflegte er zu sagen, wenn er über diese Phase seiner Laufbahn befragt wurde. Oder: «Wenn man sich zu seiner eigenen Zufriedenheit bewährt hat und dann von einer Plage wie Hitler betroffen wird, ist man an seinem Untergang völlig unschuldig. Wofür brauchte ich denn die Anerkennung von Fremden? *Berühmte* Leute wurden in New York zu völlig unbedeutenden Insekten wie die anderen degradiert. So schlecht war das gar nicht. In Wien konnte ich nicht mit einer Dame zum Essen gehen, ohne daß in irgendeiner Klatschspalte eine Notiz darüber erschien. Hier war ich plötzlich frei und unbehelligt.»

Hugo Burghauser hielt im Gehen inne und stellte sein Fagottfutteral auf einer der Parkbänke ab, die den Weg säumten, den er immer zum Lincoln Center ging. Das Futteral war aus weichem schwarzem Leder gearbeitet und sah aus wie eine stark verlängerte Arzt-Tasche – einer der Gründe dafür, weshalb ihn die Leute an der Met «Doktor» nannten. Die Luft war frisch, und Flecken von gefrorenem Schnee sprenkelten den Erdboden, aber dennoch spielten einige junge Männer in Sweatshirts Baseball. «Erst nach langer Zeit versteht man die sorglose Art der Amerikaner», sagte er. «Zu Anfang, als ich herkam, sah ich nur die Unbekümmertheit, die Halsabschneiderei und die Zügellosigkeit. Die Rivalität in der Musikwelt war schrecklich, als ich ankam. Vielleicht ist das auf der ganzen Welt so, aber nirgendwo so ungehemmt wie in New York. Ein Neuling kann da nur entsetzt und davon abgestoßen sein.»

Burghauser mochte sich nicht bei den Zurücksetzungen aufhalten, die er als Neuankömmling über sich ergehen zu lassen hatte, vor allem nicht die, die sich daraus ergaben, daß er ein deutscher Nichtjude war. Ihm wurde oft gesagt, daß New York eine jüdische Stadt sei, daß die Musikwelt spezifisch jüdisch sei und daß er als Deutscher als unerwünscht gelte. Im Jahre 1942, als sein Vertrag mit dem NBC Symphony Orchestra zur Verlängerung anstand, wurde er nicht erneuert, und Burghauser sah sich de facto vom Orchester-Manager entlassen. Aber da Fagott-Virtuosen sogar im New York der Kriegszeit schwer zu beschaffen waren, wurde er bald darauf vom Metropolitan Opera Orchestra verpflichtet.

An der Met kam es häufig vor, daß Burghauser aus dem Orchestergraben in die Gesichter von Leuten schaute, die er auf der anderen Seite des Atlantiks gekannt hatte. So erinnerte er sich des Generalmanagers Rudolf Bing als eines Angestellten in einer Wiener Buchhandlung, und George Szell hatte er als jungen Pianisten an der Wiener Musikhochschule gekannt. Sein früherer Nachbar in

Wien, Louis Rothschild, saß in der ersten Sitzreihe und trug Burghauser in der Pause den neuesten Wiener Klatsch zu. Der Krieg hatte die Stars der Wiener Oper über die ganze Welt verstreut, aber einer nach dem anderen tauchten sie auf der Bühne der Met wieder auf. Eines Abends bekam Burghauser auch den amerikanischen Multimillionär zu Gesicht, der ihm das Geld für die Überfahrt nach Amerika abgeschlagen hatte, aber inzwischen hatte der Fagottist ihn bereits in die hintersten Winkel seines Gedächtnisses verbannt.

«Hier kommt das alte Schlachtroß noch einmal», sagte Hugo Burghauser und verzog angesichts der vor dem Lincoln Center vorbeibrausenden Lastwagen das Gesicht zu einer Grimasse. Richard Strauss hatte das in London zu ihm gesagt, als er mit vierundachtzig Jahren sein letztes Konzert dirigierte. Burghauser verschwand hinter dem Pförtner des Bühneneingangs der Met, der ihn, wie die Krankenschwester des Hauses, fortgesetzt «Maestro» nannte.

«Servus», grüßte er ein Paar von Musikern. «*Ciao caro*», sagte er zu einem anderen, der seinen Arm nahm, als sie gemeinsam den gelben Korridor hinuntergingen, der zu ihrer Garderobe führte. Ein großer Abstand trennte die Hinterräume der Bühne von der samtroten Üppigkeit auf der anderen Seite des Vorhangs, und doch war Burghauser davon überzeugt, daß ihnen jene besondere Hysterie entströme, wie sie nur die Oper erzeugen kann. «Die Sprechbühne ist für Verrückte bestimmt», pflegte er zu sagen, wie es in Wien hieß, «aber die Oper ist für Unheilbare.»

Das Benehmen des amerikanischen Opernpublikums hatte Burghauser Entsetzen eingeflößt, seit er das erste Mal an der Met gespielt hatte. Es schockierte ihn, daß Nachzügler noch während des ersten Aktes ihre Plätze angewiesen bekamen und oft noch im zweiten oder dritten Akt betrunken in den Saal taumeln durften, nachdem sie lange an der Opernbar verweilt hatten. «Sie redeten, als ob sie in einer Cafeteria wären, und hatten – was das Störendste war – unweigerlich Plätze zehn oder zwölf Sitze weit in einer Reihe. Zehn Leute mußten aufstehen, schlurfen, ihre Programme hinlegen und sich dann wieder setzen. Gustav Mahler hatte sich ein derartiges Benehmen bei *Aristokraten* im Wien der Jahrhundertwende verbeten, und hier nahm sich der Bourgeois – unschuldig, aber durch und durch ungebildet – derartige Freiheiten heraus!»

Burghauser nickte einer kleinen Gruppe von jungen Musikern zu, als er sich in der Garderobe hinsetzte. Auch sie benahmen sich, jedenfalls in seinem Sinne, anstößig. «Als ich am New York College of Music unterrichtete, bereiteten meine Schüler sich nie ordentlich auf ihre Stunden vor», erzählte Burghauser manchmal seinen Kollegen. «Wenn ich sie wegen ihres mangelnden Fleißes ermahnte, ergriffen sie die Offensive und sagten: ‹Wieviel kann ich denn mit dem Zeug da verdienen?› Ich konnte nur antworten, daß sie zuallererst besser spielen lernen müßten, um überhaupt etwas zu verdienen. Bei dieser geschäftsmännischen Einstellung ist es natürlich unmöglich, gute Musiker auszubilden, und eben auch keine guten Zuhörer.

Die Amerikaner sind so begeistert in ihrer Unwissenheit. Die kleinste Andeutung eines Vorhangs löst schon donnernden Applaus aus, was bei jedem Akt verhängnisvoll ist, der mit einer leisen Orchesterpassage schließt. Man könnte meinen, daß sie in die Oper gehen, um zu sehen, anstatt zu hören.»

Er setzte sein Fagott an diesem Tage zum zweiten Mal zusammen, wobei er auf einem Plastikstuhl im Musikerraum saß. In Wien blieben die Instrumente bei überwachter und gleichbleibender Temperatur im Opernhaus, was ihnen, wie Burghauser sagte, ein sehr viel feineres Timbre verlieh als bei Instrumenten, die in der Kälte hin- und zurücktransportiert wurden. Sein Fagott war unterkühlt und klang beinahe einen Viertelton tiefer als bei Normaltemperatur. Aus eben diesem Grunde traf Burghauser immer schon vorzeitig in der Met ein. Piccolo-Flötisten steckten sich ihr Instrument häufig in die Brusttasche, um es aufzuwärmen, aber weil das mit einem Fagott unmöglich war, mußte er statt dessen einige Aufwärm-Übungen spielen.

«Der Doktor ist da», rief ein Klarinettist, und Stephen Maxim, der Erste Fagottist der Met, kam zu einem Schwatz herbei. Zwischen den beiden Männern bestand eine freundschaftliche Beziehung, weil sie sich gemeinsam für Aufführungen unter Bedingungen vorbereitet hatten, die jeder Opernbesucher, der sie einige Minuten später beim Spielen beobachtete, für nahezu unglaublich gehalten hätte. In Washington, D. C., hatten sie ihre Konzertkleidung in behelfsmäßigen Armeezelten anlegen müssen, während der Wind heulte und die Zeltbahnen sie umflatterten. In Houston hatten sie ihre Instrumente über Nacht in einem Auditorium gelassen, und der Klarinettist mußte am folgenden Tage Küchenschaben aus seinem Instrument blasen. In Atlanta hatte der Zug mit den Bühnenbildern und Kostümen Verspätung, so daß die Truppe den ersten Akt von *Carmen* in Straßenkleidung, den zweiten mit den Solisten in Kostümen spielen mußte und erst im dritten Akt alle Beteiligten ihrer Rolle entsprechend gekleidet auftreten konnten. Die übelste aller Städte aber war in Burghausers Vorstellung Dallas. Von dem Augenblick an, da er ein von Revolverkugeln durchsiebtes Verkehrszeichen gesehen hatte, war er überzeugt, daß dies die gefährlichste Stadt Amerikas sei.

An einem glühendheißen Sonntag nachmittag des Jahres 1956 hatte Burghauser versucht, ein Taxi zu finden, das ihn zum Messegelände außerhalb der Stadt brächte, wo die Met eine Vorstellung gab. Als er an einer Verkehrsampel stehenblieb, fuhr ein Cadillac an den Bordstein heran, und die junge Frau am Steuerrad fragte ihn, ob er mitgenommen werden wolle. Burghauser hielt sie für eine Opernliebhaberin, wie er beteuerte, und da bis zur Vorstellung noch Zeit war, lud er sie zum Essen ein. Sie willigte ein, erklärte, daß sie ein gutes Lokal kenne, und bog von der Hauptstraße ab. Sie erzählte ihm, erinnerte er sich, daß ihre Familienangehörigen auf der Jagd seien und sie sich unerträglich einsam fühle; dann hatte sie die Zündung ausgeschaltet und sich ihm auf den Schoß gesetzt. Burghauser erinnerte sich an einen Hauch von französischem Parfüm, bevor ein zweiter Wagen hinter ihnen auftauchte und vier athletische junge Männer heraussprangen.

«Irgendwelche Wertgegenstände dabei?» fragte einer von ihnen Burghauser.

«Ich bitte um Verzeihung», sagte Burghauser, in der Meinung, dies sei ein Raubüberfall der Art, wie er ihn in Filmen gesehen hatte, aber nicht zur Kooperation aufgelegt. «Ich bin mit dieser jungen Dame auf dem Wege zur Oper.»

Der erste Mann hielt ihm ein Sheriff-Abzeichen vor die Nase und befahl ihm, aus dem Wagen auszusteigen.

Die Fahrerin wurde wegen Straßenprostitution unter Arrest gestellt.

Burghauser legte Maxim seine langfingrige Hand auf die Schulter und stand auf. Seit seiner Pensionierung vor sieben Jahren sah er seine Kollegen weniger, als ihm lieb war. Maxim griff nach seinem eigenen Instrument, und die beiden Männer gingen den engen Treppengang zum Orchestergraben hinunter. Von Burghausers Platz aus sah das Haus wie ein gigantisches Planetarium aus, mit Tausenden von kleinen Sternchen, die von den dichtbesetzten Rängen herabfunkelten. Die Kristalleuchter, ein Geschenk des österreichischen Staates, schwebten langsam zur Decke empor, und Stille verbreitete sich im Publikum.

Dr. Karl Böhm trat ans Dirigentenpult, begrüßte das Publikum mit einem raschen Lächeln und wandte sich dann dem Orchester zu. Burghauser hatte *Elektra* häufig unter der Leitung des Komponisten gespielt und kannte die Oper beinahe auswendig. Er hielt seine Augen starr auf das schwachbeleuchtete Gesicht des Dirigenten gerichtet, bis Böhm zu ihm herüberschaute, um ihm einen Fagotteinsatz zu geben, mit einem Funken von Überraschung, als er seinen alten Freund erkannte. Sie waren einander zum erstenmal im Sommer1933 begegnet, als Burghauser Böhm einlud, die Wiener Philharmoniker zu dirigieren. Der junge Dirigent hatte gute Kritiken erhalten, und Burghauser hatte seine Laufbahn seither stetig verfolgt. Seine Genauigkeit bei der Leitung der schwierigen Partitur von *Elektra* beeindruckte den Fagottisten noch jetzt; er erinnerte sich, daß der Komponist selbst nicht in der Lage gewesen war, sein Werk zu dirigieren, als die Oper 1909 in Dresden uraufgeführt worden war.

Burghauser war von den verschiedenartigen Anforderungen beeindruckt, die an Dirigenten von symphonischer und Opernmusik gestellt wurden. «Der Konzertdirigent ist der Brennpunkt des musikalischen Geschehens», sagte er oft. «Im Konzertsaal gibt es keinerlei Einmischung in seine Leitung. In der Oper aber muß der Dirigent mehrere Gruppen von Musikern koordinieren, darunter einige, die sowohl *dramatische* als auch rein musikalische Rollen spielen. Häufig zwingen die Anforderungen des Dramas die Sänger, den vom Dirigenten vorgegebenen rhythmischen Rahmen zu sprengen. Dann muß er flexibel genug sein, sich den Sängern anzupassen, aber auch so sicher, daß er die Musiker wirklich lenken kann. Das ist eine äußerst anspruchsvolle Aufgabe, die mit der Effekthascherei, die bei den Dirigenten hier in Amerika so beliebt ist, nicht erfüllt werden kann.»

Burghauser lächelte, wenn er sich daran erinnerte, wie Leonard Bernstein *Falstaff* an der Met dirigierte. Bernstein hatte die Benutzung einer Partitur abgelehnt und beeindruckte das Orchester mit seiner völligen Beherrschung des Notentextes. Aber sein Überschwang – den Burghauser schon immer für eine spezifisch amerikanische Eigenschaft gehalten hatte – war dem Fagottisten als übertrieben vorgekommen. «Wer so hoch in die Luft springt, kann nicht mit Sicherheit ausrechnen, wann er wieder herunterkommt», sagte Burghauser, «und wenn er dann tatsächlich herunterkam, wirkte das manchmal wie ein unbedachter Einsatz von großer Trommel und Becken, der den Rhythmus des ganzen Ensembles durcheinanderbrachte und sogar Mr. Bernstein selbst überraschte. Aber diese Art von Theatralik gehört halt zu diesem Berufsstand. Eitelkeit ist so etwas wie die Berufskrankheit der Dirigenten. Eben deshalb entzog Wagner Orchestergraben und Dirigentenpult der Sicht des Publikums. Toscanini pflegte zu sagen, in Bayreuth sei ‹der Clown nie sichtbar›, und ich muß sagen, daß er recht hatte.»

Burghauser erinnerte sich dieser Worte immer dann, wenn Dimitri Mitropoulos an der Met dirigierte. Mitropoulos war in seiner Jugend griechisch-orthodoxer Mönch gewesen, und Burghauser konnte nicht fassen, wie eine solch bescheidene, disziplinierte Lebensweise einen Menschen dazu bringen konnte, auf vier Scheinwerfern rund um sein Pult zu bestehen, die «seinen Körper wie eine Skulptur in einem dunklen Museum» beleuchteten. Mitropoulos dirigierte wie Bernstein mit weit ausholenden, übertriebenen Bewegungen. Es war nicht nur schwierig, daraus seine Intentionen zu entnehmen, sondern diese Gesten wurden auch, ungeheuer vergrößert, an die Decke des Opernhauses projiziert, so daß die Zuschauer einer Darbietung wilden Schattenboxens ausgesetzt waren.

Mitropoulos repräsentierte, wie Burghauser sagte, aber nur das eine Ende des Spektrums. Am anderen stand Fritz Reiner. Ein Zuchtmeister, der beinahe das halbe Orchester gefeuert hatte, als er es übernahm, legte Reiner das unangenehmste Gehabe an den Tag, dem Burghauser bei einem Dirigenten je begegnet war, und sein

Dirigieren selbst war mikroskopisch. «Wenn ein Sänger mangelhaftes Sehvermögen hatte», sagte Burghauser, «war er in Verlegenheit, und auch wir Musiker hatten Schwierigkeiten damit, die Bewegungen seines Stabes zu erkennen und zu unterscheiden. Eines Abends brachte bei einem Konzert ein Kontrabassist (der ungefähr zehn Meter vom Dirigenten entfernt sitzt) ein Teleskop in Stellung, das er in eben dem Augenblick ans Auge führte, als Reiner zu dirigieren begann. Reiner, der selbst vorzügliche Augen hatte, merkte sich den Mann und entließ ihn später aus dem Orchester. Aber sein Stil brachte genau die Wirkung hervor, die er sich wünschte; wir spielten dreimal so aufmerksam für ihn wie für jeden anderen, weil wir in Angst und Schrecken lebten, einen Einsatz zu verpassen.»

Wilhelm Furtwängler war, wie sich Burghauser erinnerte, ganz anders gewesen; vom Platz des Fagottisten aus hatte er immer wie ein heldenhafter Schiefer Turm von Pisa ausgeschaut, der der Schwerkraft trotzte, indem er in Schräglage dirigierte. «Furtwängler war ein faustischer Charakter mit dem Wesen eines Alchimisten», erzählte Burghauser häufig seinen amerikanischen Kollegen. «Er glaubte, daß seine Ideen sich dem Orchester auf telepathischem Wege mitteilten. Tatsächlich waren seine Augen, sein Gesicht und sein fortgesetztes Kopfschütteln ein weitaus besserer Hinweis auf das, was er tat und wünschte, als sein Stab, der vibrierte wie ein Flügel eines ängstlichen Schmetterlings. Er war wie ein Gyroskop: Wenn das Ensemble auseinanderfiel, wußte er sofort, welche Instrumentengruppe bummelte, und stellte die Balance und das Zusammenspiel wieder her. Als ein Paukist dreimal um einen deutlicheren Einsatz bat, war Furtwängler beleidigt und verließ die Probe.»

Einer der wenigen Dirigenten aus Burghausers Bekanntschaft, der fähig war, seinen Hochmut durch Humor zu zügeln, war Sir Thomas Beecham, der während des Krieges an der Met dirigierte. «Er war etwa sechzig Jahre alt und seinem Gehabe nach sehr britisch, mit einem grauen Spitzbart, der ihm das Aussehen eines Franzosen aus dem 19. Jahrhundert verlieh. Er kam herein, eine lange Zigarre à la Churchill rauchend, und ließ keine Gelegenheit aus, für Unterhaltung zu sorgen.» Als einmal ein Chormitglied bei *Hoffmanns Erzählungen* in eine in der Partitur vorgeschriebene Pause hineinsang, senkte Beecham seinen Stab, runzelte die Augenbrauen und fragte: «Wer ist der Schuldige?» Als nach einer kurzen Pause ein kleiner Mann in die Mitte der Bühne trat und sagte: «Sir Thomas, das war ich», schwenkte Beecham großartig seinen Stab und erklärte: «Man entferne diesen Mann.»

Das Orchester vermißte ihn in den folgenden Jahren sehr. Es spielte dann unter der Leitung von Erich Leinsdorf, der, wie sich Burghauser erinnerte, den Spitznamen «Mr. Univac» hatte, und unter George Szell, der als noch gestrenger galt als Leinsdorf. «Beide waren Perfektionisten, und Szell war unnachgiebig bis zu dem Punkt, daß er ein Orchestermitglied entließ, wenn es mehr als zwei Fehler gemacht hatte. Leinsdorf dirigierte in einer Art Signal-Stil. Er war in der Lage, auch die kompliziertesten Partituren durchzustehen, aber wenn man sich vorstellt, daß Musik, wenn sie geschrieben wird, wie kochendheiße Lava ist, dann erstarrte in dem Augenblick, da Leinsdorf den Stab hob, der flüssige Strom auf der Stelle.»

Mit einer tiefen Verbeugung wandte sich Dr. Karl Böhm um, um eine stehende Ovation entgegenzunehmen, die ihm das Publikum des Metropolitan Opera House darbrachte. Er forderte das Orchester auf, sich zu erheben und sich zu verbeugen, und stieg dann vom Pult herab, aber nur um sich alsbald erneut zu verbeugen. Als das Publikum schließlich den Ausgängen entgegenzustreben begann, stand Hugo Burghauser auf und folgte Maxim die Stufen hinauf und in den Musikerraum. Das Orchester hatte sich zu einer Abschiedsparty für Böhm zusammengefunden, der in sein Heim nach Bayern zurückkehrte. Als Burghauser sich zu der Party einfand, wurde er von einem Großteil der Holzbläser der Met bedrängt.

«Wir haben dieses Jahr *vier* Krankheitsfälle», sagte einer der älteren Spieler zu ihm. «Zwei Augenoperationen und zwei Fälle von Magenschmerzen. Aber ich muß sagen, Sie selbst schauen sehr gesund aus.»

Burghauser straffte die Schultern und zog den Bauch ein, erleichtert und geschmeichelt.

«Und heute feiert Hugo seinen Fünfundsiebzigsten», warf Lenny Hindel ein, Burghausers Nachfolger an der Met. «Ich weiß gar nicht, was er mit all seiner Freizeit anfängt.»

«Mein Freund», sagte Burghauser, einen schmalen Finger hebend, «wenn man sich in dieser Stadt nach Zerstreuung umsieht, findet man sicher mehr, als man verkraften kann. Zu Hause bleiben und Radio hören, das ist schon genug. Die Musik ist besser, und es gibt keine Damen, die neben einem ihre Handtaschen aufklappen und nach ihren Handschuhen suchen. Dem Fernsehen gehe ich eher aus dem Wege. Es ermüdet die Augen, und ich habe nie etwas gefunden, obwohl ich alle dreizehn Kanäle abgesucht habe, das mein Interesse hätte fesseln können.»

Hindel war im Begriff, ihn herauszufordern, als der Raum vom Blitzlichtgewitter der Fotografen erhellt wurde und Karl Böhm die erste Flasche Moselwein öffnete. Er brachte einen Toast auf die Musiker für ihre großartige Aufführung aus, und als er geendet hatte, stimmte die Gruppe ein lautes «Happy Birthday» zu Ehren von Burghauser an. Böhm drängte sich durch die Menge zu dem Fagottisten hin und drückte ihm, sein Gesicht in beide Hände nehmend, einen Kuß auf beide Wangen, bis Burghauser vor Freude errötete.

«Was fangen Sie nun wirklich mit Ihrer freien Zeit an?» fragte Stephen Maxim, als der Fagottist zurückkehrte. «Sie müssen eine Freundin haben. Sonst wäre das Leben ja totale Langeweile.»

Burghauser wischte den Ausdruck Langeweile beiseite.

«Ich habe nie Langeweile. Das ist ganz unmöglich. Da ist Carnegie Hall, da ist das Theater, die Kinos. Und ich muß noch so vieles lesen. Natürlich habe ich Dostojewski, Musil, Tolstoi, Gogol, von Doderer bereits gelesen. Aber ich habe den brennenden Wunsch, sie alle noch einmal zu lesen, und ich fürchte, ich habe gar nicht mehr genug Zeit dazu. Wenigstens zweimal wöchentlich besuche ich Opern- oder Konzertproben. Und wenn ich mich wirklich einmal langweile – was vorkommen *kann*, wenn sie Berg oder Webern proben –, gehe ich einfach hinaus! Das ist ein echter Segen, weil ich früher, wenn ich eine Komposition nicht mochte, trotzdem dasitzen und eine regelrechte akustische Tortur ertragen mußte.»

«Geben Sie es zu, Hugo», stichelte der Fagottist David Manchester, «Sie hatten es satt.»

«Ich *hatte* es satt», räumte Burghauser bereitwillig ein. «Fünf mal wöchentlich vier Stunden Probe und dann abends weitere vier Stunden Aufführung, und das fünfzig Jahre lang, das nützt einen geistig und körperlich ab. Darüber hinaus herrscht an der Spitze ein regelrechter Mangel an fähiger künstlerischer Leitung, und man spielt für einen Klempner, der alles uninteressant macht und verflacht. Keine noch so gute Schauspielerei oder Sängerleistung, kein noch so gutes Bühnenbild kann einer langweiligen Interpretation auf die Beine helfen, und dann ist der einzige Trost die materielle Entschädigung.»

Er legte seine langfingrige Hand auf Manchesters Arm.

«Vor vierzig Jahren, als ich Professor in Wien war, herrschten noch andere Sitten. Da gab es die Bohemiens, die sorglos und vielleicht nicht immer so sauber gewaschen, aber ihrer Kunst ungeheuer ergeben waren. Nicht so wie hier. Wenn ein Lehrer einen Unterrichtsraum betritt, sind sie nicht einmal verpflichtet aufzustehen, so wie Bing *uns* aufstehen ließ, wenn ein drittklassiger Dirigent hereinkam. In der Zeitung steht, daß Lehrerinnen sogar vergewaltigt werden! Die jungen Leute hier sind wie atavistische junge Tiere, und wenn sie ihre Plätze im Orchester einnehmen, kann man sehen, was dieser Mangel an Disziplin da angerichtet hat. All die Feinheiten in der Musik sind so schwer zu vermitteln, wenn der junge Bursche nicht in der Lage ist, Disziplin zu wahren.

Es reicht nicht, einfach nur fehlerlos zu spielen. Er muß sich auf den Dirigenten konzentrieren können – der wirklich ein Lehrer ist – und zu verstehen versuchen, was er sagt. Ein Schüler, der seinen Lehrern ständig widersprochen hat, kann das nicht, und das Ergebnis hört man dann, meint ihr nicht?»

Die Gruppe von Männern um ihn herum lachte und schwatzte und strebte schließlich auseinander, weil jeder Spieler an diesem Abend noch eine zweite Vorstellung zu absolvieren hatte. Burghauser ging in eine Ecke des Raumes hinüber, wo Böhm gerade eine Flasche Wein austrank.

«Wo sehen wir uns diesen Sommer?» fragte der Dirigent, und Burghauser erzählte ihm, daß er, wie gewöhnlich, im August in Bad Reichenhall sein würde.

«Machen Sie eine Kur?» fragte ihn Böhm.

«Meine einzige Kur ist Ruhe», sagte Burghauser. «Wenn man mitten in Manhattan lebt, leidet man schrecklich unter der gestörten Ökologie und braucht dringend einmal jährlich eine Atempause. Im Juli fahre ich an den Vierwaldstätter See, wo das Dorf nur zwei Gebäude hat, und das eine davon ist das Hotel. Es ist wie ein von der Natur selbst geschaffenes Sanatorium, inmitten von Wiesen, Seen und Bergen. Nur die Annehmlichkeiten sind von den Menschen hingeschafft worden. Die Luft ist vollkommen rein, und man hört den ganzen Tag über kaum Lärm, ausgenommen ein kleines Boot, das sich alle zwei Stunden einmal dem Ufer nähert und dabei kurze, zischende Pfeifgeräusche macht.»

Burghauser pfiff, und Böhm lächelte.

Mehrere Minuten lang blieben sie schweigend am Tisch sitzen. Dann reichte Böhm Burghauser die letzte Flasche Wein aus dem Gebinde von sechsen, die er für die Party gestiftet hatte. Die beiden Männer – der eine fünfundsiebzig, der andere siebenundsiebzig – umarmten sich in dem jetzt leeren Raum. Dann schritt Burghauser den Korridor hinab, holte sich sein Instrument und kehrte durch den dunkel werdenden Park nach Hause zurück.*

* Hugo Burghauser starb im Dezember 1982 in New York im Alter von 86 Jahren.

8

Das Juilliard-Quartett: Szenen einer Ehe

Erste Violine:	Habt ihr den *New Yorker* gesehen? Offenbar mißfiel ihm unser Bartók.
Cello:	Welcher Bartók?
Bratsche:	Er kritisiert gerade unseren Klang. Er sagt ‹dünn und unsinnlich›.
Cello:	Schick die Kritik an die *New York Times*, und schick die aus der *New York Times* an den *New Yorker*! Die *New York Times* schrieb, wir waren viel zu gefällig . . .
Erste Violine:	Ich weiß, ich weiß . . .
Zweite Violine:	Wen kümmert's?
Cello:	Habt ihr die Alan-Rich-Besprechung gesehen?
Erste Violine:	Nun, *das* war doch wirklich die tollste Kritik des Jahres!

Wenn ein Streichquartett, wie das manche Spieler sagen, ein Paradigma menschlicher Beziehungen ist, war das Juilliard-Quartett im Jahre 1981 das Musterbeispiel einer modernen Ehe. Obwohl es bereits seit fünfunddreißig Jahren bestand und den Überschwang der ersten Jahrzehnte hinter sich zu haben schien, blühte es doch immer noch unter einem Rausch an Gefühlen auf, vor dem die meisten Menschen sich fürchten. Trotz fünf Trennungen, drei Wohnsitzwechseln und dem Zeitplan von *workaholics* hatte ihre Gemeinschaft länger Bestand gehabt und war verschwenderischer gelobt worden als jedes andere Quartett in den Vereinigten Staaten.

Mit Ausnahme des Sommers, wenn sie getrennte Wege gingen, verbrachten der Erste Geiger Robert Mann, der Zweite Geiger Earl Carlyss, der Bratschist Samuel Rhodes und der Cellist Joel Krosnick mehr Zeit miteinander als mit ihren Familien. Sie probten und führten Programme auf, die aus den über 500 Kammermusikwerken ausgewählt waren, die ihr Repertoire bildeten; sie gaben Solokonzerte und traten zusammen mit anderen Künstlern auf; sie unterrichteten vierundzwanzig Nachwuchs-Quartette an der Juilliard School und wohnten manchmal Auftritten des Concord, des LaSalle, des American, des Emerson, des New Yorker oder des Tokioter Streichquartetts bei – deren Mitglieder allesamt ihre Schüler waren. Dreimal jährlich flogen sie nach Michigan, wo sie Kammermusik-Seminare und -Konzerte abhielten, und seit 1961 hatten sie jedes Jahr einen Monat in Washington als das ortsansässige Quartett der Library of Congress verbracht. Über hundert Schallplattenaufnahmen hatten sie gemacht, und ihre Tourneen führten sie von Mexiko über Kanada bis in die Schweiz. «Die physische und emotionale Realität der Zugehörigkeit zu diesem Quartett ist ungeheuer stark», sagte Joel Krosnick, das einzige Mitglied, das damals unverheiratet war. «Es ist sehr schwer, ein normales Leben zu führen, aber ich kann mir nicht mehr vorstellen, ohne es auszukommen.»

Obwohl das erste Streichquartett in Amerika, das Kneisel-Quartett, bereits 1885 in Boston gegründet worden war, konnte ein so angesehenes Ensemble wie das Budapester Streichquartett doch erst in den späten dreißiger Jahren dieses Jahrhunderts hier sein Auskommen finden, und erst in den sechziger Jahren begann Kammermusik wirklich beliebt zu werden. Amerikanische Zuhörer zogen den vollen Klang großer Orchester oder das Charisma berühmter Solisten vier gesetzten Männern vor, die auf einer leeren Bühne saßen und miteinander kommunizierten.

Aber der Zweite Weltkrieg verschlug Tausende mitteleuropäischer Kammermusik-Liebhaber und -Ausübender wie das Budapester Streichquartett nach Amerika, und der «Baby-Boom» der

Nachkriegszeit führte große Mengen musikalisch gut ausgebildeter Konservatoriums- und College-Abgänger ins Feld. Zur gleichen Zeit, da sich Orchestermusiker in Gewerkschaften organisierten und Solisten zu Medienstars aufstiegen, wurden Opernhäuser und Konzertvereinigungen zu Institutionen mit Millionenbudgets. Die Orchestermusiker sahen ihre Arbeit entpersönlicht; die Zuhörer fanden die Eintrittspreise exorbitant hoch. Für beide Gruppen schienen Kammermusik-Vereinigungen eine attraktive Alternative zu bieten. Dutzende von Spitzengruppen – das Guarneri-, Amadeus-, Borodin-, Janáček-, Smetana-, Vermeer-, Tokio-, Cleveland-Quartett oder das Quartetto Italiano – zogen starke Gefolgschaften an, und in den achtziger Jahren spielten an die tausend professionelle oder halbprofessionelle Quartette (von denen viele an Colleges und Universitäten wirkten) für acht Millionen Menschen.

Wie das Juilliard-Quartett fühlten sie sich zu einer Form hingezogen, die «eine Atmosphäre von Wärme und einen Grad von psychologischer Wechselbeziehung erzeugt, der den meisten Virtuosen, Primadonnen oder Mitgliedern großer Orchester unbekannt ist», um den jüngst verstorbenen Journalisten und Kammermusiker Joseph Wechsberg zu zitieren. «Sie beruht auf Geben-und-Nehmen; sie ist zivilisiert und egalitär; sie ist ein Garten musikalischer Kameradschaft, aus dem das Gesetz des Dschungels verbannt ist.»

Herzensergießungen wie diese – und die Überzeugung, daß sie eine Musik spielen, die allen anderen musikalischen Genres überlegen ist – sind typisch für Quartett-Vereinigungen, und die Juilliard-Mitglieder machten da keine Ausnahme. Von Anfang an legten sie einen beinahe moralischen Maßstab an ihr Repertoire und ihre Aufführungsweise an; in späteren Jahren waren sie zu Sponsoren zeitgenössischer Komponisten geworden. Sie zählten 150 zeitgenössische Werke in ihrem Repertoire und gaben mit Vorliebe jedes Jahr wenigstens ein neues Stück in Auftrag. Robert Mann hatte selbst über achtzig eigene Werke komponiert, der Bratschist Sam Rhodes hatte in Princeton Komposition studiert, und der Cellist Joel Krosnick hatte zusammen mit anderen an der Columbia University die Group for Contemporary Music gegründet. Diese Auseinandersetzung mit und das Interesse an der Kompositionsarbeit hatte sowohl den Stil als auch die Programmgestaltung des Quartetts beeinflußt und unterschied es von allen anderen bedeutenderen Ensembles. «Der Zuhörer hätte mit verbundenen Augen in den Konzertsaal geführt werden können und die Gruppe doch ohne Zögern erkannt», schrieb der *Times*-Kritiker Donald Henahan einmal. «Alle charakteristischen Merkmale, die der Juilliard-Stil im Laufe der Jahre entwickelt hatte, waren zu hören: die scharfabgesetzten Rhythmen, die peinlich genaue Beachtung der in der Partitur angegebenen Vorschriften, die phänomenale Straffheit der Linienführung, die konzentrierte Energie.» Ein Quartett-Musiker, der bei Robert Mann studiert hatte, fügte hinzu: «Im Gegensatz zum Tokioter oder Guarneri-Quartett geht es ihnen nicht um klangliche Homogenität oder Klangschönheit um ihrer selbst willen. Sie haben Musik nicht als Musik, sondern als Leben vor Augen. Es ist nicht immer schön. Es ist nicht gefällig. Es ist eher wie eine Person, die spricht. Jede Stimme hat eine eigene Persönlichkeit.»

Zweite Violine:	Ich glaube, es klang blutleer und preziös.
Erste Violine:	Ich glaube, es klang schön.
Cello:	Es sollte üppig klingen, aber *innig*.
Bratsche:	Können wir es schön spielen, aber nicht gepreßt?
Zweite Violine:	Wenn wir auf zwei anfangen, kommt eine gewisse Üppigkeit hinein, die gleich am Anfang da sein müßte.
Cello:	Aber genau so spiele ich es doch.

Das Juilliard-Quartett wurde 1945 in einer Jazzband der Küstenartillerie ins Leben gerufen, als Robert Mann, damals fünfundzwanzig Jahre alt, mit seinen Armeekameraden über die Aufführung von Kammermusik diskutierte. Er hatte mit neun Jahren angefangen, Geige zu spielen (nach Virtuosen-Maßstäben also spät), und bei einem Lehrer studiert, der ihn in Richtung Ensemblespiel drängte; dann hatte er die Juilliard School besucht. Dort war er später bekannt dafür, eine Abneigung gegen junge Geiger zu haben, denen alles leichtfiel, und er konnte ohne Zögern sagen: «Ich war *kein* Wunderkind; ich konnte nicht Paganini spielen, bevor ich Shakespeare lesen konnte. Heute kommen die jungen Leute hier herein und haben ihre *concerti* mit großer Sorgfalt geübt – sie möchten es Perlman und Pavarotti gleichtun –, aber Kammermusik üben sie nicht für einen Kurs, die spielen sie vom Blatt.» Mann hatte als Student das Gegenteil getan. «Ich konnte mir nicht vorstellen, daß ich solche alten Hüte spielte und daß mir das immer wieder Spaß machte. Der Virtuose schaut auf zwei Dinge: auf Vehikel, die ihm oder ihr erlauben Meisterschaft oder Hexerei vorzuführen, und auf die Erfassung der Psychologie der Kommunikation, die ein Publikum erschlägt. Wie Frank Sinatra! Toll! Der Kammermusiker ist kein Star und verdient auch nicht so viel Geld. Da ist auch nichts zum Angeben. Er spielt eine Musik, in die der Komponist seine intimsten, subtilsten und kompliziertesten Gedanken gelegt hat. In seinen Kammermusikwerken war ein Komponist nicht daran interessiert, sein Publikum zu erschlagen, sondern suchte nach einer Form angemessenen Ausdrucks. Und nichts ist für mich befriedigender, als unter Gleichen Musik zu machen.»

Mann, dessen Energiepegel Menschen, mit denen er zum erstenmal zusammentraf, häufig verblüffte, überredete seinen Mitgeiger Robert Koff und den Cellisten Arthur Winograd zur Gründung eines Quartetts und ging dann zu William Schuman, dem gerade ernannten Präsidenten der Juilliard School, um dort nach einer möglichen Heimstatt zu fragen. Der neue Präsident hatte darüber in der Tat schon nachgedacht, weil es, seiner Meinung nach, noch nie zuvor ein «authentisches» amerikanisches Quartett von internationalem Rang gegeben hatte. Er hatte eine Liste von Kandidaten zusammengestellt, aber kein Ensemble ausfindig gemacht, das ihm für die Position zusagte. «Ich wollte Leute finden, die spielten *und* lehrten», betonte er, «und die das als ihr *Lebenswerk* auffaßten. Sie sollten Vollmitglieder sein – ich wollte Kammermusik zu einem wichtigen Bestandteil des Lehrplans machen, und ich wollte, daß die Juilliard-Studenten die Kammermusikliteratur kennenlernten, weil ich sie als grundlegend für den ganzen Ausbildungsprozeß erachtete. Als Bobby zur mir kam, redeten wir darüber. Ich hörte ihn spielen und dachte mir, daß er ein außergewöhnlicher Mensch sei. Er war immer – und ich werde für meine hochtrabende Ausdrucksweise nicht um Nachsicht bitten – eine moralische Kraft.»

Schuman bat die Gruppe, wiederzukommen, sobald sie einen Bratschisten gefunden hätten, und schlug ihnen vor, mit Eugene Lehner, dem früheren Bratschisten des Wiener Kolisch-Quartetts, Kontakt aufzunehmen. Lehner, der damals beim Boston Symphony Orchestra tätig war, riet ihnen jedoch, einen Amerikaner ihrer eigenen Altersgruppe zu finden, und empfahl ihnen einen seiner Kollegen beim BSO, Raphael Hillyer. Der Bratschist tauschte sein Engagement und das seiner Frau für einen 2500-Dollar-Jahresvertrag mit dem Quartett ein. «Wenn man ein Mensch mit einer tiefen, dauerhaften Liebe zur Kammermusik ist und als Streicher in einem großen Orchester sitzt», sagte Mann später, «tut man so etwas.» Hillyers Ehe wurde bald geschieden; das Juilliard-Quartett wurde nie in aller Form am Konservatorium bestallt; aber zu Beginn der siebziger Jahre verdienten sie bereits 2500 Dollar und mehr für ein einziges Konzert.

Jenen ersten Sonner des Jahres 1946 aber verbrachten sie mit dem Studium bei Lehner, der sich als Vorkämpfer der neuen Musik betätigte und das Juilliard-Quartett auf zeitgenössische Werke stieß, indem er ihnen beibrachte, sich mehr auf den ihnen liegenden Text eines Werkes zu verlassen als auf die Aufführungstradition, die sich darum entwickelt hatte. Sie bemühten sich um «Authentizität» der Beethoven-Quartette, überprüften wieder und wieder die Tempo- und Dynamikvorschriften und ließen sich mit Interpretationen hören, die schneller, schneidender und weniger schmelzend waren als die der europäischen Quartette, deren Interpretationen verbindlich geworden waren.

Ihr erstes Konzert in jenem Herbst löste gemischte Reaktionen aus. «Die Kammermusik-Autoritäten der Zeit und auch des Lehrkörpers bedauerten, daß ich es so weit hatte kommen lassen», erinnerte sich William Schuman später mit großem Vergnügen. «Es gab da choreographische Exzesse, die an Leonard Bernsteins Verhalten auf dem Podium erinnerten. Sie spielten wie Engel und schauten aus wie Schweine. Sie kamen mit ungeputzten Schuhen. Manchmal trugen sie bunte Socken. Und erst ihr Beethoven! Sie spielten Beethoven ganz anders, als Beethoven bisher gespielt worden war! Sie hatten keinen der gedämpften Manierismen, den die Leute mit Kammermusik in Verbindung brachten. Sie warfen sich geradezu auf die Saiten. Sie waren um absolute Ehrlichkeit bemüht und gingen entsprechend an die Werke heran. Sie waren nicht der Meinung, alles müsse schön sein. Und sie waren solche Puristen, daß sie nicht einmal Quintette spielten.»

Unverzüglich hatten sie sich auf den (in Amerika) unbekannten Bereich zeitgenössischer Musik gestürzt. In Tanglewood spielten sie 1948 den ersten kompletten Zyklus der Streichquartette von Bartók, der in Amerika zu hören war, und führten 1949 Schönberg auf. Einem widerstrebenden Publikum setzten sie Werke von Elliott Carter, Roger Sessions, John Cage und einer ganzen Schar anderer Amerikaner vor. Bis dahin hatte das Budapester Streichquartett – beständig, elegant und aristokratisch – die Maßstäbe für Streichquartette gesetzt. Sie hatten einander jahrzehntelang mit «Mr. Kroyt» und «Mr. Schneider» angeredet und europäischen Charme und Scharfsinn ausgestrahlt. Das Juilliard-Quartett dagegen nahm sich geradezu ungebärdig experimentell, unberechenbar und gefühlsmäßig explosiv aus; sein Spiel wurde häufig «muskulös», «großstädtisch» und «kantig» genannt. Ein Großteil seiner Explosivität mag daher gerührt haben, daß drei seiner Mitglieder sich während der ersten Jahre seines Bestehens einer Psychoanalyse unterzogen. Sie versenkten sich in die Theorien des Psychiaters Wilhelm Reich und waren sicherlich das einzige Quartett auf der Welt, das in einen von Reichs Orgon-Energieakkumulatoren investiert hatte.

«Wir verursachten schreckliche Aufregung, eine Atmosphäre ständig gärender Unruhe», erinnerte sich Arthur Winograd. «Wir waren mehr daran interessiert, der Musik Gerechtigkeit widerfahren zu lassen als uns gegenseitig. Unsere Beziehungen untereinander waren schrecklich kompliziert. Es ist schwer, darüber zu sprechen – sogar fünfundzwanzig Jahre später. Es ist, wie wenn man in einer alten Ehe herumstochert. Man muß zwischen den Zeilen dessen lesen, was die Leute sagen.»

Keines der Ensemblemitglieder mochte sich in der Öffentlichkeit so recht über die späteren Ereignisse äußern, aber in dem Maße, wie das Ansehen des Juilliard-Quartetts in die Höhe schnellte, wuchsen auch ihre persönlichen Probleme. 1955 verließ Winograd die Gruppe, um sich eine Karriere als Dirigent aufzubauen (er wurde Musikdirektor des Hartford Symphony Orchestra), und wurde durch den Cellisten Claus Adam ersetzt. Drei Jahre später trat der Zweite Geiger Robert Koff aus, um Professor für Musik an der Brandeis University zu werden; er wurde durch Isadore Cohen ersetzt. 1966 wurde auch Cohen abtrünnig (er wurde der Geiger des Beaux-Arts-Trios), und Earl Carlyss wurde das erste einer neuen Generation von Juilliard-Mitgliedern. Er war sechsundzwanzig Jahre alt, seit einem Jahr Juilliard-Absolvent und für acht Auftritte wöchentlich als Konzertmeister des New York City Ballet tätig, als Raphael Hillyer ihn zu einem Probespiel aufforderte. «Ich hatte bei allen dreien an der Juilliard School studiert, und selbst in meinen kühnsten Träumen hätte ich nicht gedacht, daß ich irgendeine Aussicht auf den Job hätte», erinnerte sich Carlyss. «Aber ich dachte, es würde Spaß machen – es gibt entschieden schlechtere Arten, den Tag zu verbringen –, also machte ich mich frank und frei auf den Weg. Alles ging ganz gut, und plötzlich dachte ich mir: *Schau an, sie meinen es ja wirklich ernst.* Zu meinem Erstaunen baten sie mich einige Wochen später, zu ihnen zu stoßen.»

Der neue Zweite Geiger hätte die erste Hälfte des Jahres 1965 der Einstudierung des Repertoires widmen sollen, aber die Beziehungen zwischen Cohen und den übrigen Quartett-Mitgliedern hatten sich so weitgehend verschlechtert, daß es sicherer war, das Risiko auf sich zu nehmen, Carlyss drei Wochen nach seiner Verpflichtung in die Gruppe zu integrieren, als die Saison wie geplant fortzusetzen. «Ich weiß nicht, wie ich das fertigbrachte», erinnerte sich Carlyss. «Ich erinnere mich nur, daß einer der Chicagoer Kritiker schrieb, ich müsse jetzt ja wissen, wie es sei, wenn man in einem Flugzeug sitzt, einen Fallschirm gereicht bekommt und aus der Luke gestoßen wird. Ich trat nicht nur mitten in der Saison an, sondern war auch in der merkwürdigen und ziemlich unangenehmen Situation, mit drei Männern zusammenzuspielen, die alle zwanzig Jahre älter als ich und meine Lehrer gewesen waren. Sie machten mir klar, daß das Ganze keine Lehrer-Schüler-Beziehung mehr war, daß ich einen fünfundzwanzigprozentigen Anteil an der Organisation hatte und von mir erwartet wurde, daß ich eigene Ideen einbrachte. Ja, daß sie mich gar nicht gewählt hätten, wenn sie nicht sicher gewesen wären, daß ich eigene Ideen hatte. Aber wir hatten keine Zeit für lange, gemächliche Diskussionen über Musik, und ich hatte nicht einmal Zeit, über *irgend etwas* nachzudenken. Wir hatten fast den ganzen Bartók, den ganzen Beethoven und mehrere Schubert-Quartette zu spielen. Ich hatte das Pensum für sechzig Konzerte in weniger als fünf Monaten in mich hineinzustopfen.»

Carlyss wurde von den anderen Angehörigen des Quartetts als das beständigste, friedlichste Mitglied der Gruppe beschrieben, und bis zum Frühjahr 1985, als er sich entschloß, Fakultätsmitglied des Peabody Institute in Baltimore zu werden, fand er, das Quartett-Leben sage ihm zu. Die Zweite Geige zu spielen, bedeutet für viele Geigen-Virtuosen ein schwerwiegendes Ich-Problem, und Carlyss sah sich oft genötigt, seinen Studenten auseinanderzusetzen, daß ein Quartett ähnlich wie ein Stuhl war – kein Bein war weniger wichtig als ein anderes; es bedurfte aller vier. Das ständige enge Zusammensein mit drei anderen Menschen war für ihn ebenfalls nicht allzu schwierig – seiner Erinnerung nach. «Ich halte ein Quartett für eine konzentrierte Version – einen Mikrokosmos – des Lebens selbst, und ich glaube, daß Leute, die in einem Quartett nicht zurechtkommen, auch im Leben nicht zurechtkommen. Die einzige Gelegenheit, bei der man Probleme hat, ist, wenn jemand sagt: ‹Sei vernünftig – mach es so wie *ich.*› Eben dann gibt es Ärger.»

Gegen Ende der sechziger Jahre gab das Juilliard-Quartett 150 Konzerte jährlich und bereiste auf Tourneen den Orient ebenso wie Europa und Südamerika. Die Probleme – persönlicher, familiärer, geschäftlicher und schließlich auch musikalischer Art – wuchsen. Zuerst überwarf sich Claus Adam mit dem Rest des Quartetts. Dann gerieten Mann und Hillyer, die über zwanzig Jahre lang kumpelhaft miteinander umgegangen waren, in einen Streit, der durch die Ausnutzung der Quartett-Kontakte seitens der Frau des Bratschisten ausgelöst wurde. «Wenn es Ärger gibt, fangen die Leute an, sich übergangen zu fühlen», sagte Carlyss, der manchmal der einzige war, der mit den drei anderen noch redete. «Wenn dann bei der Aufführung etwas daneben geht, nehmen sie es persönlich. Der eine denkt, daß der andere absichtlich zu laut spielt, um ihn zu übertönen. Ein anderer spricht tagelang kein Wort. Es ist sehr dumm. Aber gerade kleine Dinge laufen Gefahr, übertrieben dargestellt und im Verhältnis zur Realität aufgeblasen zu werden.» 1969 trat Samuel Rhodes die Nachfolge von Raphael Hillyer an.

Cello:	Ist das Programm fürs Weiße Haus abgesegnet worden?
Erste Geige:	Du weißt, es ist für den japanischen Premierminister – nicht für Helmut Schmidt.
Cello:	*(lachend)* Wurde das denn geändert?
Zweite Geige:	Soviel ich verstehe, ist hinterher noch ein Essen, zu dem wir auch eingeladen sind, die Frauen aber nicht, also sagte ich ...
Bratsche:	*(erschrocken)* Die Frauen nicht?
Cello:	Also haben sie es von den Deutschen zu den Japanern abgeändert?
Bratsche:	Weil ich nicht will ...
Erste Geige:	Ich habe Neuigkeiten für euch: Es soll der König von Saudi-Arabien sein!

Der neue Bratschist, ebenso introvertiert, wie Carlyss extravertiert war, war achtundzwanzig Jahre alt, sah wie ein Talmud-Gelehrter aus und hatte statt der Juilliard School das Queens College absolviert. Samuel Rhodes fiel es schwer, sich an das Zusammenleben mit drei anderen anzupassen. «Anfangs war ich sehr unsicher, weil ich nicht wußte, ob die Gruppe mich wohlwollend aufnehmen würde oder was ich von ihnen halten sollte», erinnerte er sich später. «Ich hatte versucht, bei Freunden etwas über sie herauszufinden. Ich hörte mir ihre Schallplattenaufnahmen an. In jenem halben Jahr ging ich in mehr Konzerte von ihnen, als ich in meinem ganzen Leben zuvor besucht hatte. Die Vorstellung, die ich hatte, war, daß die drei in dem, was sie musikalisch vorhatten, sehr festgelegt waren, und zu mir sagen würden: ‹Das machen wir so›, aber das war nie der Fall. Jemand sagte: ‹Haben wir das nicht so gemacht?›, und ein anderer: ‹Keineswegs.› Und der Dritte erinnert sich einer dritten Art und Weise, und ich hatte gar keine Ahnung, wovon jeder von ihnen eigentlich sprach; also mußten wir uns an Ort und Stelle entschließen, wie wir das machen wollten.»

«Ich fühlte mich von Anfang an ganz frei zu sagen, was ich wollte. Ich hatte im Galimir-Quartett gespielt, wo es weitaus weniger Konzerte und weitaus weniger Druck gab. Aber das war nicht die Art von Quartett, in dem jeder gleiche Rechte hatte. Die meisten Ideen kamen von Galimir. Manchmal brachte er uns das Stück regelrecht bei. Das Juilliard neigte auch dazu, kraftvoller und extremer an bestimmte Dinge heranzugehen als viele der Gruppen, mit denen ich früher zusammengearbeitet hatte. Mein Bogeneinsatz wurde ein Gutteil kraftvoller, die Einsätze stärker herausgehoben und schärfer. Ich entwickelte größeren Abwechslungsreichtum, und die andern auch.»

In jenem ersten Jahr, erinnerte sich Rhodes, lernte er auch, den richtigen Zeitpunkt abzuwarten, «wann bestimmte Ideen ins Spiel gebracht werden konnten und wann nicht; wann man sich in eine Diskussion vertiefen durfte und wann nicht». Er machte die Entdekkung, daß das, was die Gruppe bei der Stange hielt, die Fähigkeit jedes Mitglieds war, die Qualitäten der anderen bestmöglich zu nutzen. «Es gibt ein Quartett von Elliott Carter», sagte er, «dessen Grundidee die ist, die Persönlichkeit jedes Instrumentes zu demonstrieren, und seine Charakterisierung jedes Instrumentes ist unserer Gruppe nicht unähnlich. Die Erste Geige hat die größte Vielgestaltigkeit und zeigt sich ständig von einer anderen Seite, wobei sie die ganze Skala von Gefühlsregungen sehr rasch durchläuft. Die Zweite Geige ist in gewisser Hinsicht der Chronometer der Gruppe. Sie hat die meisten Spezialeffekte. Sie ist virtuos und stetig. Die Bratsche ist auf eine sehr grüblerische Weise die gefühlsbetonteste. Das Cello ist sehr virtuos und figural. Es gibt Unterschiede in der Persönlichkeit der Instrumente, wie es auch Unterschiede in der Persönlichkeit der Spieler gibt. Wenn Sie Ihren Kollegen eine Phrase auf eine bestimmte Weise spielen hören und dann die Reihe, sie zu spielen, an Sie kommt, können Sie nicht sagen, Sie hätten sie nie zuvor gehört, sondern fügen etwas von sich hinzu. Das Maß, in dem ein Quartett dazu in der Lage ist, nämlich etwas hinzuzufügen und sich gegenseitig zu ergänzen, bestimmt größtenteils seinen Wert.»

Carlyss und Rhodes waren sich darin einig, daß das Herumreisen das Schlimmste an ihrem neuen Leben war. «Es ist heller Wahnsinn!» sagte der Zweite Geiger. «Mein Bruder ist Orchestermusiker – er stellt im Hotel seinen Koffer vor die Zimmertür, besteigt einen Bus und dann ein wartendes Flugzeug; wir müssen unsere Instrumente und unser Gepäck selbst tragen, Schlange stehen, alle die Sicherheitsmaßnahmen über uns ergehen lassen und uns dann damit abfinden, daß unser Flugzeug überbucht ist oder wegen Nebels oder technischer Schwierigkeiten nicht starten kann.» Die Reiserei wurde für Claus Adam zu einer solchen Überforderung, daß er aus diesem Grund 1974 das Quartett verließ und sie nach einem neuen Cellisten Ausschau hielten.

Joel Krosnick wohnte in Los Angeles, wo er am California Institute of the Arts wirkte. «Es war bloß noch: Einschalten, Aufdrehen, Abstellen», sagte der Cellist, der, wenn er konzertierte, wie ein von Empfindungen gequälter Dichter ausschaute und die andere Zeit wie ein verrückter Hippie.» Ich verspürte ein dringendes Bedürfnis, aus L. A. herauszukommen. Ich hatte keine Ahnung, was ich als nächstes tun würde, als das Telefon klingelte und eine Stimme sagte: ‹Hallo, hier ist Bob Mann.›»

Der Cellist – der in New Haven aufwuchs, sein Examen an der Columbia University ablegte und privat bei dem Juilliard-Cellisten Claus Adam studiert hatte – fuhr sich mit der Hand durch seinen dichten schwarzen Haarschopf und grinste. «Ich kannte alle Mitglieder des Quartetts nur vom Guten-Tag-Sagen, aber das, was sie verkörperten, war ohne Zweifel etwas, woran man glauben konnte. Ich wünschte mir die Art von hochkarätigem musikalischem Leben, von dem ich wußte, daß sie es hatten. Am Tage meines Vorspiels wachte mein Körper um vier Uhr morgens auf, und ich begann zu üben. Wahrscheinlich hatte ich mir noch nie etwas so sehr gewünscht. Bei der Probe war eine ganz starke Kommunikation zu spüren, und wenn man daran nicht gewöhnt ist, ist das etwas sehr Intensives und Intimes, und ich war überwältigt. Ich verbrachte den Nachmittag damit, in einem Park spazierenzugehen. *Ich weiß nicht, was mir passiert ist,* dachte ich. Ich hatte rasende Kopfschmerzen.»

Zehn Monate später spielte er erneut mit der Gruppe zusammen. «Diesmal dachte ich mir: *Sie können nicht zu dritt zurechtkommen. Sie müssen jemanden finden, und wenn ich dafür bestimmt bin, werde ich es eben sein.* Im ersten Augenblick hatte ich starkes Lampenfieber, aber danach spielte ich wie gewöhnlich. Am nächsten Tag spielten wir wieder zusammen, und dann sagte Bobby: ‹Laß uns das Ganze lieber besprechen.› Und Sammy, der sehr scheu ist, schaute auf den Boden und dann auf sein Notenblatt und sagte: ‹Ich glaube, das reicht.› Und dann herrschte Schweigen.

Und ich frage mich erneut: *Was ist eigentlich los?* Ich meine, es war beinahe ein Jahr her, daß ich zuerst mit ihnen zusammengespielt hatte. Und dann sagt Earl, auf seine wunderbare, runde, lächelnde Weise: ‹Ich glaube, was er meint, ist, nun, willkommen, wenn du dich anschließen willst›, und Bobby sagt: ‹Sagst du nun ja, oder spielst du den Unnahbaren?› Und ich dachte bei mir: *Das langsam auszuprobieren, geht sicher nicht,* also sagte ich: ‹Ja, gut, natürlich bin ich dabei.› Und wir standen auf, und ich umarmte diese Leute, die ich eigentlich gar nicht gut genug kannte, als daß ich sie hätte umarmen können. Die Intimität zwischen Männern ist jedenfalls eine sehr heikle Sache, und für mich war es ein unvergeßlicher Augenblick, sehr scheu und bewegend und verheißungsvoll.»

Sieben Jahre später, an einem Freitag, trafen die vier geräuschvoll in ihrem Juilliard-Studio zusammen. Earl Carlyss kam aus Westchester, Sam Rhodes aus New Jersey, Bob Mann von der Upper West Side und Joel Krosnick aus Chelsea. Einige Kritiker hatten geschrieben, sie seien die beste Inkarnation des Juilliard-Quartetts, und sie selbst sagten, sie seien zweifellos die glücklichste.

Die Gruppe hatte diese Woche teilweise freigehabt, und es gab verschiedene geschäftliche Angelegenheiten abzuwickeln: Ihr Presseagent brauchte zwei Stunden Interviews, die bei einem ganztägigen Festival mit Juilliard-Aufnahmen benutzt werden konnten, die von der Rundfunkstation WNCN gesendet werden sollten. Die Juilliard School wollte wissen, was sie beim Gedenkgottesdienst für Ivan Galamian, den berühmten Geiger und Lehrer, spielen wollten.

«Nun», sagte Sam Rhodes gedankenvoll, «was eignet sich besser? Hundertfünfunddreißig oder Neunundfünfzig, zwei?»

«Ich glaube, Hundertfünfunddreißig ist mehr», begann Earl Carlyss.

«Neunundfünfzig, zwei, den langsamen Satz», sagte Joel Krosnick, «haben wir gespielt für –»

«Haben wir nicht Hundertsiebenundzwanzig* für Jennie Tourel gespielt?» fragte Bob Mann.

* Op. 135, Op. 59, Nr. 2 und Op. 127 – Streichquartette von L. van Beethoven [A. d. Ü.]

«Ja, Jennie Tourel», bestätigte Sam Rhodes, der sich an jedes Detail eines jeden Konzerts erinnerte, das das Quartett gespielt hatte.

«Wir sind das größte Gedenk-Quartett», triumphierte Mann.

Alle vier standen auf, heftig lachend.

«Wollen Sie eine wirklich seltsame Geschichte hören?» fragte Earl Carlyss eine Besucherin, die aufmerksam zuhörte. «Einmal waren wir zu einem Konzert in Miami verpflichtet worden, und zwar von einem Mann, von dem wir nie zuvor gehört hatten ...»

«Oh, ja», rief Mann. «Das ist phantastisch!»

«... dieser Mann hatte Selbstmord begangen und in seinem Testament festgelegt – *in seinem Testament* –, daß wir vor einem ausgewählten Kreis seiner Freunde spielen sollten ...»

«In einem großen Hotel mitten in Miami!» rief Mann.

«... und er hatte ganz speziell das dritte Streichquartett von Elliott Carter ausgewählt», fuhr Earl Carlyss unerschütterlich fort. «Also fuhren wir da hinunter, und die anwesenden Frauen waren in langen Abendkleidern und die Männer in Smokings gekommen. Es waren keine Musiker. Wir waren davon überzeugt, daß dieser Mann mit ihnen abrechnete, weil sie gezwungen waren, dazusitzen und uns zuzuhören, während wir eine solch schwierige Musik spielten.»

Die Tür zum Studio öffnete sich, eine Frau stürmte herein, händigte jedem einen weißen Umschlag aus und verschwand wieder. Die Umschläge, die die Tournee-Route der Gruppe für die nächsten vierzehn Tage enthielten, lösten ein Bündel von vier verschiedenen – und gleichzeitigen – Reaktionen in bezug auf Hotels, Zwischenstationen und Arbeitsarrangements aus. Der Bratschist wollte mit dem Auto fahren, der Zweite Geiger fliegen; dem Cellisten war alles recht, solange er nur zwei Nächte im selben Hotel verbringen konnte, und der Erste Geiger wollte es sich noch überlegen.

«Wir müssen nicht alles gemeinsam machen», sagte Rhodes schließlich und schnitt damit den anderen das Wort ab. «Jeder tut, was er will. Hauptsache, ihr kommt rechtzeitig zum Konzert.»

Weil Quartett-Mitglieder auf Tourneen so viel Zeit miteinander verbringen, übernachten manche Quartette in getrennten Hotels und nehmen auch verschiedene Flugzeuge. Die Juilliards nahmen dasselbe Flugzeug, saßen aber auf weit voneinander entfernten

Plätzen; sie wählten dasselbe Hotel, baten aber um Zimmer in verschiedenen Stockwerken. «Wir wollen uns nicht hören, wenn wir üben oder am Telefon mit unseren Frauen oder Freunden sprechen», sagte Rhodes. «Man braucht Zeit für sich allein. Man lebt mit drei anderen Leuten zusammen und muß lernen, damit auf reife Weise umzugehen. Genau *das* ist es – und zwar mehr als irgendwelche musikalischen Differenzen –, was bei Quartetten zu Schwierigkeiten führt.»

«Wenn man jemandem zum erstenmal begegnet und er sich auf eine ganz bestimmte Weise die Nase putzt, findet man das reizend», sagte Mann. «Fünfzehn Jahre später kann man es einfach nicht mehr mit ansehen.»

Andere Quartette, denen sie Unterricht erteilt haben, haben sich die Erfahrungen der Juilliard-Mitglieder auch auf anderen Gebieten als dem der Musik zunutze gemacht. «Sie geben sich mit allem möglichen ab: Solo- und Gruppentechnik, Interpretation, aber auch mit Fragen der Verpflichtung», sagte ein Student in einer solchen Gruppe. «Der Grund dafür, warum es nicht so viele junge Quartette gibt, ist, daß es so schwer ist, eine Verpflichtung einzugehen. Eines unserer Mitglieder war verheiratet, und sie wußte nicht, ob sie mit ihrer Ehe zurechtkommen und gleichzeitig in unserem Quartett mitspielen könnte. Bobby fragte sie, ob sie damit zufrieden wäre, ihr Leben lang in der Abgeschiedenheit von New Jersey Quartette zu spielen? Sie sagte nein, und Bobby riet ihr, die Gruppe zu verlassen. Dann beriet er uns.»

Nachdem bereits eine Stunde ihrer Probenzeit verstrichen war, begann die Gruppe endlich zu spielen. Das Stück war Bartóks Drittes Streichquartett, und das Studio hallte von den vier verschiedenen musikalischen Stimmen wider. «Wenn wir ein Ragout zusammenbrauen», sagte Mann, «möchten wir auch alle Elemente herausschmecken.»

Nach zwei Minuten stolperte die Gruppe in eine Pause.

«Sammy, glaubst du nicht, daß du manchmal ein bißchen laut bist?» fragte Mann, indem er eines der Hauptprobleme der Interpretation bei den Hörnern packte.

«Nun gut», sagte Rhodes.

«Ich habe nur Angst, daß es sehr laut wird, wenn wir alle dazukommen.»

«Was meinst du?» fragte Rhodes. «Ihr kommt doch gar nicht alle dazu.»

«Du spielst», sagte Mann und deutete die Stimme auf seinem Instrument an. «Dann spielt Joel ...»

«Nein», sagte Krosnick, mit dem Bogen auf die Notenseite zeigend. «Ich setze *pianissimo* ein und –»

«Was ich sage», fuhr Mann fort, «ist, daß mir die ersten vier Takte gewöhnlich zu laut vorkommen. *Im Konzert.*»

Alle vier begannen gleichzeitig zu reden.

Obwohl manche Leute glaubten, daß Robert Mann, der Erste Geiger, das älteste Mitglied und der Gründer des Quartetts, «den Laden schmiß», genügten schon wenige Minuten aufmerksamen Zuhörens, um diese Ansicht zu widerlegen. Jeder fand auf seine Weise die Mittel, sich durchzusetzen, und jeder bemühte sich, für Vorschläge und Anregungen offen zu bleiben.

«Als Joel zu uns stieß», sagte Bob Mann, «merkte ich, daß ich zwanzig Jahre älter war als alle anderen. Jahrelang hatte ich manche Stücke auf eine Weise gespielt, die sie für mich bedeutungsvoll machte, und wollte das nicht ändern. Dann fand ich heraus, daß es nicht genügte zu sagen: ‹Für mich ist das so in Ordnung; also wird es für euch auch in Ordnung sein.› Ich mußte meine Ideen zu Markte tragen und sie den anderen verkaufen. Das war für mich eine sehr schwierige Sache.»

Das Quartett fuhr mit der Probe des Bartók fort.

«Wie ist das Tempo?» fragte Krosnick.

«Tempo ist in Ordnung», sagte Mann.

«Ich finde dieses Tempo schwerfällig», sagte der Cellist.

«Gut, es *ist* ein bißchen langsam», sagte Carlyss.

Sam Rhodes starrte auf seine Partitur. Uneinigkeit in bezug auf *tempi* kam etwas häufiger vor als in bezug auf Dynamik.

«Bobby und ich konnten uns einmal nicht über das Tempo eines Mozart-Quintetts einigen», sagte Carlyss. «Er wollte ein schnelles Tempo, das für mich wie ein bellender Dobermann klang. Ich dagegen wollte ein langsames Tempo, das für ihn klang, als ob wir mit den Füßen durch Schlamm patschten. Wir spielten es an zwei aufeinanderfolgenden Abenden, also nahmen wir uns vor, es am ersten auf seine und am zweiten auf meine Weise zu spielen. Am ersten Abend, als wir es auf meine Weise spielten, hörte ich zu und dachte: *Na, vielleicht hat Bobby ja recht. Es klingt eigentlich nicht so besonders, wie ich gedacht hatte.* Wir kommen von der Bühne herunter, und ich bin gerade im Begriff, das Bob zu erzählen, als er zu mir sagt: ‹Weißt du, letzten Endes ist das gar nicht so schlecht.›»

«Man erwirbt ein Gefühl für den richtigen Augenblick», sagte Rhodes. «Wann man bestimmte Ideen vorbringen kann und wann nicht. Die gefährlichste Zeit ist unmittelbar vor einem Konzert, wenn die Leute in nervöser Spannung sind. Gerade dann werden Argumente gewöhnlich sehr persönlich und mischen sich mit irrationalen Gefühlen. In einer Ehe diskutiert man besonders wichtige Probleme ja auch nicht gerade dann, wenn man nach der Arbeit halbtot nach Hause gekommen ist.»

Das Quartett spielte weiter, hielt hier und da zu einem raschen, lebhaften Meinungsaustausch inne, der zunehmend animierter wurde, einen Höhepunkt erreichte und dann zu einem Schluß kam – wie die Musik selbst. Drei Stunden, nachdem sie das Studio betreten hatten, bereiteten sie sich darauf vor, auseinanderzugehen. Die Besucherin dachte noch über ihren letzten Wortwechsel nach, aber für die vier Juilliard-Mitglieder war das bereits Vergangenheit.

«Das ist die effizienteste Weise, wie wir arbeiten können», sagte Joel Krosnick. «Es geht sehr direkt und offenherzig zu. Es gibt keine Umwege, und die Dinge stauen sich nicht auf. Wir haben schon vieles gemeinsam hinter uns gebracht. Alle wollen wir doch dasselbe. Und wenn wir uns nach einem Konzert verbeugen, sind wir höllisch stolz.»

Postskriptum: Im Frühjahr 1986 verließ Earl Carlyss das Juilliard-Quartett und wurde durch Joel Smirnoff ersetzt.

9

Yo-Yo Ma

Die Gruppe ist klein, hermetisch abgeschlossen, eine merkwürdige Mischung aus Gewitztheit und Naivität. Ihre Angehörigen sind junge amerikanische, europäische und asiatische Virtuosen, die von Kontinent zu Kontinent jetten und in einem einzigen vom Fernsehen übertragenen Konzert für mehr Menschen spielen, als ihre Vorgänger im Laufe ihres ganzen Lebens erreicht haben. Sie führen ein Leben, auf das sie seit dem Alter von drei oder vier Jahren vorbereitet worden sind. Als sie noch tapsige Kleinkinder waren, drückten ihnen ihre Eltern bereits eine Geige in die Hand oder setzten sie an eine Klaviertastatur und flüsterten ihnen ein, sie hätten eine außerordentliche Begabung, etwas, das andere Kinder nicht besäßen. Seit dieser Zeit drehte sich ihr Leben – und häufig auch das ihrer Familien – einzig und allein um diese Begabung, die gehegt und gepflegt wurde wie eine seltene Blume in einem Gewächshaus und über weite Entfernungen hin in die Obhut von Spezialisten gegeben wurde, die ihr Wachstum förderten. Während andere Kinder Fußball spielten, übten diese Auserwählten fünf oder sechs Stunden täglich. An Samstagen begaben sie sich, anstatt draußen herumzutoben oder daheimzubleiben und fernzusehen, zu Musikstunden in besonderen Externenklassen an Konservatorien wie Curtis in Philadelphia, New England in Boston, Peabody in Baltimore oder Juilliard, Manhattan oder Mannes in New York. Im Sommer wurden sie in Ferienlagern wie Meadowmount untergebracht oder zu Festivals wie Aspen oder Tanglewood geschickt, wo ihre Aufführungen und Übungsstunden von den besten Lehrern und Solisten überwacht werden konnten. Mehrmals jährlich wurden sie herausgeputzt und zum Vorspiel vor bedeutenden Leuten geschickt: einflußreichen Musikern, hervorragenden Lehrern, Managern, wohlhabenden Gönnern der Künste, die wie ihre Vorgänger im 18. und 19. Jahrhundert dem jungen Wunderkind eine Empfehlung oder ein Konzertengagement besorgen oder die zum Kauf eines besseren Instruments erforderlichen Mittel aufbringen konnten. Alljährlich gab es überdies Probespiele: vor neuen Lehrern, für die Zulassung an Schulen, zu Ferienkursen oder Spezialklassen für bestimmte Wettbewerbe, wo man sich durch seinen Auftritt einen Platz in der immer kleiner werdenden, immer wettbewerbsträchtigeren Welt der aufstrebenden Solisten sichern konnte.

Denn der Markt konnte natürlich nicht alle die Tausende von in der Ausbildung begriffenen Solisten aufnehmen, die in den sechziger und siebziger Jahren aus den Konservatorien und Colleges strömten, sondern eben nur die *crème de la crème.* Ob ein junger Musiker das Zeug dazu hatte, war bereits allgemein bekannt, wenn er vierzehn Jahre zählte. In diesem Alter war der betreffende Teenager für seine Studienkameraden ein «Genie» und für seine Lehrer ein «außerordentliches Talent», andernfalls blieb er nur einer aus der Menge brillanter, hervorragend ausgebildeter junger Leute, die nicht über jenes Maß an Talent, Antrieb, Disziplin, Charme, Charisma, Glück und Verbindungen – oder eine Gewinn garantierende Kombination aller dieser Dinge – verfügten, um ein «musikalischer Superstar» zu werden, wie die Medien das zu umschreiben begonnen hatten.

Als der Cellist Yo-Yo Ma besagtes Alter von vierzehn erreicht hatte, wußten die meisten Leute im New Yorker Musikbetrieb bereits, daß er zu den Auserwählten gehörte. Überraschend war, daß sein Instrument nicht das Klavier oder die Violine war – die beiden, für die der Großteil der blendendsten virtuosen Musikliteratur geschrieben ist –, sondern das Cello. Wenige Cellisten, darunter namentlich Pablo Casals, hatten internationale Berühmtheit erlangt. Mstislaw Rostropowitsch hatte Schlagzeilen gemacht, als er aus Rußland emigrierte; Jacqueline Du Pré hatte die Phantasie des Publikums dadurch gefesselt, daß sie eine hochgewachsene, träumerisch dreinblickende Frau war, die es an musikalischer Ausdruckskraft mit jedem Mann aufnehmen konnte. Anderen Cellisten wie Gregor Piatigorsky oder Janos Starker, Leonard Rose oder Pierre Fournier wurde in der musikalischen Welt großer Respekt entgegengebracht, aber außerhalb dieser Welt waren ihre Namen kaum ein Begriff. Die Celloliteratur war nicht auffallend oder umfangreich genug; die Cellisten selbst waren auch nicht mit einem Glorienschein umgeben wie die Geiger oder Pianisten. Kein Cellist hatte sein Publikum je nach Art eines Horowitz oder Heifetz elektrisiert.

Yo-Yos Instrument war aber nicht die einzige Überraschung. Die zweite war die, daß er nicht an Wettbewerben teilnahm. Die dritte bestand darin, daß er, als er heranwuchs, nur wenige Konzerte gab und kaum darüber sprach. Obwohl der gefürchtete Impresario Sol Hurok Yo-Yo Ma als einen seiner Künstler angenommen hatte (auf Vorschlag von Leonard Bernstein), als der Cellist erst fünfzehn Jahre alt war, passierte weiter nicht viel. Die Hurok-Organisation stellte zwar Konzertpläne auf, aber nur, um immer wieder von Hiao-Tsiun Ma, dem Vater des Jungen, angerufen zu werden, der verlangte, daß die Termine gestrichen und der Stundenplan seines Sohnes gekürzt würden, damit sie nicht mit seiner übrigen Schulausbildung kollidierten. Im Gegensatz zu anderen Kindern, die das Gymnasium nie wirklich abschlossen oder sich bis zum Abgangszeugnis durchmogelten, wurde Yo-Yo zum Teil an der École Française und am Trinity College ausgebildet und legte in Harvard ein Undergraduate-Examen ab. Seine Entwicklung zum Virtuosen war ungewöhnlich, sogar im Rahmen einer Gruppe, in der jedes Mitglied den Stempel des Ungewöhnlichen trug. Es war die Geschichte eines chinesischen Vaters der Alten Welt und eines enorm begabten franko-amerikanischen Sohnes, der heranwuchs, um die ehrgeizigsten Träume seines Vaters zu verwirklichen.

Es wurde bereits dunkel, der Regen strömte herab, und Yo-Yo Ma und ich hatten uns irgendwo in der Nähe der Brooklyn Academy of Music hoffnungslos verirrt. Niemand in dem Elendsviertel, in das wir geraten waren, hatte jemals von einer BAM gehört, und der junge Mann, den Isaac Stern den «größten lebenden Cellisten» nannte, sprang wieder und wieder aus dem Toyota, um Tankwarte,

Inhaber von Spirituosenläden und Passanten zu befragen, mit nicht nachlassender Höflichkeit, aber ohne Erfolg. Sein Cello, ein Matteo Goffriller, 1772 in Venedig gebaut und auf einen Wert von etwa 200 000 Dollar geschätzt, lag auf dem Rücksitz. Es hatte zuvor Pierre Fournier gehört. Daneben lag der Bogen, mit dem Leonard Rose seine Karriere gemacht hatte, ein unersetzliches Geschenk des Lehrers an seinen Schüler. In fünf Minuten sollte die Probe in der BAM beginnen.

Yo-Yo Ma lächelte das rasche, jungenhafte Lächeln, das seine Züge so oft erhellte. Der Sechsundzwanzigjährige war ein schlanker, freundlicher junger Mann mit dichtem, glänzend-schwarzem Haar, einer goldgeränderten Brille und einer gelassenen, bescheidenen Art, die sowohl über seinen Rang in der Musikwelt als auch über das hektische Leben, das er führte, hinwegtäuschen konnte.

«Es mag einige wenige Cellisten geben, die seine lyrische Ausdruckskraft erreichen», schrieb *Globe and Mail* nach einer seiner Aufführungen von Dvořáks Cellokonzert, «aber sie gehören nicht seiner Generation an.»

«Mr. Ma hat etwas, das man in Sängerkreisen einen vollkommen glatten und ebenmäßigen Tonumfang nennen würde, von oben bis unten ohne jeden Bruch», schrieb die *New York Times* nach einer Aufführung des Cellokonzertes von Saint-Saëns. «Er bringt einen sehr großen Ton hervor, der aber nie dick ist. Einen Ton überdies, der dank eines unfehlbaren Bogenarmes stetig variiert wird. Mit einem einzigen Strich gelingt es Mr. Ma, fünf verschiedene Pianissimos zu erzeugen, wenn er das will.»

Zusätzlich zu ausgezeichneten Kritiken erhielt Yo-Yo regelmäßig noch weitere konkrete Beweise für sein Können, und zwar in Form von Einladungen zur Mitarbeit, die ihm berühmte Dirigenten zugehen ließen. «Er ist großartig», sagte Zubin Mehta, musikalischer Leiter des New York Philharmonic Orchestra, nach einem Konzert mit dem Cellisten. «Er ist jemand, mit dem ich mein ganzes Leben lang zusammenarbeiten werde.» Er hatte mit Herbert von Karajan auf dessen Wunsch hin Schallplattenaufnahmen für die Deutsche Grammophongesellschaft gemacht, mit Lorin Maazel für CBS Masterworks und mit dem English Chamber Orchestra für dieselbe Firma. «Das einzige Problem, das ich mit

Yo-Yo habe», sagte sein Manager, «ist, genug freie Tage im Jahr zu finden.»

Pro Jahr gibt der Künstler inzwischen über hundert Konzerte, darunter etwa fünfzig als Solist mit den bedeutendsten Orchestern, viele Kammermusikabende und einige Solo-Konzerte, wobei er ständig zwischen seinem Wohnsitz in Massachusetts, Europa und dem übrigen Amerika unterwegs ist. Der junge Cellist war an Zwischenfälle gewöhnt: Absagen in letzter Minute, Flugzeuge, die nicht starteten, Beamte, die glaubten, er schmuggele Konterbande in seinem Cellokasten. Sich in Brooklyn zu verirren oder zur Probe zu spät zu kommen, waren Vorkommnisse, die auf seiner Liste möglicher Katastrophen ganz unten rangierten. «Cellisten müssen flexibel sein», sagte er, als wir einem Polizeiauto hinterherjagten. «Ich neige dazu, sie für *nette Leute* zu halten. Es werden weniger Ansprüche an uns gestellt als an Geiger oder Pianisten. Wir sind nicht derart gesucht, also ist das Image anders. Viele von uns haben in Orchestern gespielt, wir spielen eine Menge Kammermusik, wir müssen dauernd mit anderen Leuten zusammenarbeiten . . .»

Wieder sprang er aus dem Auto, und diesmal kam er mit konkreten Anweisungen zurück, wie wir zur BAM kommen könnten, wo der Geiger Daniel Phillips und der Pianist Kenneth Cooper auf ihn warteten. Phillips, ein kleiner, koboldartiger Mann, der mit Yo-Yo schon zusammenspielte, seit sie als Kinder in der Juilliard School angefangen hatten, und Cooper, ein sehr großer, schlaksiger Bursche, den Yo-Yo als musikwissenschaftliche Autorität betrachtete, waren zur Probe bereit. Fünf Minuten später war das Trio an der Arbeit.

Wie viele andere außerordentliche Künstler schien auch Yo-Yo Ma mit seinem Instrument völlig verwachsen zu sein, man hatte den Eindruck, daß er es mühelos handhabte; sein Arm führte den Bogen so leicht, als ob es dazu keiner Muskelkraft bedürfe. Seine Vortragsweise war äußerst ausdrucksvoll: Er wiegte sich hin und her, schüttelte den Kopf, und in seinem Gesicht spiegelte sich alles wider, von glückseliger Freude bis zu unausdenkbarem Schmerz. Es war jedenfalls nicht das, was man von einem fernöstlichen Gesicht erwartete. Aber Yo-Yo Ma ist ja auch ein Chinese, der China nie gesehen hat.

Er wurde am 7. Oktober 1955 in Paris geboren und zuerst Ernest genannt, weil in dem Dorf südlich von Shanghai, wo sein Vater geboren wurde, Kinder erst nach Ablauf eines Monats chinesische Namen erhielten, wenn die Familie einigermaßen sicher sein konnte, daß sie überleben würden. Sein Vater war das älteste von vier überlebenden Kindern gewesen. Er hatte sich, gegen den Willen seiner Eltern, den Künsten zugewandt und war 1936 nach Paris gegangen, wo er schließlich an der Sorbonne den Doktorgrad in Musikwissenschaft erwarb. Yo-Yos Mutter Marina kam 1949 nach Paris, um Gesang zu studieren. Die Machtübernahme der Kommunisten schloß eine Rückkehr aus, und das Paar ließ sich endgültig in Paris nieder.

Im Jahre 1951 wurde ihr erstes Kind geboren, das sie Marie-Thérèse und später Yeou-Cheng nannten. Sie führte ihre doppelten Namen auf den Verdruß ihres Vaters über die Unfähigkeit der Franzosen zurück, seinen chinesischen Namen richtig auszusprechen. Hiao-Tsiun Ma hatte in Paris kein leichtes Leben. Die Behörden weigerten sich, ihm die französische Staatsbürgerschaft zu verleihen, und der große, elegante Musiker behielt fünfundzwanzig Jahre lang seinen Studentenstatus. Er brachte seine Familie durch, indem er sich in einer Vielzahl von Jobs betätigte: unter anderem als Wächter im Museum für asiatische Kunst und als Angestellter in der Bibliothek für orientalische Sprachen. Die Mas lebten in einem vierstöckigen, fahrstuhllosen Mietshaus im Quartier Latin, wo die Kinder die Zeit an der Uhr der Sorbonne ablesen lernten und im Jardin du Luxembourg spielten, aber wenig Kontakt zu ihrer französischsprachigen Umwelt hatten.

Zu Hause wurde Chinesisch gesprochen. Sie aßen zwar *baguettes* und tranken *café au lait* zum Frühstück, nahmen zu den anderen Mahlzeiten jedoch chinesische Gerichte zu sich. Die Geschwister besuchten keine Schule, sondern erhielten von ihrem Vater zu Hause Unterricht. Hiao-Tsiun Ma überwachte ein Fernstudium der Kinder und prüfte ihre Französisch–, Geschichts-, («Wir sind Nachkommen der Gallier») Mathematik- und Bibelkenntnisse. Überdies brachte er ihnen die chinesische Sprache, chinesische Kalligraphie und Sprichwörter wie «Die Flüsse bestehen aus kleinen Wassertropfen» oder «Ehrenwerte Gäste reisen im Regen» bei – Sprichwörter, die die Essenz der Kultur in sich bargen, die er hinter sich gelassen hatte. Und irgendwie blieb genügend Zeit übrig, um die Kinder auch in Musik zu unterrichten, und genügend Geld, um ein Klavier und eine Reihe von Streichinstrumenten zu kaufen.

Yeou-Cheng begann im Alter von zweieinhalb Jahren Klavier und Geige zu spielen und war schon acht Jahre alt, als ihr Bruder ebenfalls damit anfing. «Er hatte ein paar Tasten an unserem Klavier und eine Geige zerbrochen, glaube ich», sagte sie in dem ruhigen, unterkühlten Tonfall, in dem beide Ma-Kinder sprachen. «Meine Eltern begannen bereits zu glauben, daß er an Musik kein Interesse hatte.»

«Mein Vater spielte Geige, und mir schien, daß Geige und Klavier meiner Schwester ‹gehörten›», erinnerte sich Yo-Yo. «Sie war immer vier Jahre älter als ich, eine phantastische Spielerin, und ich dachte mir wahrscheinlich, ich könne nie so gut werden wie sie. Als ich dann vier Jahre alt war, brachte mich mein Vater zum Pariser Konservatorium. Da stand in einer Ecke ein gewaltiger Kontrabaß, der doppelt so groß ist wie jeder normale Baß und für mich riesig ausschaute. Die Saiten daran waren gerissen, und an der Stelle der Saiten waren Stricke befestigt. Ich fand sofort Gefallen daran, aber weil ich in dem Alter natürlich keinen Kontrabaß spielen konnte, beschied ich mich mit dem Cello.»

Ein halbes Jahr später spielte Yo-Yo Bach-Suiten. Sein Vater hatte ihm eine Lehrerin, Madame Michelle Le Pinte, und ein Sechzentel Cello beschafft, das Yo-Yo Ma, auf drei Pariser Telefonbüchern sitzend, spielte. Obwohl beide Kinder Privatlehrer hatten, überwachte ihr Vater sie beim Üben und legte eine Reihe unumstößliche Regeln fest: Sie durften einander beim Üben nicht stören und durften die Stücke des anderen nicht spielen, summen, pfeifen oder singen. Sie brauchten nicht stundenlang zu üben, sondern nur ein spezielles Pensum zu absolvieren, zuerst Tonleitern, dann Etüden, dann Bach und zuletzt Konzerte.

Hiao-Tsiun Ma hatte ein System entwickelt, bei dem man sich immer nur ganz wenig vornahm, das aber perfekt beherrschte, ehe man in einem gegebenen Stück weiterging. «Er legte großen Wert auf die Technik: die Noten lernen, sie vollkommen zum Erklingen bringen, das Instrument meistern, das Gedächtnis schulen», erinnerte sich der Sohn. «Ich lernte jeden Tag zwei Takte einer Bach-Suite. Nicht mehr und nicht weniger. Ich eignete sie mir an, ich prägte mir alle Strukturen der Musik ein, ich schulte mein Gedächtnis. Das zwang mich auch, darüber nachzudenken, was ich tat. Obwohl ich nur eine halbe Stunde täglich übte, lernte ich doch, bis ich sieben Jahre alt war, drei Bach-Suiten auswendig. Jeden Abend spielte ich noch einmal durch, was ich kannte, um mein Gedächtnis aufzufrischen.»

Sein erstes öffentliches Konzert gab er mit sechs Jahren am Institut d'Art et d'Archéologie in Paris und verließ bald darauf Frankreich, um Verwandte in den Vereinigten Staaten zu besuchen. Durch mehrere glückliche Umstände wurde Yo-Yos Vater als Musiklehrer an die Trent School in New York City verpflichtet, seine Kinder wurden dort eingeschult und durften wichtigen Leuten vorspielen: den Geigern Isaac Stern und Alexander Schneider, den Cellisten Pablo Casals und Leonard Rose und dem Dirigenten Leonard Bernstein. Sie traten in der Johnny Carson Show auf und in der ersten Fernsehveranstaltung zugunsten des Kennedy Center in Washington, D. C., bei dem Robert Frost Gedichte las, Marian Anderson sang und Danny Kaye dirigierte. Die Mas waren ein großer Erfolg; ihr Vater entschloß sich, in Amerika zu bleiben.

Eine Stunde vor Konzertbeginn in der BAM waren Yo-Yo Ma, Danny Phillips und Ken Cooper noch immer in ihre Probe vertieft, um knifflige Fragen der Interpretation der Werke auf den Notenständern vor ihnen zu lösen. Und es machte ganz den Eindruck, als ob Yo-Yo der jüngste Teilhaber bei dem Unternehmen sei.

«Was passiert hier?» fragte er. «Was meint ihr, wie das klingen soll?»

Ken Cooper antwortete mit aller Ausführlichkeit; Danny Phillips sagte nicht viel. Er hatte seit seiner Kindheit mit Yo-Yo zusammengespielt und war mit jeder Regung des Cellisten vertraut. «Immer wird er so etwas fragen wie ‹Was meint ihr, wie ich diese Phrase spielen soll?›» sagte Phillips, «obwohl er ganz genau weiß, wie er es machen soll. Immer fragt er. Immer ist er ehrerbietig. Ich habe ihn absichtlich *Fehler* machen gehört, damit die andern ein besseres Gefühl haben. Und es funktioniert. Er bringt mich dazu, daß ich mein Bestes gebe. Er versteht aus jedem, mit dem er zusammenspielt, das Beste herauszuholen.»

Als Yo-Yo neun Jahre alt war, begann er bei Leonard Rose zu studieren. Er sprach nur im Flüsterton, aus Angst vor seinem Lehrer und aus Ehrfurcht vor dem ungeheuer üppigen Klang, den Rose seinem Instrument zu entlocken verstand, während Yo-Yo damals kaum ein Quietschen hervorbringen konnte. «Er hatte so viel Geduld mit mir!» rief Yo-Yo aus. «Für mich ist er die Unbestechlichkeit selbst. Er ist von einer seltenen Ehrlichkeit. Meine ganze Entwicklung vollzog sich unter seiner Leitung. Ihm verdanke ich das meiste von dem, was ich auf dem Instrument kann.»

Rose erinnerte sich Yo-Yo Mas als eines «sehr kleinen, sehr schüchternen Jungen. Er war wohl der jüngste Schüler, den ich je angenommen habe. Ich fand sofort Gefallen an ihm. Er hatte ein unglaubliches Gedächtnis und eine wunderbare Bewegungskoordination. Mit zwölf Jahren konnte er manche der schwersten Etüden spielen und alles, was er spielte, auswendig behalten. Zwar war damals bei ihm noch kein emotionaler Gehalt erkennbar, und sein Ton war auch nicht besonders groß, aber er war offensichtlich sehr begabt. Er verschlang die Dinge förmlich, und als er älter wurde, begann er eine erstaunliche Qualität des Ausdrucks und eine beträchtliche musikalische Intelligenz zu entwickeln. Ich mag den Jungen; er hat die Fähigkeit, mich sehr zu bewegen.»

Wenn es auch offensichtlich war, daß Yo-Yo das Zeug zum Virtuosen hatte, bestand Hiao-Tsiun Ma doch darauf, seinen Sohn «normal» aufwachsen zu lassen. In der Ma-Familie bedeutete das die Fortsetzung der bi-kulturellen Erziehung in den besten Schulen ebenso wie die Aufrechterhaltung eines hohen musikalischen Standards. «Wir standen um halb sieben Uhr auf und bekamen erst Frühstück, wenn wir unsere kalligraphischen Übungen beendet und Musik geübt hatten», erinnerte sich Yeou-Cheng. «Mein Vater wollte uns in erster Linie zu gebildeten, guten Menschen und in zweiter Linie zu Musikern erziehen.» Aber während seine ältere Schwester sich dem strengen Regiment des Vaters fügte (fleißig zu lernen, gleich nach der Schule heimzukommen, nie bei Schulkameraden übernachten zu dürfen, kein Taschengeld zu bekommen – «Wir erzählten unseren Eltern gern, daß wir in die Bibliothek gehen müßten, nur um Gelegenheit zu haben, das Haus zu verlassen und andere Leute zu beobachten»), begann Yo-Yo im Alter von acht oder neun Jahren sich dagegen aufzulehnen. Er schwänzte den Unterricht, fuhr im Central Park mit dem Fahrrad spazieren, streunte am Times Square herum oder ging ins Kino.

Der Höhepunkt der Woche war der Samstag, wenn er in die Juilliard School ging. «Ich ging furchtbar gern hin», erzählte er. «Ich schwänzte den Unterricht, nur um mit anderen Leuten zusammenzusein. Weil ich zu Hause so isoliert war, war ich immer neugierig darauf, wie andere Menschen wohl sein mochten. So ging ich nicht in die Gehörbildungsübungen, sondern setzte mich in die Cafeteria. Natürlich fiel ich in Gehörbildung durch. Ich spielte Cello im Orchester und auch in einer Kammermusikgruppe. Danny kam von Pittsburgh eingeflogen und der Pianist von Washington, so daß ich immer, wenn schlechtes Wetter war, noch etwas länger in der Cafeteria sitzen konnte.»

Danny Phillips erinnerte sich, daß Yo-Yo so schüchtern war, daß er kein einziges Wort sagte, «als wir zum erstenmal zusammenspielten», und daß er «mit zwölf ein perfekter Cellist war». Yo-Yo selbst merkte auch, daß er «ziemlich gut war im Vergleich zu anderen», und diese Einsicht ernüchterte und verwirrte ihn. Hiao-Tsiun Ma hatte seinen Kindern beigebracht, Demut zu üben und Komplimenten und anderen Formen von Schmeichelei zu mißtrauen. «Wenn euch jemand sagt, daß ihr gut seid, lügt er und will bloß etwas von euch», erinnerte sich Yeou-Cheng des Kerns der ihnen vermittelten Erziehungslehre.

«Erst viel später war ich in der Lage zu akzeptieren, daß die Leute das, was ich tat, wirklich mochten», sagte Yo-Yo. «Ich hatte Angst, daß die Leute mich bloß deshalb mochten, weil ich gut spielte, und mich störten auch die Vergleiche, die an einem Ort wie Juilliard an der Tagesordnung sind. Ich kannte nette Leute, die nicht so gut spielten wie ich, und ich mochte die Art und Weise nicht, wie über sie geredet wurde. Da spielte man mit jemandem, der sagte: ‹Ich bin großartig, du bist großartig, aber *diese* Leute da – die taugen nichts›, und dann erwies sich jemand, der nichts taugte, als sehr guter Kamerad.»

Kameradschaft war für Yo-Yo geradezu eine Entdeckung. Er

schwelgte darin. Mit fünfzehn begann seine Schüchternheit sich zu legen, und er setzte alles daran, um auch einer von den «Burschen» zu werden und dazuzugehören. In diesem Sommer ging er zum erstenmal von zu Hause fort, um an einem Sommerkurs teilzunehmen, und geriet «völlig außer Rand und Band». Er behauptete, nicht einmal seine Wäsche gewaschen und, von der Disziplin des Vaters befreit, sogar sein Cello draußen im Regen stehengelassen zu haben. Er vergaß die Proben und duschte nicht mehr. «Mr. Galamian muß entsetzt gewesen sein», erinnerte er sich. «Es war die totale Freiheit.»

Als er im Herbst zurückkehrte, schrieb Yo-Yo sich als ordentlicher Student an der Juilliard School ein und versuchte seinen neuen Lebensstil fortzusetzen, während er weiter zu Hause wohnte. Er begann zu trinken – mit der Begeisterung eines Kindes, das in einem Süßwarenladen losgelassen wird. Eines Tages trank er sechs Gläser Gin und Tonic vor einem Solo-Auftritt. Ein andermal wurde er bewußtlos in einem Übungsraum aufgefunden und mußte ins Roosevelt Hospital gebracht werden. Die Schulleitung dachte, er habe sich eine Überdosis Drogen einverleibt; in Wirklichkeit hatte er einen Viertelliter Scotch getrunken. «Meine Eltern kamen mich abholen. Ich war noch minderjährig», sagte er. «Ich wünschte, sie wären wütend geworden. Statt dessen gab mein Vater das Weintrinken auf, weil er glaubte, er habe mir ein schlechtes Beispiel gegeben.»

In diesem Jahr wurde deutlich, daß Yo-Yo nicht mehr zu Hause wohnen konnte. Yeou-Cheng, die ihm, wie er sagte, immer als Vorbild gedient hatte, war in Radcliffe. Sie hatte sich, nach reiflicher und schmerzlicher Überlegung, entschlossen, statt einer musikalischen eine wissenschaftliche Laufbahn einzuschlagen. Yo-Yo bewarb sich in Harvard, wo er für das folgende Jahr einen Studienplatz erhielt.

«An der Juilliard School konnte ich alle diese verrückten Sachen auf meinem Instrument machen, obwohl ich nicht genau wußte, warum oder was ich da tat, aber die Leute fanden es großartig», sagte er. «In Harvard sagten die Leute: ‹Hören Sie, das müssen Sie abstellen. Zur Musik gehört schon ein bißchen mehr. Sie müssen sich an andern Dingen versuchen.›»

Er wählte eine geisteswissenschaftliche Richtung, die ihm erlaubte, alle Musikkurse, die er nur wollte, zu belegen und dazu Vorlesungen in Naturwissenschaft, Literatur und Geschichte. Er trat auch auf dem Campus auf, nahm aber monatlich nur noch eine Konzertverpflichtung außerhalb des College an. Er begann zu lesen und über die Welt eines Komponisten und der von ihm benutzten Sprache nachzudenken. «Ich fing an, mich vom bloßen Cellisten zu einem Musiker zu entwickeln, der an Kontakten und Gedankenaustausch mit anderen Menschen interessiert war», sagt er. «Harvard gab mir eine andere Lebensperspektive. Ich merkte, daß es viele Dinge gab, die für andere Leute so wichtig waren wie für mich die Musik. Zugleich vertiefte sich meine Bindung an die Musik. Ich verbrachte einen Sommer in Marlboro und arbeitete mit Casals, Serkin, Sascha Schneider und Isadore Cohen. An Details, immer an Details. Ihr Engagement konnte man geradezu sehen. Damals wurde mir klar, und zwar mit letzter Sicherheit, daß Musik genau das war, was ich wirklich machen wollte.»

Kurz nach acht Uhr an jenem Abend war der Konzertsaal der BAM gefüllt, und der Cellist zog sich für das Konzert an. Seine Bewegungen waren graziös, sein Lächeln ebenso entspannt wie einige Stunden zuvor, als er den Weg zum Konzertsaal auszukundschaften versucht hatte. Das Trio trat unter Beifallskundgebungen auf die kleine Bühne hinaus. Sie verbeugten sich, lächelten und warteten auf völlige Stille.

Beim Auftritt strahlte Yo-Yos Gesicht wie auch der Klang seines Cellos eine heitere Gelassenheit aus, die selten ist und besonders bei einem jungen Mann überrascht, der die Dreißig noch nicht überschritten hat. Man spürte, daß viele wichtige Kämpfe bereits hinter ihm lagen: Er war früh in die Pubertät eingetreten, hatte seine Teenagerjahre in Rebellion verbracht und war sich mit Zwanzig über seine Ziele im klaren. Mit dreiundzwanzig Jahren, zwei Wochen nachdem ihm der Avery Fisher Prize zuteilgeworden war, heiratete er eine Amerikanerin, die er beim *Marlboro-Festival* kennengelernt hatte. Hiao-Tsiun Ma, der mit seinem Sohn auch weiterhin Chinesisch sprach und derselbe Patriarch der Alten Welt geblieben war wie eh und je, war von der Wahl nicht entzückt, ließ sich aber zur Teilnahme an der Hochzeit überreden.

Im Alter von fünfundzwanzig Jahren unterzog Yo-Yo Ma sich der Operation einer angeborenen Rückgratverkrümmung, und die darauf folgende lange Rekonvaleszenzzeit gab ihm Gelegenheit zum Nachdenken. Wie andere bedeutende Musiker, die Phasen erzwungener Untätigkeit zu durchleiden hatten, ging auch er mit einem vertieften Bewußtsein für seine Kunst daraus hervor. Zugleich hat er sich den Glauben seines Vaters an die Bedeutung eines abgerundeten, normalen Lebens bewahrt. «Musik ist, was die Familie betrifft, ein wirklich harter Beruf», sagt er. «Jill und ich gehen den Sommer über nach Europa, und während des übrigen Jahres versuche ich, wenn sie unterrichtet, auf intelligente Weise zu reisen. Ich reise gern. Aber ich liebe es, genug Zeit zu Hause zu verbringen, um mich normal zu fühlen.»

10

Der Leventritt-Wettbewerb

Eine halbe Stunde nach Beginn der Endrunde des 29. *Leventritt-Wettbewerbs* tauchte ein junger Mann mit dunkelroter Baskenmütze am Bühneneingang der Carnegie Hall auf und verkündete, er sei geradewegs aus Paris zum Klavierwettbewerb eingetroffen.

«Nehmen Sie bitte den Vordereingang», wurde ihm bedeutet.

«Aber ich bin Wettbewerbsteilnehmer», beharrte er und stritt sich mit dem Portier am Bühneneingang herum, bis zwei weitere Türsteher dem ersten zu Hilfe eilten und ihn zur Aufgabe zwangen.

Der Zwischenfall verschaffte einen seltenen Augenblick komischer Entspannung in einer ansonsten ernsten, erschöpfenden und spannungsgeladenen Feuerprobe. Alle Wettbewerbe – von der lokalen Tombola bis hin zu den Olympischen Spielen – bringen Aufregung mit sich, und manche werden für ihre Gewinner sogar zum Sprungbrett für eine lebenslange Karriere. Aber der *Leventritt-Wettbewerb* war *der* einflußreichste und lukrativste musikalische Wettstreit in den Vereinigten Staaten. Der Gewinner des Jahres 1976 würde nicht nur einen Barpreis von 10 000 Dollar erhalten, sondern auch einen Schallplattenvertrag mit RCA und eine ganze Liste von Verträgen für Solo-Auftritte mit einem Dutzend der größten amerikanischen Symphonieorchester, darunter auch das New York Philharmonic. Aus eben diesem Grunde hatten fünfundachtzig junge Pianisten aus achtzehn Ländern sehr viel Zeit und beträchtliche Geldbeträge in die Vorbereitung auf diesen Wettbewerb investiert. Ihre Erfahrungen im Laufe des zweiwöchigen Ausleseprozesses ermöglichten einen ungewöhnlichen Blick hinter die

Kulissen des Musikgeschäfts und führten das Maß an reiner Nervenstärke und Widerstandskraft vor Augen, das – ebenso wie Talent – für den Erfolg als Konzertsolist ausschlaggebend war.

Der *Leventritt-Wettbewerb* wurde 1940 zum erstenmal abgehalten, zum Gedenken an Edgar Leventritt, einen angesehenen New Yorker Rechtsanwalt und Amateurmusiker. Leventritt hatte eine Vorliebe für junge Künstler und verbrachte einen Großteil seiner Freizeit in ihrer Gesellschaft. Als er starb, war die Idee eines internationalen Musikwettbewerbs, der in den Vereinigten Staaten stattfand, noch neu. «Es war unser Ziel», erzählte seine Tochter, Rosalie Berner, «junge Künstler zu lancieren, Maßstäbe für Lehrer und ausführende Musiker zu setzen und die Prüfung wirklich international zu machen, so daß Musiker aus der ganzen Welt die Chance hätten, angehört zu werden.»

Seit damals hatten sich die Bedingungen in der Welt der klassischen Musik natürlich drastisch gewandelt. Um 1970 drängten alljährlich Hunderte von höchstqualifizierten Pianisten, Streichern und Sängern ins Konzertgeschäft, in der Hoffnung auf eine Solistenkarriere. Auch die Zahl internationaler Wettbewerbe hatte sich sprunghaft vermehrt, so daß sie, zusammengenommen, jetzt Ähnlichkeit mit einem weltweiten Querfeldeinrennen hatten, das nur die Härtesten durchzustehen in der Lage waren. «In den fünfziger Jahren war einem noch ein gewisses Ansehen garantiert, wenn man nur einen einzigen Preis wie den der *Reine Elisabeth* in Brüssel oder des *Tschaikowsky-Wettbewerbs* in Moskau gewonnen hatte», sagte ein Teilnehmer. «Heute gibt es so viele Prüfungen und Teilnehmer, daß man ein paar Jahre später vollkommen vergessen ist.»

Zugleich aber war der Sieg in einem Wettbewerb, gerade *weil* es so viele hoffnungsvolle Solisten gab, nach Meinung vieler Beobachter nahezu unerläßlich geworden. Ein Preis brachte Publizität, sowohl in der kleinen Welt von Musiklehrern, -schülern und -ausführenden als auch in der großen der Konzertbesucher, die die Eintrittskarten kauften. Ein Preisträger lenkte die Aufmerksamkeit von Managern auf sich, die sich ausmalten, sie hätten einen neuen Horowitz oder Heifetz in Händen. Ein Preis war überdies ein greifbarer Beweis für erbrachte Leistung, ein Maßstab für unumstrittene Meisterschaft auf einem Gebiet, auf dem es von aufschneiderischen Zweideutigkeiten nur so wimmelte. Obwohl die Musikwettbewerbe von Musikern verunglimpft wurden, weil sie zu mechanischem Spiel und intriganten Machenschaften ermutigten, von Lehrern, weil sie sinnlose Demoralisierung verursachten, und von Kritikern, weil sie technische Hexenmeister hervorbrachten, die seelenlose Töne produzierten, blieben sie dennoch ein Phänomen, das zu ignorieren sich nur wenige leisten konnten.

Als Folge davon beteiligten sich viele junge Musiker typischerweise an Wettbewerben und begaben sich auf eine schon zur Routine gewordene Rundreise, die von New York über Montreal nach Leeds, Genf, Brüssel, München, Warschau, Moskau und sogar durch Texas führte, immer im Bestreben, sich einen Vorteil vor ihren Mitstreitern zu sichern. Die Prüfungen hatten einen neuen Typus hervorgebracht, den *Wettbewerbskünstler*, desgleichen eine Hierarchie unter den Wettbewerben selbst. Ganz nah an der Spitze der Pyramide figurierte der *Leventritt-Wettbewerb*. Durch keinerlei Ein- oder Zweijahresschema festgelegt, stand die Prüfung allen Pianisten und Streichern immer dann offen, wenn Mrs. Berner und ihre Jury zu dem Beschluß kamen, es sei ein genügend großer Kreis von neuen, talentierten Bewerbern nachgewachsen. Die Leventritt-Jurymitglieder selbst galten im allgemeinen als Leute, die zu den hervorragendsten und unvoreingenommensten Musikern zählten, die sich an einem Ort zusammenbringen ließen. Sie waren nicht gezwungen, einen Ersten Preis zu vergeben, und es war bereits ein paarmal vorgekommen, daß sie auf eine Verleihung verzichteten, weil sie der Ansicht waren, nur ein Künstler, der reif sei, eine bedeutende Karriere einzuschlagen, solle ihn bekommen.

Ein halbes Jahr vor Beginn des Wettbewerbs wurden die Unterlagen an Musikschulen, Lehrer, ausländische Konsulate und frühere Wettbewerbsteilnehmer in aller Welt verschickt. «Aber man kann sich nicht einfach aus heiterem Himmel bewerben», sagte ein Schüler der Juilliard School. «Man muß mit einer Reihe von Orchestern gespielt oder schon einmal einen Wettbewerb gewonnen oder wenigstens einen Solo-Abend gegeben haben. Sich um die Zulassung zu bewerben, erfordert allein schon eine Menge Mut.»

Während die Bewerbungen einzutreffen begannen, ließ Mrs. Berner es sich angelegen sein, eine Gruppe von Juroren zusammenzustellen, die sich an zehn aufeinanderfolgenden Tagen zur Verfügung halten konnten. Überdies mußte sie einen Saal mit entsprechenden Übungsnebenräumen, guter Akustik, genügend Sitzplätzen und Raum für Juroren und Prüflinge mieten. Ferner hatte sie einfühlsame und kompetente Begleiter zu verpflichten, die die Orchesterpartien von bis zu fünfzig Konzerten spielen konnten – mit Leuten, die sie noch nie gesehen hatten.

Im Jahre 1976 war der Wettbewerb für Pianisten ausgeschrieben. Die Juroren Gary Graffman (Leventritt-Gewinner von 1949) und Claude Frank (Leventritt-Kandidat von 1954) siebten hundert Bewerbungen durch und lehnten nur elf ab. Es war die höchste Zahl von Bewerbungen, an die sich die beiden erinnern konnten, und sie zeigte deutlich das hohe Niveau des pianistischen Ausbildungsstandards. Seit Ende des Zweiten Weltkriegs, sagte Graffman, studierten mehr und mehr Menschen ernsthaft Klavier. «Das ist auf den höheren Lebensstandard der Mittelklasse hier in den Vereinigten Staaten zurückzuführen – und die große Zahl von Lehrern, die nach der Russischen Revolution und den Ereignissen in Nazi-Deutschland aus Europa emigrierten. Dazu kommt noch eine Talentschwemme in Ländern wie Japan und Südkorea.»

Viele Juroren erwähnten auch die Auswirkungen von Rundfunk und Schallplattenaufnahmen auf junge Pianisten. «Durch die Schallplattenindustrie sind sich die Leute in hohem Maße bewußt geworden, was eine technisch hervorragende Leistung ist», sagte der Dirigent Max Rudolf. «Auf einer Schallplatte gibt es einfach keine Fehler, und *sie* sind der neue Standard geworden. Früher störte uns eine falsche Note hier und da nicht so sehr. Heute müssen die jungen Pianisten perfekt spielen, weil ein einziger falscher Ton hervorsticht wie ein entzündeter Daumen.»

Graffman und Frank schauten sich zuerst die Geburtsdaten der Kandidaten an und verglichen ihr Alter mit der Zahl der Konzerte, die sie gegeben hatten. «Wenn jemand achtzehn ist und nur in seiner Heimatstadt aufgetreten ist, ist das in Ordnung», sagte Graffman, «aber wenn sie sechsundzwanzig sind und nur ‹Heimspiele› absolviert haben, geht das nicht. Dann sehen wir uns das Repertoire an. Die Kandidaten müssen drei vollwertige Konzerte bieten: eines davon muß Mozart, Beethoven oder Brahms sein. Überdies müssen sie in der Lage sein, zwischen neunzig und hundertzehn Minuten Solo-Repertoire zu spielen, also anderthalb mal die Länge eines durchschnittlichen Solo-Auftrittes.

Danach erst nehmen wir uns die Lehrer vor, bei denen der betreffende Kandidat studiert hat, und schauen nach, welche Art von Kammermusik er oder sie gespielt hat. Aber wenn wir einen Bewerber annehmen, hat die Annahme dieser Bewerbung nicht das allergeringste mit dem zu tun, was auf der Bühne vor sich geht.»

Noch ehe der erste Ton im WOXR-Auditorium in Manhattan erklungen war, hatten plötzliche Anfälle von Migräne, unerwartete Konzertverpflichtungen und panikartiges Lampenfieber die Zahl der Kandidaten von neunundachtzig auf fünfundsechzig schrumpfen lassen, die an den Ausscheidungsrunden teilnehmen sollten. Jedem dieser fünfundsechzig Kandidaten wurden zwanzig Minuten zugestanden – eine lange Zeit für Ausscheidungsrunden, aber eine kurze für den Kandidaten. «Sie wählen das erste Stück, und nach vier Minuten wissen wir gewöhnlich schon, ob sie bis ins Semifinale vordringen werden», sagte Claude Frank. «Wenn sie keine Aussicht haben, sich zu qualifizieren, versuchen wir, ihnen alles weitere so leicht wie möglich zu machen. Wenn sie vielversprechend sind, bitten wir sie um ein Stück in einem anderen Stil oder aus einer anderen Periode. Wir hören uns immer einen Ausschnitt aus einem Konzert und einen aus einem Solo-Stück an.»

Um halb zehn Uhr am Morgen des Eröffnungstages kam ein großer, schlanker Pianist aus Port Jefferson, New York, ins Auditorium und trat ins Licht der drei 2000-Watt-Quarzlampen, die dem Fernsehteam von *60 Minutes* gehörten. Die Leventritt-Mitglieder hatten einen Werbefachmann engagiert, der die höchsteingestufte Wochenschau von CBS dazu überreden konnte, die Ausscheidungen fürs Fernsehen aufzunehmen. Die Kandidaten waren nicht unterrichtet worden, daß sie gefilmt würden, und als jeder von ihnen ins Quarzlicht hinaustrat, malte sich auf ihren Gesichtern zunächst Überraschung, dann rasche Anpassung an die unerwarteten Bedingungen. Die Scheinwerfer tauchten die Bühne in Weiß, warfen

Schatten von den schwarzen auf die weißen Tasten des Flügels und ließen die im Saal sitzenden Juroren völlig im Dunkeln verschwinden.

«Mr. Gemmel wird mit Brahms' d-Moll-Konzert beginnen», verkündete Mrs. Rosalie Berner in sorgfältig gemessenem Ton. Es trat eine Pause ein, in deren Verlauf der Pianist sich sammelte. Dann spielte er die nächsten zehn Minuten lang ohne jede Unterbrechung.

Als er den ersten Satz beendet hatte, herrschte Schweigen. Die Juroren – die Pianisten Sidney Foster, Leon Fleisher, Gary Graffman, Richard Goode, Claude Frank, Nadia Reisenberg und Gitta Gradova und der Dirigent Max Rudolf – flüsterten miteinander, während Gemmel ins helle Licht starrte.

«Würden Sie uns bitte einen Ausschnitt aus der Mozart-Sonate spielen?» fragte Fleisher mit Blick auf das Programm, das Mr. Gemmel den Juroren unterbreitet hatte.

Um neun Uhr vierzig begann der Kandidat mit Mozarts Klaviersonate Nr. 9.

«Danke. Herzlichen Dank», unterbrach Fleisher um neun Uhr dreiundvierzig. «Würden Sie jetzt bitte mit der Chopin-Ballade anfangen?»

Vier Minuten später wurde er erneut unterbrochen.

«Danke», rief Fleisher wiederum, und um neun Uhr neunundvierzig trat ein junger Mann aus Kansas mit einem Chopin-Prélude an.

In den folgenden sieben Stunden – die Mittagspause und eine Unterbrechung für einen Kaffee mitgezählt – marschierten die Bewerber brav auf die Bühne des Auditoriums, gewöhnten sich an das helle Licht und spielten, als hinge ihr Leben davon ab. Manche preschten wie auf einer Woge von Adrenalin von der Bühne in die Garderobe, überzeugt, sie hätten die besten zwanzig Minuten ihres Lebens an der Tastatur verbracht. Andere sanken in den nächsten Stuhl, ganz sicher, ihr schlampiges Spiel im zweiten Stück habe sie die Teilnahme am Semifinale gekostet.

«Ich würde mein Geld lieber auf ein Pferd als auf einen Kandidaten in einem von diesen Wettbewerben setzen», sagte ein Teilnehmer nach seinem Auftritt. «Jede Jury sucht sich einen anderen Sieger aus, weil es so viele verschiedene Schulen des Klavierspiels gibt, weil sie zu der Zeit, wo man an der Reihe ist, vielleicht gerade müde oder hungrig oder gelangweilt sind oder weil man selbst zufällig nicht in bester Verfassung ist. Man muß Nerven wie Drahtseile haben und darf unter Druck nicht zusammenbrechen. Mit anderen Worten: Man kann es sich nicht leisten, ein Mensch zu sein, aber *gerade das ist es doch, was man sein sollte*, um ein großer Musiker zu werden. Ich konnte es mir nicht leisten, vor diesem Auftritt acht Stunden täglich zu üben, weil ich einen Job habe. Aber das sind nun einmal die Chancen.»

Die unterschiedlichen Voraussetzungen bei einer Prüfung wie dem *Leventritt-Wettbewerb* sind erstaunlich. Manche Bewerber geben bis zu 1000 Dollar aus, nur um nach New York zu kommen und sich in einem ordentlichen Hotel einzuquartieren; andere nehmen einfach nur den Bus von ihrer Wohnung aus. Ein Prüfling schob den Wettbewerb zwischen einen Schallplattentermin, ein Doktoratsfest und einen Konzertauftritt ein, während eine andere Kandidatin vier Wochen damit zubrachte, nichts anderes mit ihrer Lehrerin zu üben als ihr Leventritt-Repertoire. Einige Kandidaten brachten Klavierspieler mit, die ihre Freunde waren oder die sie bezahlten, mit denen sie jedoch jahrelang zusammengearbeitet hatten; andere spielten mit einem der Leventritt-Begleiter, mit dem sie nicht einmal eine einzige Probe absolviert hatten.

Die Juroren – selbst alles gestandene und erprobte Pianisten – versuchten, über diese Diskrepanzen hinwegzusehen. Sie saßen die ganzen Zwanzig-Minuten-Auftritte über leidenschaftslos da, sprachen miteinander nur, um zu bestimmen, welches Stück man dem Prüfling als nächstes abverlangen sollte, und machten sich gelegentlich Notizen in den Blöcken auf dem Schoß: *Ausgezeichnet ... wenig bedeutend ... bewegend ... zuviel Pedal ... keine Phrasierung ... interessant ... hochbegabt ... dürftig.*

Bei den Vorausscheidungen hatte etwa ein Fünftel der Kandidaten größere Gedächtnislücken, spielte eine Phrase oder einen ganzen Abschnitt in der falschen Tonart oder ließ ihn völlig aus. Insgesamt gesehen, urteilten die Juroren, spielten sie alles schneller, als es herkömmlicherweise gespielt wurde, benutzten mehr Pedal und hämmerten lauter.

«Sie spielen fast nie leiser und zurückhaltender», sagte Claude Frank. «Wie alle andern Konzertbesucher reagieren auch wir, wenn wir zuhören, auf ein musikalisches und künstlerisches Erlebnis als Ganzes. Als Juroren aber stellen sich unsere Ohren auf die Teilkomponenten dieses Erlebnisses ein. Wir achten auf die Qualität des technischen Handwerkszeugs, auf Tongebung, Genauigkeit, Intensität, das Maß an Konzentration, die musikalische Aufrichtigkeit. Wir schauen darauf, wie jeder von ihnen das Pontential, das er hat, nutzt.»

Nachdem alle sechzig Wettbewerbsteilnehmer – weitere fünf waren zwischenzeitlich ausgeschieden – gespielt hatten, hatten die Juroren zwei Listen aufgestellt. Die erste Liste enthielt die Pianisten, die, wie sie meinten, sichere Semifinalisten waren. Hier herrschte allgemeine Übereinstimmung in bezug auf fünf Kandidaten, die aufgetreten waren. Weitere acht Spieler wurden als mögliche Semifinalisten in Betracht gezogen. Die Namen dieser dreizehn Kandidaten wurden den Teilnehmern am letzten Abend der Vorausscheidung bekanntgegeben und am darauffolgenden Tage in der New Yorker Presse veröffentlicht.

Die Pianistin Marian Hahn war die fünfte Wettbewerbsteilnehmerin gewesen, die zu den Vorausscheidungen antreten mußte, und sie hatte vier Tage warten müssen, bevor sie erfuhr, ob sie das Semifinale erreicht hatte. Eine schlanke, dunkelhaarige New Yorkerin mit liebenswürdigem Benehmen, hatte sie sich auf der Bühne sehr ungezwungen bewegt. Marian Hahn war siebenundzwanzig Jahre alt; sie hatte bereits an vielen anderen Wettbewerben teilgenommen und gelernt, das Beste aus den anstrengenden Bedingungen zu machen.

«Ich fing an dem Tag nach den Vorausscheidungen wieder an zu üben», sagte sie. «Es darf keine Rolle spielen, wie die Sache gelaufen ist, man muß so tun, als werde man die nächste Runde erreichen. Ich versuche in dieser Phase den Kontakt zu anderen Kandidaten zu vermeiden. Ich gehe früh schlafen und versuche sechs Stunden pro Tag zu üben. Sowohl ich als auch meine Begleiterin haben Probleme mit der Ausdauer. Was immer die Leute erzählen, es *gibt* einen Unterschied zwischen einer Frau von hundertzehn und einem Mann von zweihundert Pfund Gewicht. Wir müssen sparsam mit unserer Energie umgehen, und für eine ganze Weile gibt es nichts anderes als strenges, asketisches Leben.

Die ersten vier Tage nach meinem Auftritt fühlte ich mich ganz gut, aber der fünfte Tag war schrecklich. Man hatte uns gesagt, wir sollten um halb fünf im Leventritt-Büro anrufen, um zu erfahren, wer ins Semifinale gekommen war. Als ich anrief, waren alle Leitungen ungefähr eine Stunde lang besetzt. Als ich endlich durchkam und man mir sagte, ich hätte es geschafft, bat ich meine Zimmergenossin, das ganze Wochenende über alle Zeitungen vor mir zu verstecken. Ich wollte nicht wissen, gegen wen ich anzutreten hatte.»

Am darauffolgenden Montag war Marian Hahn die erste Semifinalistin, die laut Zeitplan vor den Juroren zu spielen hatte. Das Auditorium war in die Carnegie Hall verlegt worden, und die CBS-Scheinwerfer wirkten in dieser Umgebung winzig klein. Die Juroren saßen in einer Sitzreihe im Saal, die sich etwa in der Mitte zwischen der Bühne und den Besuchereingängen befand. Jedem Semifinalisten waren diesmal dreißig Minuten zugestanden, und während sie auf ihren Auftritt warteten, waren ihre Gesichter noch verbissener als in der Woche zuvor.

«Einen solchen Druck wie diesen hier hatte ich noch nie auszuhalten», sagte Lydia Artymiw, die zum erstenmal an einem bedeutenden Wettbewerb teilnahm. Sie war einundzwanzig Jahre alt, hatte weißblondes Haar und blaue Augen und strahlte eine Entschlossenheit aus, wie sie für die meisten Wettbewerbsteilnehmer bezeichnend war. Ihre Eltern waren Immigranten aus der Ukraine, die der Zweite Weltkrieg nach Amerika verschlagen hatte, so wie Marian Hahns Angehörige deutsch-jüdische Flüchtlinge waren. Beide Frauen waren hervorragende Studentinnen und disziplinierte Spielerinnen, und beide genossen die volle Unterstützung ihrer Familien, die mit ihnen in die Carnegie Hall gekommen waren.

Lydia Artymiw sah aus, als habe sie mehrere Tage lang nicht geschlafen. «Wenn man bei einem Konzert einen falschen Ton spielt, beunruhigt das einen nicht allzu sehr», sagte sie.

«Hier aber spürt man sofort, daß einem das einen Abzug von fünfzig Punkten einträgt. Diese Juroren kennen das Repertoire in-

und auswendig, und jeder oder jede hat seine ganz eigene Auffassung davon, wie das Stück klingen sollte. Das, was man spielt, muß man mit größter Überzeugung spielen und sich nicht dabei ablenken lassen oder sich Sorgen machen, weil man keinerlei Feedback bekommt. Sie applaudieren nicht. Sie lassen einen auf gar keine Weise wissen, was sie sich dabei gedacht haben. Und dann gibt es alle die Fragezeichen im eigenen Kopf, wenn man da oben sitzt. Wenn man bis ins Finale kommt, ist das wunderbar, aber man muß einen Preis dafür zahlen. Man muß aufs Podium gehen und das Ganze noch einmal hinter sich bringen.»

Lydia Artymiw schüttelte nachdenklich den Kopf. «Am schlimmsten ist die Verausgabung. Man übt den ganzen Tag, steht dauernd unter Streß. Mein Nacken und der Rücken sind völlig verkrampft – aber ich wollte unbedingt herausfinden, wie ich mit alledem fertig würde. Und ich habe eine Menge gelernt. Ich bin an einem Punkt, wo es für mich nicht mehr wichtig ist, ob ich gewinne. Ich wollte einfach sehen, wie ich so etwas überstehe.»

Um vier Uhr, nachdem auch der letzte Semifinalist sein Vorspiel beendet hatte, zogen sich die Juroren zurück, um die Finalisten zu bestimmen. Jedes Jury-Mitglied fertigte eine Liste der Spieler an, die er für die Finalisten hielt. Jeder Name, der auf fünf oder mehr Listen auftauchte, galt als sicherer Finalist. Wie sich herausstellte, gab es fünf solcher Namen: Lydia Artymiw und Marian Hahn; Steven De Groot, ein in Philadelphia lebender Südafrikaner; Santiago Rodriguez, ein in New York lebender Kubaner; und Mitsuko Uchida, eine in London lebende Japanerin.

Am Abend vor dem Finale saß Mitsuko Uchida in ihrem Hotelzimmer, wo sie kein Klavier zur Verfügung hatte. Sie war siebenundzwanzig Jahre alt, dunkelhaarig, schwarzäugig, geschmeidig und gelassen. Sie hatte auf der Bühne einen derart starken Eindruck von intellektueller Überlegenheit ausgestrahlt, daß mehrere Zuhörer sie die «Drachenlady» genannt hatten.

Mitsuko Uchida schien weder unruhig noch müde zu sein. «Ich übe erst im allerletzten Moment», sagte sie. «Manchmal stricke ich, weil mich das vom Wettbewerb ablenkt. Diese Woche habe ich mehrere Museen besucht – das Frick, das Metropolitan, das Guggenheim-Museum. Wenn ich acht Stunden täglich übte, wäre ich wohl zu müde zum Spielen. Ich muß schwache Gehirnzellen haben, denn meine Konzentrationsfähigkeit ist nicht so schrecklich groß. Für mich ist es besser, zwei oder drei Stunden zu üben und dann ins Museum zu gehen.

Ich mache bestimmte Entspannungsübungen und versuche, überhaupt nicht an den Wettbewerb zu denken. Man kann den Juroren nicht in die Köpfe sehen. Meine Einstellung ist die, den Wettbewerb so aufzufassen, als ob er ein Konzert wäre. Ob ich vor zehn Musikern in einem leeren Saal oder vor zweitausend Leuten spiele, unter denen sich sicher auch mindestens zehn Musiker befinden, bleibt sich gleich. Ob sie einen mögen oder nicht, läßt sich nicht voraussagen.»

Für das Finale kam Mitsuko Uchida in Blue jeans, silbernen Schuhen und einem olivgrünen Regenmantel in die Carnegie Hall, legte dann aber ein Abendkleid an. Alle Finalisten trugen die übliche Berufs-«Tracht», und auch die Juroren hatten sich umgezogen. Zum Finale, bei dem jeder Teilnehmer fünfundvierzig Minuten lang ohne Unterbrechung aus seinem Repertoire spielen durfte, hatte auch das Publikum Zutritt. Die Aussicht darauf, Freunde, Lehrer und Angehörige unter den Zuhörern zu sehen, brachte bei den fünf Endrundenteilnehmern eine merkliche Entspannung mit sich, und die Stimmung hinter der Bühne wurde beinahe festlich.

«Ich *wollte* spielen», sagte Santiago Rodriguez. «Dort draußen ein wirkliches Publikum vorzufinden – das macht für mich einen großen Unterschied aus. Wenn man auf die Bühne geht und alle diese Gesichter sieht, gibt einem das Auftrieb, so daß die Nervosität kein Problem mehr ist.»

«Ich hatte ein ganz entschiedenes Gefühl von Verwandtschaft und gemeinsamer Abstammung», sagte Marian Hahn. «Ich dachte mir: *Rubinstein hat diesen Chopin hier gespielt, und Horowitz hat meine Haydn-Sonate gespielt.* Im allerersten Konzert, das ich besuchte, spielte Rudolf Serkin das *Krönungs-Konzert*, und ich saß ganz oben im zweiten Rang.»

Diesmal saß Marian Hahn am Klavier und spielte das *Krönungs-Konzert*, und Serkin befand sich unter den Juroren im Saal. Er, Mieczyslaw Horszowski, Rudolf Firkusny, William Masselos und der Dirigent William Steinberg waren für das Finale zu der ursprünglichen Jury hinzugekommen. Vier Stunden lang hörten sie sich die Auftritte an, und um halb vier begaben sie sich ins Dirigentenzimmer hinter der Bühne der Carnegie Hall, um zu einem Entschluß zu kommen. Die CBS-Mannschaft hatte dort weitere Scheinwerfer aufgestellt, und während die Kandidaten und das Publikum noch darauf warteten, daß die Juroren den Sieger kürten, weigerte sich Rudolf Serkin, an den Beratungen teilzunehmen, solange die Fernsehkameras dort installiert waren. Er und der Produzent stritten sich über die Zulässigkeit der Übertragung des Auswahlverfahrens. Schließlich willigte der Produzent von *60 Minutes* ein, die Quarzlampen auszuschalten, Serkin nahm Platz, und Claude Frank rief die Versammlung zur Beschlußfassung auf.

«Zuerst wollen wir den Preis oder die Preise festlegen», sagte er. «Es kann einen oder zwei oder sogar drei Erste Preise geben – theoretisch. Oder es kann gar keine Preise und nur Finalisten geben. In der Vergangenheit hat es auch schon einmal einen Ehrenpreis gegeben, und das bedeutet, daß derjenige, der ihn bekommt, auf einer Vorzugsliste der Finalisten auftaucht.»

Die anderen zwölf Juroren schauten verwirrt drein. Dann begannen alle auf einmal zu sprechen.

«Ich neige gefühlsmäßig dazu, den Preis allen zu geben», sagte Mr. Horszowski, ein Achtzigjähriger, dessen freundliche, leise Stimme sich im Raum kaum Gehör verschaffen konnte.

«Ich bin hier der einzige, der nicht Klavier spielt, und ich hätte es abgelehnt, diese Leute als Dirigent zu leiten», sagte Mr. Steinberg emphatisch.

«Darf ich auf etwas hinweisen?» fragte Mr. Fleisher mehrfach, ohne eine Antwort zu erhalten.

«Ich möchte ein sehr wichtiges Problem anschneiden», sagte Mr. Frank mit tönender Stimme. «Wollen wir einen Ersten Preis verleihen? Wer stimmt für die Verleihung eines Ersten Preises?»

Wiederum entstand Verwirrung, als alle Juroren gleichzeitig zu sprechen begannen, und Mr. Horszowski, der bei weitem älteste Anwesende, bat um Klarstellung.

Dann sprachen sich zwei Juroren dafür aus, einen Ersten Preis zu verleihen, während elf dagegen stimmten.

«Die fünf Finalisten sind dann also die Sieger», sagte jemand.

«Rudi, gehen Sie bitte hinaus und teilen Sie es ihnen mit?» bat Rosalie Berner, die sich darüber im klaren war, daß die Entscheidung mit Pfeifen und Protesten beantwortet werden würde. Aber niemand aus der Jury fand sich bereit, auf die Bühne zu gehen und die Entscheidung des Gremiums zu verkünden.

Fünf Minuten später war Mrs. Berner auf der Bühne.

«Die Entscheidung der Jury lautet dahingehend, daß dieses Jahr kein Erster Preis verliehen wird», sagte sie. «Jeder Finalist wird die Summe von 1000 Dollar und einen Dreijahresvertrag mit landesweiten Orchester- und Solo-Auftritten erhalten.»

Das Publikum buhte laut, und sofort wurden Spekulationen angestellt, warum wohl kein Sieger gekürt worden war.

«Wahrscheinlich haben sie das Geld nicht», sagte ein New Yorker.

«Diese Juroren sind allesamt senil», sagte ein anderer. «Diejenigen, die den Preis vor zwanzig Jahren gewonnen haben, haben vergessen, wie schlecht sie damals in Wirklichkeit spielten.»

Hinter der Bühne tat Mitsuko Uchida ihr Bestes, um ihre Enttäuschung zu verbergen; Lydia Artymiw lächelte zum erstenmal seit zwei Wochen; Marian Hahn, Steven De Groot und Santiago Rodriguez nahmen dankbar Komplimente entgegen. Familienmitglieder und Freunde überschwemmten die Garderobenräume, und einige Reporter und Fotografen drangen auf CBS-Territorium vor.

Am späten Abend desselben Tages versuchte Rudolf Serkin auf einer Party für die Juroren und Endrundenteilnehmer zu erklären, warum kein Erster Preis verliehen worden war. «Das allgemeine Leistungsniveau war erstaunlich hoch», sagte er. «Technisch fehlte nichts. Ich habe heute eine Menge gelernt. Ich war häufig bewegt. Jeder der Finalisten ist absolut geeignet, öffentlich aufzutreten, und die Buhrufe des Publikums angesichts der Jury-Entscheidung waren möglicherweise gerechtfertigt. Aber wir waren der Meinung, daß keiner der Endrundenteilnehmer für diesen Preis ganz reif war, daß jeder etwas, aber keiner alles hatte.»

Steven De Groot nippte an seinem Champagnerglas und trauerte dem Ganzen nicht nach. «Ich fühle mich nicht entmutigt», sagte er. «Die Entscheidung der Jury läßt ein Gefühl der Verantwortung für die Integrität künftiger musikalischer Auftritte erkennen. Man will ja nicht in eine Karriere hineinstolpern, bevor man auch wirklich reif dafür ist, sie einzuschlagen. Der Wettbewerb hat mir eine Menge gegeben. Jeder sollte wissen, daß die Endrunde des *Leventritt-Wettbewerbs* jedes Einsatzes und aller Mühe wert ist.

Aber ich möchte hinzufügen, daß Wettbewerbe dieser Art bei mir ein Gefühl von Ekel und allgemeinem Unwohlsein hinterlassen. Morgen fahre ich in die Ferien. Ich glaube, ich habe sie mir verdient.»

11
Andrew Kazdin

«Nehmen wir einmal an, es ist Samstag abend, und Mr. X hat gerade einen Triumph in der Carnegie Hall für sich gebucht», erklärt der Audio-Produzent Andrew Kazdin. «Dreizehn Hervorrufe! Blumen! Er braucht zehn Minuten, um vom Bühneneingang zu seiner Limousine zu gelangen!

Montag morgen taucht er im Studio auf, wo jemand, den er kennt oder möglicherweise auch nicht kennt, ihn auf seine Fehler hinweist – eine potentiell bedrohliche oder entmutigende Erfahrung. Manchmal hat ein Komponist etwas geschrieben, das kein Mensch spielen kann. Manchmal ist der Solist müde. Manchmal hat er einfach den falschen Tag erwischt.»

Kazdin ist Audio-Berater beim New York Philharmonic Orchestra, das ihn für die Überwachung und Kontrolle aller Rundfunkübertragungen und Schallplattenaufnahmen und aller Freiluftkonzerte verpflichtet hat; er ist Audio-Produzent aller *Live from Lincoln Center*-Fernsehsendungen und Produzent von *AT & T Presents Carnegie Hall Tonight.* Als Schallplattenproduzent arbeitet er mit dem Pianisten Murray Perahia und dem Dirigenten Pierre Boulez zusammen und zeichnet seit fünfzehn Jahren für die *Columbia Masterworks*-Aufnahmen der Pianisten Glenn Gould und Ruth Laredo, des Organisten E. Power Biggs und von Mitgliedern verschiedener bedeutender Orchester verantwortlich.

«Als Produzent», fährt er fort, «habe ich ein psychologisches und physisches Klima zu schaffen, in dem der Künstler sich frei und entspannt fühlen kann. Es muß *Vertrauen* herrschen. Meine Aufgabe ist es, aus einem Künstler die bestmögliche Leistung herauszuholen und sie auf die bestmögliche Weise klanglich festzuhalten.»

Obwohl die wachsende Komplexität der Aufnahmetechnik den Produzenten selbst zu einem eigenständigen Künstler gemacht hat, bleibt seine Arbeit dem Publikum doch weitgehend unbekannt. Es gibt in den Vereinigten Staaten weniger als vierzig hauptberufliche Klassik-Produzenten – und weltweit weniger als hundert.

Kazdin lebt in dem Bewußtsein, daß sein Beruf und seine große Liebe eines Tages in den Vereinigten Staaten durchaus zum Untergang verurteilt sein können. «Kein großes Orchester hat heute noch einen Exklusiv-Vertrag mit irgendeiner Schallplattengesellschaft», sagt er, «und in diesem Lande werden nicht mehr allzu viele Aufnahmen gemacht, weil sie in Europa billiger hergestellt werden können.» Als er für Columbia arbeitete, hatte er sich mit einer deprimierenden Tatsache abzufinden: Klassik-*Produktionen* machten zwar zwanzig Prozent des Gesamtbudgets aller Labels der Gesellschaft aus, erwirtschafteten aber nur fünf Prozent aller Verkaufsumsätze, ein Verhältnis, das die Verteidigung der Kosten erschwerte, die Kazdins Perfektionsdrang häufig nach sich zog.

«Er braucht zwei gute Ohren, unendliche Geduld, Phantasie, Autorität und Beständigkeit», sagte der verstorbene E. Power Biggs, der Kazdins Musikalität bewunderte. «Er kann nicht den Künstler schalten und walten lassen. Er muß ein Hort der Stärke sein.»

«Er braucht eine überlegene Kenntnis der Aufnahmetechnik und ein Gespür für akustische Möglichkeiten – für alles, was sich einem Konzertsaal entlocken läßt», sagte der verstorbene Glenn Gould, der seine Aufnahmen mit Kazdin in Toronto in den späten Nachtstunden machte, die er dafür vorzog.

«Er ist wie ein Fotograf: er muß so wirklichkeitstreu oder so -untreu wie möglich sein», sagte Pierre Boulez. «Wenn ich mit dem Orchester arbeite, kann ich mir den Klang in der Form, wie er aufgenommen wird, nicht vorstellen. Jemand anders muß ihn reproduzieren, und er muß entweder reproduzieren, was er im Saal hört, oder seine eigene Klangrealität hervorbringen.»

Kazdins künstlerische Ziele müssen unweigerlich mit seinen finanziellen in Konflikt geraten. Mitte der siebziger Jahre kostete eine Schallplatte vor der Pressung 6000 Dollar im Falle eines Solo-

Albums, 8000 Dollar im Falle einer Kammermusikgruppe, etwa 50 000 Dollar bei einer Orchesteraufnahme und nahe an 100 000 Dollar bei einer Opern-Gesamtaufnahme. Die Inflation, die Kosten für neue Ausrüstungen und für die Musikergagen haben diese Zahlen mehr als verdoppelt. «Ein großes Orchester kostet heute im Studio über zwei Dollar pro Sekunde. Wenn der Dirigent sagt: ‹Beginnen wir bei Buchstabe G›, und ein Geiger fragt: ‹Wo?› hat er schon das Geld für sein Mittagessen ausgegeben.»

Geld ist ein Gegenstand ständiger Sorge für Kazdin, und zwar wegen der übergewissenhaften Art und Weise, wie er produziert. Während es eine «Achtung-fertig-los»-Schule von Produzenten gibt, die drei Mikrophone vor einem in der üblichen Sitzordnung postierten Orchester aufstellen und dann eine Klangwolke erhalten, die der in einem Konzertsaal halbwegs ähnlich ist, gehört Kazdin zu jener «behutsamen» Schule, die das Orchester auf unübliche Weise plaziert und viele Mikrophone benutzt, die dem Produzenten bei der endgültigen Mischung bessere Kontrollmöglichkeiten bieten. Musiker, die mit Kazdins auf diese Weise erzielten Resultaten vertraut sind, halten ihn für den besten Produzenten im ganzen Geschäft, und er ist denn auch der einzige, der über ein Fachstudium sowohl in Musik (New England Conservatory) als auch in Tontechnik (Massachusetts Institute of Technology) verfügt.

«Meine ganze Kindheit und Jugend hindurch hatte ich schon dieses doppelte Interesse», erinnerte er sich. «Im Alter von sieben Jahren war ich von einem Schwestern-Rufsystem im Krankenhaus fasziniert, das einen Ton mit einem aufblitzenden Licht synchronisierte. Mein Vater baute mir etwas Ähnliches, und schon mit zehn, elf Jahren konstruierte ich Verstärker und nahm Musik auf. Ich begann das Studium am MIT, aber als ich tiefer in die Technik eindrang, wurde mir klar, daß der Beruf des Ingenieurs zu viele Dinge mit sich brachte, die mich nicht interessierten, daß mich jedoch Musik interessierte. Als ich dann mein Examen am New England Conservatory machte, wußte ich, daß ich mich mit Schallplattenproduktion abgeben wollte; also ging ich ans MIT zurück, belegte Akustik-Kurse und machte einen Abschluß in Betriebsführung.

Beinahe jeder kann die Ausbildung als Toningenieur absolvieren, aber nicht jeder hat eine musikalische Begabung. Worauf es jedoch letztlich ankommt, ist eine günstige Gelegenheit. Als ich nach New York kam, gab es in diesem Beruf nirgendwo Vakanzen, und obwohl ich diese ganze Ausbildung hatte, konnte ich doch nichts damit anfangen, bis mich 1964 Columbia verpflichtete – gerade bevor ich dreißig wurde.»

Seit damals hat Kazdin ungefähr 350 Schallplatten produziert, wobei er auf nahezu jede Phase des Fertigungsprozesses Einfluß hatte – von der Idee zur Aufnahme bis hin zur Illustration und Textfassung, wie sie auf der Plattenhülle geboten werden.

Der ursprüngliche Einfall kann von dem unter Vertrag stehenden Künstler stammen, er kann Teil der Vertragsbestimmungen sein oder vom Produzenten ausgehen, wie das der Fall war bei Kazdins verrücktem *Everything You Always Wanted to Hear on the Moog But Were Afraid To Ask For*, das in Zusammenarbeit mit Thomas Z. Shepard entstand, dem jetzigen Chef der Klassik-Abteilung bei MCA.

«Es wird immer schwieriger, sich irgendwelche vertretbaren Projekte einfallen zu lassen», sagt Kazdin. «Der Schwann-Katalog verzeichnet fünfundvierzig *Mondschein*-Sonaten und siebenunddreißig *1812 Ouvertüren*. Wenn man eine achtunddreißigste machen will, tut man gut daran, sich das genau zu überlegen. Heute erzielen Digitalaufnahmen allein schon wegen des Klanges spektakuläre Umsatzzahlen. Kanonenschüsse, die einem die Lautsprecher bersten lassen – Orchester, von denen man nie gehört hat und die Schallplatten nur verkaufen, weil sie sich der Digitaltechnik bedienen. Desgleichen kann man alte Aufnahmen für Compact Discs neu mischen. Ein Master-Band, das auf einer Vinyl-Platte gepreßt wurde, ist so viel besser, daß wir bei CBS jetzt manche dieser Bänder auf CDs umschneiden. Man muß eine Lücke im Repertoire finden oder eine Aufnahme irgendwie anders, interessanter machen.»

Wenn Kazdin eine solche Idee hat – beispielsweise die Bläser-Antiphonen von Giovanni Gabrieli –, schreibt er ein Exposé mit genauer Spezifizierung von Repertoire und Künstlern und allen Kosten, die für Aufnahmetechnik und Musikerhonorare anfallen. Dann erarbeitet ein Marketing-Experte eine Absatzstrategie, die auf früheren Erfahrungen mit dem Künstler und ähnlicher Musik, dem

Erfolg rivalisierender Aufnahmen und übergreifenden Markttendenzen basiert. Wenn sie günstig ausfällt, wird die Aufnahme genehmigt und eine Produktionsnummer zugeteilt, und der Produzent macht sich an die Arbeit.

Er beginnt damit, einen Plan für Aufnahmeort und -zeit aufzustellen, der allen Beteiligten paßt. «Für die Gabrieli-Aufnahme hatte ich die jeweils ersten Bläser des Chicago und des Cleveland Symphony Orchestra nach Philadelphia zu fliegen, und zwar an einem Tag, da sie und die Bläser des Philadelphia allesamt frei hatten. Mit Biggs mußten wir dorthin gehen, wo die Orgel war – nach Harvard, Deutschland oder Holland. Mit Glenn [Gould] ging ich nach Toronto. In New York gibt es eine ganze Menge Aufnahmeorte; das Problem ist nur, genau die Qualität zu finden, die ich brauche.»

«Ein guter Standort für ein Konzert ist nicht zwangsläufig auch ein guter Standort für eine Aufnahme», erklärt Kazdin. «Die Funktion eines guten Konzertsaales liegt darin, den auf der Bühne hervorgebrachten Klang aufzunehmen und ihn mit Klarheit, guter Frequenzstreuung und ohne unangenehme Echos im Raum zu verbreiten. Bei einer Studio-Aufnahme habe ich Mikrophone, die vor den Spielern aufgestellt sind. Es kümmert mich nicht, ob die Instrumente angemessen im Saal verteilt sind oder ob Echos von der Decke zurückgeworfen werden. Was ich aber brauche, ist eine Balance von direktem und widerhallendem Klang.»

Kazdin kann in den Columbia-Räumlichkeiten Aufnahmen mit bis zu sechzig Musikern machen, hat aber die ganze Umgebung nach größeren Räumlichkeiten abgegrast, Turnhallen, Zeughäusern, Kirchen – die sämtlich ihren spezifischen «Haken» haben. Sein bevorzugter Ort für Orchesteraufnahmen ist der Ballsaal des Mannhattan Center, über den er mit einer religiösen Sekte zu verhandeln hat. Die Erfordernisse seiner Arbeit haben ihn mit so vielen Formen von Exzentrizität in Kontakt gebracht, daß er Erfahrung im Umgang mit ihnen hat.

Über die Raum und Zeit betreffenden Vereinbarungen hinaus muß der Produzent das betreffende Musikstück ebenso gründlich vorbereiten wie ein gewissenhafter Dirigent. «Im allgemeinen steht die Vorbereitung in direktem Verhältnis zum Ausmaß der beteiligten ‹Streitkräfte›. Wenn es sich um Solo-Klavier handelt, brauche ich nur ein paar Stunden. Geht es um die *Carmina burana*, arbeite ich an der Partitur mehr als ein Jahr.»

Zuerst ahmt Kazdin die Arbeit des Dirigenten nach und verdoppelt sie, indem er wichtige Phrasen, Einsätze und schwierige Stellen hervorhebt. Dann hört er sich andere Aufnahmen an und vermerkt verborgene Passagen, Kanons oder Antworten der Instrumente aufeinander, die er zwar in der Partitur sieht, in der Aufnahme aber nicht hört.

«Wenn ich einmal weiß, was ich aufs Band kriegen will, mache ich mir über die Zahl und die Aufstellung der Mikrophone und Tonspuren Gedanken. Für Ruth Laredos Aufnahme von Rachmaninows Serie von Solo-Klavierstücken haben wir vor zehn Jahren fünf Mikrophone und vier Bandspuren benutzt. Heute nehme ich für Murray Perahia zwei Mikrophone und zwei Spuren. Bei einer Orchesteraufnahme benutzte ich vor zehn Jahren fünfundzwanzig Mikrophone und acht Spuren. Heute nehme ich dieselbe Zahl von Mikrophonen, benutze für eine Digitalaufnahme aber ein 24- oder 32-Spur-Aufnahmegerät. Dann gehe ich die Partitur ein zweites Mal durch und frage mich, wie der Klang wohl zu Hause aus den Lautsprechern kommen wird. Traditionellerweise legt man die ersten Geigen auf den linken und die Celli und Kontrabässe auf den rechten Kanal. Darüber hinaus aber bemühe ich mich um interessante Ortungen des Klanges. Und ich muß mir auch überlegen, wie ich fünfundzwanzig Mikrophone auf acht Spuren zusammenquetsche und genug Flexibilität behalte, um verschiedene Instrumente in der Mischung ihrer Position nach hervorzuheben. Wenn ich das Klangvolumen einer Spur anhebe, verstärke ich alle darauf befindlichen Instrumente, und es können sich unangenehme Störgeräusche einschleichen.»

Dann geht der Produzent die Partitur ein drittes Mal durch, um sich bestimmte Einsätze, Möglichkeiten zum Ausschalten von Mikrophonen und andere Gedächtnisstützen zu notieren, die teure Aufnahmezeit im Studio sparen helfen. Er übergibt dem Toningenieur das Spuren-Layout, bespricht mit dem Künstler oder Dirigenten Probleme, wie sie sich in letzter Minute ergeben, kontrolliert das Studio und wappnet sich für eine Aufnahmesitzung.

Als das New York Philharmonic Orchestra sich zu einer Aufnahme von Ravels Ouvertüre zu *Scheherazade* zusammenfand, war Kazdin überaus nervös. Zur damaligen Zeit wurde das Orchester gewöhnlich als rabaukenhafte Gruppe von Primadonnen oder manchmal auch «Mafiosi» beschrieben. Zubin Mehta hatte einem Interviewer einst, bevor er musikalischer Leiter des Ensembles wurde, gesagt: «Eine Menge von uns denken: *Warum schicken wir unseren schlimmsten Feind nicht zum Philharmonic und erledigen ihn damit ein für allemal?*»

Kazdin selbst war der Meinung, das Philharmonic sei ein «enorm flexibles» Orchester mit hervorragenden Solisten, sehr solidem Schlagzeug, guten Streichern und starken Blech- und Holzbläsern – bei nur gelegentlichen Ausnahmen. Aber, sagte er: «Ich bin nicht sicher, daß die einzelnen Gruppen aufeinander hören. In Cleveland ist Sauberkeit die natürlichste Sache von der Welt. In New York ist es Schlampigkeit. Cleveland hat kein Einstellungsproblem. In New York dagegen ist es so, als ob sie zum Dirigenten sagten: *Wir tun Ihnen mal den Gefallen und lassen uns von Ihnen leiten, aber Sie müssen uns jeden Zoll des Weges aus der Nase ziehen.*»

Amerikanische Orchester bekommen für Schallplattenaufnahmen besondere Honorare, folglich werden die Aufnahmesitzungen zeitlich so nahe wie möglich an die Konzerttermine herangerückt und reflektieren damit den jeweiligen Zustand eines gegebenen Stücks, als es im Konzertsaal aufgeführt wurde. Zur gleichen Zeit, da das Orchester das Stück von Ravel geprobt hatte, war es mit der Einstudierung von John Cages *Renga With Apartment House 1776* beschäftigt, einem Stück, das eine weitere Kontroverse zwischen Boulez und Orchestermitgliedern entfesselt hatte, die sich seiner Vorliebe für zeitgenössische Musik widersetzten, und Kazdin wußte nicht, wieviel Aufnahmezeit erforderlich sein würde, um Probleme auszubügeln, die sich bereits früher eingeschlichen hatten. Um zehn Minuten vor zehn, als die Orchestermitglieder ins Studio getröpfelt kamen, synchronisierte der Produzent seine Uhr mit der des Orchestermanagers. Er besprach sich mit Pierre Boulez, einem Mann, mit dem er gern zusammenarbeitete, und ging dann in seinen ein Stock über dem Ballsaal gelegenen Kontrollraum hinauf.

Um genau zehn Uhr, das gesamte Orchester im Kreis um sich

versammelt, was die Benutzung zweier Partituren und Pulte erforderlich machte, klatschte Boulez in die Hände.

«Ruhe, bitte! Bitte jetzt Ruhe!»

Im Geräuschpegel trat ein geringfügiger Abfall ein. Es gab viele Mitglieder des Philharmonic Orchestra, die Boulez nicht sehr mochten. Sie hatten ihm u. a. den Spitznamen «The French Correction», die französische *Berichtigung*, gegeben, ahmten sein ausdrucksloses Gesicht, seinen leidenschaftslosen Stil nach und versuchten ihn so weit wie möglich zu ignorieren.

«Ich muß die Streicher berichtigen», sagte Boulez ganz ruhig über den Tumult hinweg. «Bei eins vor dreiundzwanzig haben Sie *pizzicato* zu spielen. Und zwei nach dreiundzwanzig *arco*. Wir werden die Aufnahme in drei Gruppen machen. Ich möchte, daß jeder sauber gestimmt hat. Streicher?»

Während das Orchester stimmte, prüfte Kazdin die Qualität des Klanges, der aus den vier Lautsprechern um ihn herum ertönte, und hantierte mit seiner Partitur, einer Stoppuhr und einem Gegensprechtelefon, das mit einem entsprechenden auf dem Pult des Dirigenten verbunden war. Seine Augen waren auf den angeschlossenen Fernsehmonitor gerichtet, der Boulez zeigte, wie er das Orchester um Ruhe bat.

«Andy?» fragte der Dirigent schließlich. «Was möchten Sie hören?»

»Etwas Lautes. Vielleicht achtzehn bis neunzehn.»

«Das ist für die Aussteuerung», bedeutete er dem Mann zu seiner Linken.

Das Orchester lieferte einen Tonschwall, und Bud Graham, der Toningenieur, mit dem Kazdin häufig zusammenarbeitet, drückte verschiedene Knöpfe an seinem Instrumententisch.

«Danke», sagte Kazdin ins Mikrophon. «Kann ich jetzt bitte die Celesta haben?»

Nachdem er verschiedene Aussteuerungspegel für ein Dutzend Instrumente festgelegt hatte, die sich eine Spur teilten, wartete der Produzent, bis eine Polizeisirene draußen verklungen war. Dann sagte er: «Das ist Ravel, *Scheherazade*, Take eins.»

Elf Minuten und über 1300 Dollar waren bereits verpulvert.

Das Verfahren war weniger nervenaufreibend, als Ruth Laredo ihre Aufnahmen mit Kazdin machte. Die Pianistin kam zwanzig Minuten vor der festgesetzten Zeit mit einer Tafel Schokolade für den Produzenten und einem Imbiß aus Energiekonzentraten für sich selbst im Kontrollraum an. Im Gegensatz zu jenem Orchester hatte sie sich die ganze letzte Woche ausschließlich auf das Repertoire konzentriert, das sie aufnehmen sollte, und sich Mühe gegeben, ausgeruht und emotional gut vorbereitet zu sein. «In einer Aufnahmesitzung ist man auf Perfektion aus», erklärte sie. «Man steht ganz allein gegen die Nachwelt da.»

Laredo füllte ein Vertragsformular aus, das für die American Federation of Musicians bestimmt war, und betrat das Studio, um den Flügel auszuprobieren. Um genau zwei Uhr spielte sie eine laute Passage, so daß der Toningenieur den Aussteuerungspegel festlegen konnte, und einige Minuten später spielte sie Rachmaninows *Variationen über ein Thema von Chopin*, während Kazdin weiterdirigierte und nur unterbrach, um einzelne Töne in den Noten einzukreisen – mit dem Gesicht eines aufmerksamen Zahnarztes, der ein voraussichtliches Loch markiert.

«Nun, Chef?» fragte Laredo, die nach einer halben Stunde in den Kontrollraum zurückkehrte.

«Am Anfang hatten wir einige technische Probleme.»

«Ich auch», lachte Laredo.

«Ob Sie mit dem Take nun zufrieden sind oder nicht, ich brauche die ersten vier Variationen noch einmal», sagte Kazdin und wartete, bis sie wieder am Klavier saß. «Achtung. Jetzt kommt Take zwei.»

Viereinhalb Stunden später waren insgesamt vierzig Takes und Zwischenschnitte für ein Stück bewältigt, das dreißig Minuten dauert. Die Pianistin war sichtlich gezeichnet von der Anstrengung des Neuansatzes bei problematischen Stellen; und der Produzent von der Anstrengung, sie taktvoll dazu zu überreden.

«Ich bin nicht sicher, ob wir beim ersten Takt der siebenten Variation ganz auf der Höhe waren», hatte er zuvor gesagt.

«Ich bin es», antwortete Laredo müde.

«Ich nicht. Wir wollen es uns anhören.»

«Schauen Sie – ich bin sicher, daß ich keinen falschen Ton gespielt habe.»

«Ich spreche nicht von falschen Tönen. Ich spreche von Tönen, die nicht kamen. Können wir es noch einmal haben?»

Kazdin hat keinerlei Skrupel in bezug auf die Sitte, verschiedene Takes zur Illusion eines bruchlosen Durchlaufs zusammenzuschneiden, und obwohl Ruth Laredo der Sorge Ausdruck gab, eine «zusammengeschnittene Fassung werde künstlich klingen», war sie von der notengetreuen und nahtlosen Qualität des Endproduktes doch entzückt. «Wenn man zwei Takes eines Stückes hat und sie Takt für Takt nebeneinanderstellt», sagt der Produzent, «wird einer immer besser sein als der andere. Einige Stellen in einer Aufnahme werden jedesmal, wenn man sie hört, lauter. Warum sollten Töne nicht korrekt gespielt werden? Das Schneiden ist eine Kunst geworden – und kein mechanischer Prozeß.»

Für ein Solo-Album wie das von Laredo hören sich der Produzent und die Künstlerin die verschiedenen Takes mehrere Stunden lang an und wählen gewissenhaft die beste Aufnahme aus, wobei sie sich vielversprechende Schnittstellen vormerken. Bei einer Orchesteraufnahme geht Kazdin, wenn der Dirigent nicht verfügbar ist und nichts zur Schnittplanung beitragen kann, allein zu Werke. Ein Toningenieur besorgt dann den tatsächlichen Schnitt und die Verbindung der Bänder, und das vielspurige Master-Band wird dem Produzenten erneut vorgelegt, der es auf zwei oder vier Spuren abmischt, die sich für den stereophonischen oder quadrophonischen Betrieb eignen.

«Das ist der anstrengendste, technisch anspruchsvollste und kreativste Teil der Arbeit des Produzenten», sagt Kazdin. «Ich arbeite allein und delegiere diesen Teil des Herstellungsprozesses nie an andere. Das Mischen erfordert oft mehr Zeit als das Schneiden. Die richtige Balance finden, Gruppen gegeneinander abgleichen, Frequenzen entzerren, den Klang erzielen, den ich mir wünsche – *das* ist die wirklich wichtige Schlußbilanz, die ich als Produzent ziehe.»

Wenn das Master-Tape fertig ist, gibt Kazdin eine Probepressung davon frei, schickt diesen Prototyp der späteren Aufnahme an den Künstler oder Dirigenten und wartet auf deren Billigung. «Meistens wird sie erteilt», sagt er, «und damit geht die Musik ihre eigenen Wege. Ich bin dann noch bei der Diskussion von Titel und Plattencover beteiligt. Die künstlerischen Gestalter bitten mich manchmal, ihnen das Band vorzuspielen, aber gewöhnlich trägt das nichts zu ihrer Arbeit bei. Dann drücke ich die Daumen, und wenn ich mir eine Geschichte zum Hintergrund eines Stückes ausgedacht habe, hoffe ich nur, daß ich keine Trickzeichnung bekomme, wenn ich die Fotografie eines Waldes haben wollte.»

Schallplattenaufnahmen stehen, im Gegensatz zu Zeitungsartikeln, nicht unter dem Druck von Redaktionsschluß und Zeitnot. Monate können zwischen der Aufnahmesitzung und der Erstellung eines Schnittplanes verstreichen, ein Band kann jahrelang in der Archiv-Gruft von Columbia lagern, bevor es zu einer Platte verarbeitet wird. Tatsächlich wurde Kazdins Produktion von Boulez' Aufnahme der *Scheherazade*-Ouvertüre von Ravel in den Vereinigten Staaten nie ausgeliefert. Nur in Europa kam sie auf den Markt, und als sie drei Jahre später eines Tages mit der Post eintraf, tat Kazdin, was er immer tut, wenn er eine neue Lieferung erhält.

«Als erstes nehme ich die Platte aus der Hülle, lese das Label und überprüfe die Mitwirkenden», sagt er. «Und selbst wenn da ‹Scheherazade› steht, spiele ich die Platte, um ganz sicherzugehen, daß ich nicht *Blood, Sweat and Tears** anstelle von Boulez und dem Philharmonic habe. Ich spiele sie einmal zu Hause ab, wo ich eine Anlage habe, die jeden Vergleich mit einer professionellen Studio-Einrichtung in der Stadt aushält, und stelle sie dann zu den etwa sechstausend anderen Platten, die ich besitze.

Und eines Tages fahre ich dann im Auto, und das Radio kündigt Ravel an. Und ich sage: ‹*He, das Stück kenne ich doch – ich habe es aufgenommen!*› Ich denke mir: *Das klingt aber besser als meine Aufnahme; ich weiß nicht, wer das ist, aber sie spielen phantastisch*!› Und dann kommt der Ansager, und ich merke, daß es meine eigene Aufnahme ist, und dann kann ich losziehen und mir zur Feier des Tages eine Pizza kaufen.»

* Amerikanische Rock-Gruppe (Anm. d. Ü.).

12

Ein «Leben in Sünde»: Porträt einer Orchestermusikerin

Es gibt eine Fotografie im Flur von Cecylia Arzewskis Wohnung, an der sie jeden Morgen auf ihrem Weg zur Arbeit in der Bostoner Symphony Hall vorbeikommt. Auf diesem Foto ist sie fünf oder sechs Jahre alt, ihr Gesichtsausdruck ist ernst, das Festkleidchen glatt gebügelt, und ihre Hände umklammern eine Kindergeige und einen Kinderbogen, in einer Haltung, die Generationen von Wunderkindern in Erinnerung ruft. Das Foto war in Krakau in Polen entstanden, wo sie geboren wurde und wo sie, wie ihre Eltern und Lehrer erwarteten, auch zu einer Geigenvirtuosin heranwachsen sollte. Sie hätte die staatliche Musikhochschule absolviert, wäre dann zum Studium bei David Oistrach nach Moskau gegangen und hätte in Osteuropa zu einer Konzertlaufbahn angesetzt. Wäre sie sehr gut gewesen und hätte sie sehr viel Glück gehabt, hätte ihr unter Umständen sogar die Gelegenheit zu einer Tournee im Westen gewinkt.

Wie viele Wunderkinder überall auf der Welt stammte Cecylia aus einer musikalischen Familie. Ihr Großvater väterlicherseits war Konzertmeister in einem Orchester in Warschau gewesen. Ihr Vater, der Pianist der Krakauer Philharmoniker, war einer von zwölf Brüdern und Schwestern, deren Familie die «Musikfabrik» hieß und unter denen sich angeblich, wann immer eine offene Tür quietschte, eine Debatte darüber entspann, ob das Quietschen auf einem reinen A, einem As oder einem B ertönte. Cecylia wurde mit dem absoluten Gehör geboren. Mit vier Jahren konnte sie bereits auf dem Klavier improvisieren und war so vernarrt in das Instrument, daß sie sich aus Decken und Spielzeugen eine Art Nest baute, um darunter ein Schläfchen halten zu können. Mit fünf spielte sie Geige und begann bereits jenen Zeitplan mit drei täglichen Übungsstunden zu befolgen, an dem sie bis in ihre Dreißigerjahre festhalten sollte. Die gesamte Ausbildung, die sie erhielt, war auf eine Solistenkarriere zugeschnittten; mit achtunddreißig Jahren und nach sechzehn Jahren als Mitglied des Boston Symphony Orchestra war sie immer noch nicht bereit, sich als Orchestermusikerin zu verstehen – oder doch nur selten. Sie sei Geigerin, sagte sie 1986, als sie einer der beiden stellvertretenden Konzertmeister des BSO geworden war. Nein, die Aufgabe der Hoffnungen auf eine Solistenlaufbahn war nicht schmerzlich gewesen – bis zum Alter von vierzehn oder fünfzehn Jahren konnte man ohnehin nicht sicher sein, welcher Ehrgeiz da auf dem Spiel stand, der eigene oder der der Eltern. Aber die Arbeit als Orchestermitglied hatte in den achtziger Jahren ihre ganz eigenen Frustrationen – ihr früherer Lehrer, Joseph Silverstein, hatte das ein «Leben in Sünde» genannt. Sie hatte ihre Position beim BSO nicht als etwas vor Augen, was sie war, sondern was sie tat, um sich ihren Lebensunterhalt zu verdienen. Zur gleichen Zeit aber versicherte Cecylia Arzewski, daß sie sich der Welt nie so verbunden fühlte, wie wenn sie unter der Leitung eines großen Dirigenten in einer Mahler-Symphonie mitwirkte. Als sie einmal gebeten wurde, den roten Faden zu benennen, der das fünfjährige kleine Mädchen mit der Geige und die temperamentvolle Frau miteinander verband, die Richard Dyer, der Kritiker des *Boston Globe*, «eines der farbigsten, freimütigsten, engagiertesten und begabtesten Ensemblemitglieder des BSO» nannte, antwortete sie, ohne zu zögern: «Der Konflikt. Der Konflikt von dem Tage an, da ich zum erstenmal Geige spielte.»

Cecylia Arzewski wurde 1948 geboren und stammt aus einer jüdischen Familie von Überlebenden des Holocaust. Ihre Großmutter mütterlicherseits hatte die Familie – Cecylias Mutter, Vater und den 1938 geborenen Bruder – in Krakau während des Krieges versteckt gehalten, und Cecylia, das einzige Familienmitglied, das damals nicht mit ihnen zusammengewesen war, sagte häufig, daß sie sich als Folge davon wie ein privilegierter Außenseiter vorkomme.

Trotz der Wohnungsnot der Nachkriegszeit fanden die Arzewskis eine kleine Behausung, in die sie einen Flügel und ein Steinway-Klavier hineinquetschten. Stanislaw Arzewski liebte sein Klavier mehr als irgend etwas sonst im Leben, wie sich seine Tochter später erinnerte. «Als er starb», sagte sie, «versank er wieder und wieder im Koma. Die eine Hand krampfte sich um den Infusionsschlauch, die andere begann plötzlich Klavier zu spielen, und dabei huschte ein unglaubliches Lächeln über sein Gesicht. Er spielte irgendein großes Konzert.»

Das Klavier wurde das Instrument von Cecylias Bruder. Wegen des Krieges hatte er spät damit angefangen, und als Cecylia ihren Eltern anvertraute, daß auch sie Pianistin werden wollte, versuchten sie ihr das auszureden. Eines Tages kam sie, gerade fünf Jahre alt geworden, nach Hause und fand dort eine Geige und einen wartenden Geigenlehrer vor. Eugen Kawalla, erinnerte sie sich später, wußte, daß sie nicht Geige spielen wollte, war aber auf den Unterricht mit solchen Kindern spezialisiert und gestaltete ihn bald zu einer «Märchenstunde» um. Die E-Saite, so Cecylia, bekam den Namen Ellen, und wenn sie verstimmt war, sagte Herr Kawalla: «Ellen weiß sich heute wieder mal nicht zu benehmen.» Er erfand Geschichten zu jedem Stück, das sie spielte, und zu jeder Vorschrift des Notentextes – ein *sforzando* in einem Marsch von Prokofjew wurde zu einem Baum, der im Wald umstürzte, nachdem die Elfen vorbeigezogen waren. Cecylia wartete zweimal wöchentlich auf seine Ankunft und stürzte sich ihm in die Arme, wenn er zur Tür hereinkam. Sie erinnerte sich des kleinen, anziehenden, freundlichen Herrn Kawalla ihr ganzes Leben lang, zum Teil deshalb, weil die Beziehung zu diesem Lehrer eine der ganz wenigen Beziehungen war, die sie damals hatte.

«Meine Eltern kamen nie auf die Idee, daß es mir guttäte, mit den Kindern in unserer Nachbarschaft zu spielen», erinnerte sich Cecylia Arzewski. «Die schauten mich an, als ob ich aus einem fremden Land käme, und stellten mir Fragen über die Löcher in den Ohren meiner Mutter. Sie erzählten mir, was ihre eigenen Mütter gesagt hatten: Wir müßten entweder Juden oder Zigeuner sein, weil niemand sonst sich die Ohren durchbohrte. Meine Eltern faßten nach dem Krieg nie richtig Zutrauen zu den Polen. So lange ich mich erinnern kann, waren sie zum Davonlaufen bereit, immer in Angst. Nie waren sie sicher, ob und wann die Polen sich der kleinen Zahl von Juden, die den Krieg überlebt hatten, endgültig entledigen würden.»

Als die Arzewskis 1957 schließlich Polen verließen, um, wie sie Cecylia zu verstehen gaben, «als Juden in einem jüdischen Land» zu leben, war ihre Tochter ganz verstört. Sie liebte Krakau und ängstigte sich, irgendwo anders hinzugehen; wochenlang wanderte sie durch die kleine Stadt, wohl wissend, daß sie Abschied zu nehmen hatte, und nach Kräften darum bemüht, sich jede Einzelheit für immer einzuprägen. Die Familie bestieg ein Flugzeug nach Warschau, dann einen Zug nach München und weiter nach Genua, wo sie nahezu ein Jahr blieb. In Italien lernte sie Italienisch und bekam Marathon-Unterrichtsstunden von ihrem Vater erteilt, der, nachdem er seine Position als Konzertpianist in Polen eingebüßt hatte, jetzt seine gesamte musikalische Energie auf seine Tochter überströmen ließ. Als die Arzewskis schließlich eine kleine Wohnung in Israel, genau im Süden von Tel Aviv, gefunden hatten und die beiden mit Kopfkissenbezügen voller getrockneter polnischer Pilze ausgestopften Pianos in Haifa angekommen waren, war Cecylia neun Jahre alt. Sie wurde im Konservatorium von Tel Aviv eingeschrieben und gehörte bald zu einer Gruppe von unter zwölf Jahre alten Geigern, zu der auch Itzhak Perlman, Pinchas Zukerman und Miriam Fried zählten. Golda Meir, die Premierministerin, händigte einmal eigenhändig die Stipendien der American-Israel Cultural Foundation an die Gruppe aus, die binnen einiger Jahre in die Vereinigten Staaten auswandern sollte. Pinchas Zukerman war Cecylia auf Anhieb unsympathisch – «er war ungehobelt, grob, eingebildet und sagte mir einmal, er sei entschlossen, Karriere zu machen, auch wenn er dafür über Leichen gehen müsse.» An Miriam Fried erinnerte sie sich als an eine außergewöhnlich fleißige Studentin, die zwei Jahre älter als sie selbst war und bereits in die Pubertät hinüberwuchs. Dagegen war sie voller Bewunderung für einen rundlichen Jungen in Shorts, Itzhak mit Namen, der Krücken benutzen mußte und «so organisch Geige spielte, daß ich dachte, ich selbst könnte ebensogut damit aufhören. Wozu denn noch?» Itzhak Perlmans Mutter war Polin und wurde eine von Cecylias engsten Vertrauten, anfangs deshalb, weil sie dieselbe Sprache sprach wie die Zehnjährige. Israel entwickelte damals unter Schmerzen einen neuen jüdischen Prototyp: *Sabras* oder im Lande selbst geborene Israelis wurden von jedermann – von den nationalen Medien bis hin zu den Nachbarskindern – als Helden hochgehalten, während Flüchtlinge wie die Arzewskis nur Demütigungen zu ertragen hatten. «In Polen fühlte ich mich beinahe mehr akzeptiert als in Israel», sagte Cecylia später mit Vehemenz. «Ich brauchte sehr lange Zeit, um mich anzupassen. Die Sprache lernte ich in einem halben Jahr und nahm mir vor, Hebräisch ohne jeden Akzent zu sprechen, so daß, als wir ein Jahr da waren, niemand mehr sagen konnte, ich sei keine *sabra*.» Auch Stanislaw Arzewski hatte seine Anpassungsprobleme. Israel war von Musikern geradezu überschwemmt, und anstatt erneut auf eine Karriere als Konzertmusiker hinzuarbeiten, arbeitete er als freiberuflicher Barpianist in Cafés von Tel Aviv und begleitete Sänger. Sein Sohn war nach New York geschickt worden, um dort an der Juilliard School zu studieren (er ließ das Klavier später fahren und wurde Gymnasiallehrer), und Ehrgeiz wie Frustration des Vaters konzentrierten sich auf die musikalische Ausbildung seiner Tochter.

Im Jahre 1960 entschlossen sich die Arzewskis zu einem erneuten Umzug, diesmal nach New York. Ihr Sohn war dort, und der Geiger Michael Rabin, der Cecylia in Tel Aviv spielen gehört hatte, hatte empfohlen, sie solle doch ihr Studium bei seinem eigenen Lehrer, Ivan Galamian, fortsetzen, der an der Juilliard School unterrichtete. Im Alter von zwölf Jahren wurde Cecylia auf die Professional Children's School in Manhattan geschickt und in ihre vierte Sprache «gestürzt», die sie bald – wie die anderen – ohne die Spur von Akzent sprechen lernte. Fotos dieser Zeit zeigen sie als lächelnden, etwas schwerfälligen Teenager. In der Schule und samstags auch in der Julliard School schloß sie Freundschaften, erinnerte sich aber, immer ein etwas einzelgängerisches Mädchen gewesen zu sein, das, nachdem sie mit fünfzehn etwas Freud gelesen hatte, ihre Eltern fragte, ob sie sich einer Psychotherapie unterziehen könne. Ihre Eltern hatten abgelehnt, und Cecylia verfolgte die Idee nicht weiter. An dem Gymnasium, das sie besuchte, und auch am Konservatorium gab es viele andere unglückliche Jugendliche, und sie hatte eine ganze Reihe von Klassenkameradinnen, die in einer Mischung von ambivalenten Gefühlen für ihren Geigenlehrer, Ivan Galamian, befangen waren.

Anfangs der sechziger Jahre waren die Arzewskis davon überzeugt, daß ihrer Tochter eine Solistenkarriere gelingen würde – ganz wie Itzhak Perlman, Pinchas Zukerman und Miriam Fried. Alle vier nahmen an den Sommerkursen in Meadowmount teilt, Ivan Galamians Musiksemiar in den Adirondack-Bergen, und hatten das übrige Jahr über, mit Ausnahme von Fried, auch bei Galamian selbst Unterricht. Sonntag morgens um halb acht traf Cecylia in der Wohnung ihres Lehrers ein und spielte sich in einem kleinen Zimmer, «umgeben von lauter Bildern toter Geiger», zu einer gefürchteten Unterrichtsstunde ein. Im Gegensatz zu ihrem Lehrer in Israel, Odeon Partos, und in noch schärferem Gegensatz zu Eugen Kawalla in Krakau wirkte Galamian auf sie kalt, förmlich, autoritär und sarkastisch, und dies zu einer Zeit, da sie viel dringender einen Eltern-Ersatz wie seine Assistentin Dorothy DeLay gebraucht hätte, die dem Druck, dem Cecylia zu Hause ausgesetzt war, hätte entgegenwirken können. Galamian bestand auf der Bedeutung von Preisen in Wettbewerben, bestand auf dem Verzicht auf Ehe und Familie bei einer Frau mit ernsthaften Ambitionen und war Juden gegenüber, in der Erinnerung von Cecylia Arzewski wie der mehrerer anderer Studenten, absichtlich verletzend. Wenn auch Perlman, Zukerman und Fried allesamt etwas Gutes zu Galamians Disziplin zu sagen hatten, gestand Arzewski später doch mit einiger Bitterkeit ein, daß sie nie Gelegenheit hatte, etwas von dem, was er ihr beigebracht hatte, anzuwenden. Als sie siebzehn Jahre alt war, hatte sie genug von Galamian, von ihren Eltern und von New York. Auf den Rat von Itzhak Perlman hin, dem sie erzählt hatte, daß sie die Stadt verlassen müsse, machte Cecylia Arzewski Joseph Silverstein, den Konzertmeister des BSO, ausfindig.

«Ich begegnete ihr zum erstenmal, als sie nach Tanglewood kam und mir vorspielte, und sagte ihr: ‹Ich weiß nicht, aus welchem Grund Sie bei mir studieren wollen›», erinnerte sich Silverstein. «Sie war eine vollendete Spielerin, in einem Stil, der ganz ihr eigener war und sich von meinem unterschied. Ich sagte ihr, daß es, wenn sie tatsächlich bei mir studieren wollte, einige Dinge gäbe, die ich ändern würde, und sie sagte, sie sei dennoch sehr gespannt darauf, es mit mir zu versuchen. Also kam sie nach Boston und leistete ganz außerordentliche Arbeit. Sie hatte diese ganzen Jahre mit Galamian zugebracht, war an eine sehr förmliche Beziehung zu einem Lehrer gewöhnt und im Unterricht, obwohl meine Unterrichtsmethode sehr viel anders ist – ich versuche, kollegiale Beziehungen zu meinen Schülern zu unterhalten –, sehr zurückhaltend. Von dem, was sich sonst noch in ihrem Leben ereignete, war nicht viel die Rede. Ich hatte in der Hauptsache mit ihrem Geigenspiel zu tun.»

Was sich sonst noch in ihrem Leben ereignete, schien, aus der Perspektive der späteren achtziger Jahre gesehen, die Entfaltung eines «Skripts»* der sechziger Jahre zu sein, das für ein Kind überfürsorglicher und autoritärer Eltern niedergelegt worden war. Unmittelbar vor Beginn ihrer Zusammenarbeit mit Silverstein hatte Cecylia einen farbigen Chemie-Studenten geheiratet. Sie weigerte sich kategorisch, diese Ehe oder andere Beziehungen zu diskutieren, und bestand darauf, daß sie nichts mit ihrer Laufbahn als Musikerin zu schaffen hätten. In Wirklichkeit hatte ihr Privatleben den Verlauf ihrer musikalischen Karriere entscheidend bestimmt. Sie wünschte sich ein Kind, und obwohl Silverstein sie davon zu überzeugen versuchte, daß sie gerade jetzt noch davon absehen sollte, war er dann doch ganz für sie da, als sie ihn im Herbst 1968 davon in Kenntnis setzte, daß sie schwanger war. «Die Schwangerschaft hat eine außerordentlich heilsame Wirkung auf ihr Geigenspiel gehabt», schrieb er in einer Nachbemerkung zu ihrem Prüfungszeugnis am Ende jenes Semesters am New England Conservatory; sie trug diese Bemerkung jahrelang in ihrer Handtasche mit sich herum. Silverstein sagte später, es sei ihm sehr schwergefallen, die «flüchtigen Ereignisse der späten sechziger Jahre zu verstehen», ebenso die explosive Persönlichkeit seiner Studentin, deren Arbeit sich doch so diszipliniert vollzog. «Ihr Spiel stand auf so hohem Niveau, daß ich es für sicher hielt, daß sie bald Primarius eines Streichquartetts oder Konzertmeister eines großen Orchesters werden würde. Aber in den ersten Jahren, nachdem ich sie kennenge-

* Terminus aus der Transaktionsanalyse, im Sinne von «unbewußt verfolgter Lebensplan» bzw. «Lebensstil» (Anm. d. Ü.).

lernt hatte, machte sie mir klar, daß das, was sie wirklich wollte, Klavierspielen war, daß sie aufs Klavier geradezu versessen war. Sie hatte eine sehr enge, sehr gewichtige Beziehung zu ihrem Vater gehabt und traf in ihrem eigenen Leben stets eine unfehlbar verhängnisvolle Partnerwahl. Sie ist außerordentlich gescheit, aber ihre Fähigkeit zur Selbsteinschätzung ist außerhalb des eigenen Gebietes, nämlich der Geige, nur schwach entwickelt. Ich weiß nicht, warum – ich bin kein Psychiater – wir mögen sie sehr. Wir haben sie mit viel Stolz und Kummer beobachtet.»

Joseph Silverstein und seine Frau Adrienne wurden Cecylias Ersatz-Eltern – liberale, sie unterstützende amerikanische Juden, ihren wirklichen Eltern gerade noch nahe genug und doch ausreichend weit davon entfernt, um ihren Bedürfnissen entgegenzukommen. Als Geigenlehrer war Silverstein, mit den Worten Cecylia Arzewskis, «der wirklich beste». Er hatte bei Efrem Zimbalist und Josef Gingold studiert (jenem Geiger, zu dem sie bei den Meadowmount-Sommerkursen als Schülerin hatte gehen wollen). Trotz des Sieges bei zwei großen internationalen Wettbewerben hatte er keine Solistenkarriere gemacht. Er war 1955 zum BSO gestoßen und 1962 dessen Konzertmeister geworden. Im Gegensatz zu Galamian war er an allen Möglichkeiten interessiert, die sich jenseits der Konzert-Karriere anboten, und er versuchte seinen Schülern vor allem auch die Schwierigkeiten einer erfolgreichen Solistenkarriere vor Augen zu führen: «Man braucht eine Menge Glück. Man muß Wettbewerbe gewinnen. Und man muß schon mit zwanzig einen Vertrag mit einer Konzertagentur unterschreiben – sonst passiert nichts mehr.» Cecylia, die sich sicher war, daß sie Kinder und einen festen Platz in einer Gemeinschaft statt einer immerwährenden Folge von Hotelzimmern wollte, stellte nicht in Frage, was ihr Lehrer sagte. In bezug auf die Geige gab es nichts, was Silverstein nicht wußte, sagte sie später, und obwohl sie während des ersten Jahres ihrer Zusammenarbeit ganz «kratzbürstig» war und ihn fortgesetzt «auf die Probe» stellte, begann sie doch, ihren Stil bald zu ändern und sich zum erstenmal selbst zuzuhören.

Im Januar 1969 wurde ihre Tochter, Ilana, geboren – Cecylia war damals noch nicht ganz einundzwanzig Jahre alt. Das Frühjahr über studierte sie weiterhin am Konservatorium, übte, unterrichtete für fünf Dollar fünfzig pro Stunde an der Newton Free Music School, arbeitete freiberuflich, kochte Tag für Tag das Abendessen und stillte ihr Kind. Das ging zwei Semester so weiter. Im zweiten rief Cecylia eines Tages Silverstein an und teilte ihrem verblüfften Lehrer mit, daß sie ihren Gatten verlassen werde und einen Job brauche, um sich und Ilana durchzubringen. Silverstein sagte ihr, daß das Buffalo Philharmonic Orchestra Streicher suche, und nachdem sie ein Probespiel absolviert hatte, wurde ihr die Stellung eines Ersten zweiten Geigers angeboten. Im Februar 1970 begann sie mit ihrer Tätigkeit als Orchestermusikerin.

An der Juilliard School war Cecylia Arzewski, als eine der Studentinnen von Galamian, häufig vom Einsatz im Schulorchester befreit gewesen, weil die Teilnahme daran die Einbuße von Übungszeit nach sich zog. Als Studentin am New England Conservatory hatte sie jedes Jahr bei drei Orchesterkonzerten mitwirken müssen. Als Folge davon kannte sie das Orchester-Repertoire nur schlecht, haßte Mahler und Bruckner auf Anhieb und fand Mozart «schrecklich langweilig». Die ganze Solistenausbildung, die sie genossen hatte, war plötzlich irrelevant, und anfangs fühlte sie sich schlicht verloren. «Die Dynamik war ganz anders: die kleinen Werte kleiner, die großen größer. Man spielt zusammen mit achtzehn Gangstern dasselbe Stück, und wenn sie allesamt das *piano* eines Solisten spielen, wird es einfach zu laut. Und im Orchester hat man auch keinerlei Initiativen einzubringen. Das tut nämlich der Dirigent. Sie müssen warten. Als Solist attackiert man oder phrasiert man auf die Art und Weise, wie es einem selbst zusagt; in einem Orchester ist die einzige Wahl, die man hat, die, bestimmte Fingersätze zu benutzen, wenn man will, und manchmal kommt nicht einmal das in Frage, weil der Dirigent eine Passage auf eine bestimmte Art gespielt haben möchte – beispielsweise auf einer Saite oder in einer bestimmten Lage. Man ist sehr eingeengt.»

In Buffalo, erinnerte sie sich später, hatte sie zunächst keine Ahnung, worum es beim Spiel in einem Orchester überhaupt ging, was um sie herum passierte oder wie man sich da einfügte. «Alles, was ich spielte, spielte ich zum erstenmal in meinem Leben. Wenn ich ein Stück spielte, das nicht von Mozart, Beethoven oder Brahms war, mußte ich ständig auf die Noten starren – was sehr schwer ist, wenn man gleichzeitig den Dirigenten im Auge behalten muß. Und es ist rein verstandesmäßige Arbeit, solange man nicht einen Dirigenten gefunden hat, auf den man gefühlsmäßig reagiert. Wenn man seine Gefühlsregungen wahrnimmt – vorausgesetzt, er hat Gefühle – und sich darin einfühlen kann, *dann* kann man auch Musik machen. Aber es bedarf schon eines wirklich großen Maestro, an den man glauben kann, den man beinahe schon verehrt, bis man die Situation akzeptiert und sich sagt: ‹Von diesem Mann will ich lernen.›»

Cecylia Arzewski erinnert sich nur an wenige Männer, die das Buffalo Philharmonic Orchestra zu der Zeit, als sie da war, leiteten, und an kaum eines der Stücke, die sie spielte. Das Orchester war, nach einem Beinahe-Bankrott, gerade im Neuaufbau begriffen, und die Unsicherheit dieser Situation drängte, im Verein mit ihrer Lebensaufgabe als junge Mutter, ihr Arbeitsleben etwas in den Hintergrund. Fünf Monate nach dem Umzug nach Buffalo erhielt sie überdies einen Brief vom Orchesterintendanten des Boston Symphony Orchestra, der ihr drei Vakanzen bei den Streichern ankündigte und sie für den Sommer zum Probespiel nach Tanglewood einlud. Arzewski brachte ihre Tochter bei den Großeltern unter und begann sechs Stunden täglich zu üben. Sie absolvierte ihr Probespiel hinter einer Schutzwand, die sie den Blicken des Orchesterrates entzog (solche Probespiele hinter einer Schutzwand waren seit 1960 üblich, als die amerikanischen Musiker sich in Gewerkschaften zusammengeschlossen hatten), und wurde vom musikalischen Leiter des BSO, William Steinberg, akzeptiert – am letzten Pult der zweiten Geigen.

An der Endrunde nahmen, laut Joseph Silverstein, der in der Jury saß, vier Männer und eine weitere Frau teil. Die Jury-Mitglieder entschieden sich in geheimer Abstimmung, und das Ergebnis sprach sich mit überwältigender Mehrheit für die beiden Frauen aus. Aber gerade erst vor einem Jahr war der erste weibliche Geiger verpflichtet worden, und die Jury-Mitglieder waren, wie sich Silverstein erinnerte, durchaus nicht sicher, wie Steinberg auf ihre Empfehlungen reagieren würde. Als sie mit ihm zusammentrafen, fragte Steinberg Silverstein nach seiner Meinung über die beiden Frauen, und der Konzertmeister antwortete, daß es, weil sowohl Cecylia Arzewski als auch Marylou Speaker früher bei ihm studiert hätten, unfair von ihm wäre, sich dazu zu äußern. Daraufhin befragte Steinberg die anderen Jury-Mitglieder, die zögerten und herumdrucksten. Schließlich sagte Steinberg: «Ich will Ihnen sagen, was ich davon halte. Der erste Mann ist kein Geiger. Die anderen werden anderswo Stühle bekommen. Und was die beiden Frauen betrifft, so waren das die besten Orchester-Probespiele, die ich je gehört habe, und Sie sollten versuchen, die beiden so lange wie möglich zu halten.»

Bill Moyer, der Intendant des BSO, verkündete den beiden Frauen die Entscheidung und erinnerte sich, daß Marylou Speaker «sofort vor Freude auf und nieder hüpfte», während Cecylia «sehr konzentriert, gefaßt und sogar ein bißchen melancholisch dreinblickte. Ihr Kopf senkte sich, und auf ihrem Gesicht zeigte sich ein ganz abweisender Ausdruck.» Als Steinberg die beiden Geigerinnen dem Orchester bei der ersten Probe im Herbst 1970 vorstellte, wurde ihnen die Art von Empfang zuteil, wie ihn «Alibi»-Frauen damals in Gerichtssälen, Universitäten und großen Firmen überall im Lande bekamen. Alle Ensemblemitglieder applaudierten, und dann hielt ein Geiger, der gerade sechzig geworden war, eine kurze (scherzhaft gemeinte) Ansprache, die besagte, daß er, wenn er der letzte verbliebene Mann im BSO sein werde, losziehen und ein reines Männerorchester gründen werde. Es war typisch für Cecylia Arzewski, daß sie später eine Vorliebe für diesen zur «Institution» gewordenen Geiger entwickelte, der 1986, also mit siebenundsiebzig Jahren, noch immer im Orchester spielte. Es war typisch für das nahezu «reinrassige» Männerorchester, daß die beiden Geigerinnen – die «übersprudelnde» Marylou Speaker und die «aufbrausende» Cecylia Arzewski – in den kommenden Jahren miteinander verglichen wurden, und zwar in eben der Art und Weise, wie Angehörige einer Minorität von denen der Majorität gewöhnlich verglichen werden.

Das Boston Symphony Orchestra billigte sich selbst einen kleinen Vorsprung vor anderen großen Orchestern zu, was die Verpflichtung von Frauen betraf. Sein erstes weibliches Mitglied, eine Holzbläserin, war 1945 eingestellt worden. Sein erster weiblicher Primarius, die Flötistin Doriot Anthony Dwyer, wurde 1952 engagiert (sie machte als erster weiblicher Primarius der ganzen Vereinigten Staaten Schlagzeilen), nachdem sie jahrelang versucht hatte, bei einem der großen Orchester der Ostküste vorspielen zu dürfen. Dwyer sagte später, sie sei nie zum Probespiel gebeten worden, weil sie ihre Bewerbungsunterlagen immer mit «Miss» unterschrieb. Das Blatt wendete sich erst, als Charles Munch bekanntwerden ließ, daß er Frauen im BSO begrüßen würde, und sie arbeitete für dieses Probespiel «wie für ein Doktorat», indem sie alles, was sie spielte, auswendig lernte. Mehrere Frauen waren für den sogenannten «Damentag» zum Probespiel für die Position der ersten Flöte eingeladen worden, und – wie Dwyer sich erinnerte – «Munch war überwältigt. Er hatte sich einen Scherz erwartet, und statt dessen waren nun lauter vorzügliche Spielerinnen da. Ich spielte alles, was ich konnte, und ich spielte gut. Dann fragten sie mich, ob ich noch einmal kommen und ein zweites Probespiel ablegen würde. Ich sagte nein. Ich fand, sie hätten genug gehört, und ich wollte nicht noch einmal quer durchs ganze Land von Kalifornien aus anreisen. Schließlich engagierten sie mich, aber die Intendanz hielt das noch eine Weile geheim. Sie wußte, daß es eine Kontroverse auslösen würde.»

Als Cecylia Arzewski achtzehn Jahre später zum Orchester stieß, waren sie und Dwyer die einzigen Frauen mit Kindern, und sie war Dwyer dankbar für ihre Präsenz und Hilfe. Noch 1986 waren unter den 102 Mitgliedern des Boston Symphony Orchestra nur 18 Frauen, eine Zahl, die jeder, der mit dem Orchester zu tun hatte, für stetig steigend hielt, die jedoch ebenso klein geblieben ist wie die der Frauen in anderen amerikanischen Spitzenorchestern. Cecylia Arzewskis zerzauster schwarzer Haarschopf war unter den Kahlköpfen und Stirnglatzen 1986 noch ebenso rasch auszumachen wie 1970, und obwohl ihr Spiel keinerlei Aufmerksamkeit auf sich zog (andere Orchestermitglieder beschrieben es als «ruhig» oder «beherrscht»), hoben sie ihr Gesichtsausdruck, die Geradlinigkeit ihres Körpers und die Intensität ihres Blickes doch schon allein deutlich heraus. Silverstein erinnerte sich, daß Arzewski als «freier Geist, als rudimentärer Überrest der sechziger Jahre» aufgenommen worden war, als sie zum BSO stieß. Nicht nur, daß sie auf Büstenhalter verzichtete und mit einer Gruppe herumzog, die Hasch rauchte und auf Tourneen nach Wasserbetten verlangte. Bei den Proben unterhielt sie sich auch mit ihrer Pultpartnerin, sie fehlte häufig und unternahm keinerlei Anstrengung, ihre Ansichten (besonders die negativen) über Dirigenten oder Musikerkollegen zu kaschieren. Die politischen Machenschaften, die zum Status eines Orchestermitgliedes gehörten, irritierten sie, und selbst wenn sie daran interessiert gewesen wäre, hätte es ihr doch am richtigen Temperament gefehlt, sie zu praktizieren.

Im Jahre 1970 war das BSO noch immer als «der Aristokrat unter den Orchestern» bekannt, als das zweitälteste Symphonieorchester in den Vereinigten Staaten (nach dem New York Philharmonic Orchestra), in einer Stadt, die ihre Aristokraten anhimmelte. Sein Klang war auf spezifische Weise anders. Es war von Serge Kussewitzky geformt und dann von Charles Munch, Erich Leinsdorf und William Steinberg auf hohem Niveau gehalten worden. Sein Konzertsaal war einer der besten der Welt und seine Abonnements ständig ausgebucht. «Bei den Proben hätte man eine Stecknadel zu Boden fallen hören können», sagte Arzewski über ihre ersten Jahre mit dem Orchester. «Es gab kein Geplauder, kein Herumalbern. Wir hatten kein Rotationssystem damals, und hin und wieder fingen die zweiten Geigen an, wenn sie die Stimmen konnten, den Part der ersten Geigen mitzuspielen. Das war aber auch der einzige Grad von Herumalbern. Die Leute hielten den Dirigenten auch nicht zum besten. Sie waren sehr diszipliniert, und die Arbeitsmoral war sehr hoch.»

Das erste Stück, das sie mit dem Orchester probte, war Gustav Holsts *The Planets*. Als der einundsiebzig Jahre alte William Steinberg mit dem Stück (das mit einem 5/4-Takt einsetzt) begann und den Takt nicht sehr deutlich vorgab, war Cecylias erster Gedanke der, daß sie für den Job einfach nicht geschaffen sei. Der berühmte Boston-Symphony-Klang überwältigte sie, und das erste, was sie versuchte, war, einfach nur mitzuhalten und zu beobachten. Sie brauchte eine gewisse Zeit, bis sie eine Beziehung zu den anderen Geigern entwickelt hatte und sich mit Persönlichkeiten wohlfühlte, die ebenso verschieden und typisch waren wie in jedem anderen Orchester. «Da gab es den zuckenden Geiger und denjenigen, der immer der erste sein mußte, wenn es darum ging, nach einem Konzert oder einer Probe von der Bühne herunterzukommen, auch wenn er dabei mit ein paar Harfen zusammenprallte. Dann war da der Bursche mit dem schlechten Körpergeruch, von dem man sich am besten fernhielt. Dann war da der Passiv-Aggressive. Er ist mein Liebling: sehr ruhig, aber hin und wieder legt er plötzlich los. Weiter der Bursche, dessen Bogen einfach die Saite nicht loslassen kann – er ist immer der letzte, der mit einer Phrase oder einem Stück zu Ende kommt. Und schließlich der Spaßvogel – ein wunderbarer Mensch und eine große Persönlichkeit. Natürlich gab es auch ein paar Leute, die ich sofort herausgreifen konnte und die große Musiker waren, und das waren die, von denen ich etwas lernte.»

Als Cecylia Arzewski für das Orchester engagiert wurde, waren alle Ensemblemitglieder verpflichtet, an Volkskonzerten mitzuwirken. Die Boston Pops unter der Leitung von Arthur Fiedler hatten wahrscheinlich das größte Publikum und waren zur damaligen Zeit wohl das bekannteste Orchester der Welt; es machte gutverkäufliche Schallplatten; es traf häufig im Fernsehen auf; und für viele Leute in Boston war seine Saison-Eröffnung jene Art von herausragendem gesellschaftlichem Ereignis, das nur in einer noch immer provinziellen Stadt möglich war. Arzewski war zuvor vom Pressebüro des Orchesters für ein Interview mit einer der lokalen Rundfunkstationen ausgewählt worden. Der Interviewer fragte sie, ob sie gern bei Pops-Konzerten mitwirkte, und ihre Antwort lautete, daß sie sich die Ohren mit Watte verstopfen müsse, weil das Blech so laut sei. Die Antwort war typisch für ihre Einstellung zur Presse und zu den Pops. Was die Presse anging, so lernte das Pressebüro des Orchesters, die Reporter auf weniger unumwundene Ensemblemitglieder zu verweisen; was die Pops betraf, so lernte Arzewsky sie nie lieben.

«Die Pops waren eine reine Quälerei», sagte sie in dem Jahr, als sie die Ratenzahlungen für ihre Geige beendet hatte und es sich leisten konnte, diese Arbeit an den Nagel zu hängen. «Zum Teil wegen Arthur Fiedler. Zum Teil wegen der Musik. Und zum Teil wegen des Publikums. Das Ganze dauerte damals sechs Abende die Woche und zwei Monate pro Jahr. Ich hielt Fiedler weder für einen guten Dirigenten noch für einen guten Musiker. Er war das einzige Mitglied des Boston Symphony, das je gefeuert wurde. Er trank. Er tobte und schrie das Orchester an. Die Musik – nun gut, das erste Drittel war das seriöse: ein Marsch, dann eine Beethoven-Ouvertüre, vielleicht ein bißchen Tschaikowsky; das zweite Drittel war die ‹Talent-Show›, wobei ein Pianist oder Geiger Saint-Saëns oder Grieg oder Gershwin oder Tschaikowsky spielte; und dann kam das letzte Drittel – auf das alle warteten. Damals enthielt es Strauß-Walzer, *My Fair Lady*; manchmal war auch *Exodus* angesetzt, und wie unbehaglich ich mich dabei fühlte! Heutzutage ist natürlich *Star Wars* im Programm.

In meinem zweiten Jahr im Orchester spielte ich in einem dieser zweiten Drittel einmal ein Wieniawski-Konzert. Man steht da oben und spielt, und plötzlich hört man das Plop eines Champagnerkorkens. Dann läßt jemand ein paar Gläser fallen. Jemand anders gibt ein Rülpsen von sich. Damals durfte man im Saal sogar rauchen. Die Kundschaft geht nie in wirkliche Konzerte. Sie besitzen wahrscheinlich nicht einmal eine klassische Schallplatte. Sie kommen deshalb, weil es ein gesellschaftliches Ereignis ist, an einem Tisch zu sitzen, zu essen und zu trinken und Musik zu hören. Das ist das Abscheulichste, was einem seriösen Musiker zustoßen kann. Es ist musikalische Prostitution. Wenn ich nämlich ernsthaft diese Art Sachen machen wollte, könnte ich nach Los Angeles gehen und dort dreihundertfünfzigtausend Dollar pro Jahr mit solchem Zeug im Studio verdienen, mit fünfundzwanzig Prozent weniger Arbeit als jetzt und mehr Ferien, und ich könnte mir noch mehr Fiedeln kaufen. Aber es gab keine Wahl. Ich mußte es tun.»

Trotz ihres Abscheus vor Pops, Werbekampagnen und Orchesterpolitik stieg Cecylia im Orchester rasch auf, und ihr Spiel wurde, wie mehrere Musiker sagten, ausnahmslos respektiert. Ein Jahr nach ihrer Verpflichtung gab es eine Vakanz bei den ersten Geigen. Sie trat zum Probespiel an, wiederum hinter einem Schutzschirm, und siegte. Sie war damals dreiundzwanzig Jahre alt, noch immer der «Neuling», und als zuletzt verpflichtetes Mitglied der Gruppe diente sie eine Zeitlang als «Ersatzmann» und übernahm die Vertretung jedes fehlenden bis hinauf zum zweiten Pult. Sie spielte neben Geigern, die in Cleveland unter George Szell gearbeitet hatten oder in New York, als Toscanini noch lebte, und in manchen Pausen erzählte ihr ihr Pultpartner, was der oder jener Maestro zu einer gegebenen Phrase oder einem bestimmten Stück gesagt hatte. Wenn das Orchester Ravels *La Valse* oder Berlioz' *Symphonie fantastique* spielte, erzählten sie ihr Geschichten darüber, wie Charles Munch die Zuschauer mitgerissen hatte. Zu ihrer Überraschung fand sie die Stimmenhefte, aus denen sie spielte, mit Notizen zu bedeutenden Aussprüchen oder Ereignissen übersät, dazu Daten der «Aufzeichnung» – Bemerkungen wie «Stagliano [der berühmte französische Hornist des BSO] klingt wie ein Elch, der die Mass. Ave. herunterzockelt» in Brahms' Erster Symphonie. Mehrere ihrer Pultpartner bestanden darauf, ihr die Notenseiten umzudrehen – sie hielten das für übliche Höflichkeit, so wie man einer Frau die Tür aufhält –, obwohl sie als die Innensitzende das eigentlich zu tun hatte, und einige ermutigten sie und applaudierten ihr, als sie die Musik, die sie spielte, zu lieben und gut zu spielen begann.

Was ihre Arbeit besonders lohnend machte, war, wie sich Cecylia später erinnerte, das tägliche Erlebnis des Zusammenspiels mit ihrem früheren Lehrer, dem Leiter der Streichergruppe. Joseph Silverstein war in den Augen vieler Dirigenten und Orchestermusiker, die mit ihm zusammengearbeitet hatten, der beste Konzertmeister im Musikbetrieb und ein außergewöhnlicher Geiger, dem es nur an dem «Blitz» gefehlt hatte, der für eine Solistenlaufbahn unabdingbar ist. Er war an zeitgenössischer Musik interessiert, er nahm aktiv am politischen Geschehen der Stadt teil, er unterrichtete, er spielte Kammermusik und Solo-Abende und war, für Cecylia Arzewski wie für viele andere, ebensosehr Ratgeber wie vollendeter Musiker.

«Es gibt da diese kleinen Spielchen, die man in der Steichergruppe spielen kann», sagte sie. «Wenn man es bewußt drauf anlegt, kann man die Macht übernehmen. In einer solchen Gruppe passiert alles Mögliche – Unter-den Teppich-Kehren, Verschleierung, alle Arten von persönlichen und geheimen Dingen. Aber die Person, mit der ich das alles nie hätte machen können – keinen einzigen Augenblick –, war Silverstein. Natürlich lag das an meinem Respekt vor ihm, aber die Sache war die, daß auch niemand anders es konnte. Er war eine Führerpersönlichkeit, in hundertundeinem Prozent seiner Zeit. Er lehnte sich nie zurück und entspannte sich, und fast immer kannte er die Noten besser als der Dirigent. Manchmal gab es Augenblicke, wo der Dirigent ins Schwimmen kam, und das ist natürlich ein Verhängnis. Weil es, wenn der Dirigent der Oboe einen falschen Einsatz gibt, zu einer Kettenreaktion führt. Es kann sein, daß die Geigen von ihrem letzten Ton an achtzehn Takte zu zählen haben, und wenn sie nur zwei Takte nach der Oboe einsetzen, zählen sie zwei Takte nach der Oboe anstatt ihre achtzehn. Und das gleiche gilt für alle, die nach den Geigen einsetzen. Aber immer kannte Joey die Partitur, und so kam es nie zu dieser Kettenreaktion; er bot einen Sicherheitsschutzschild für das gesamte Orchester. Wenn sich ein Dirigent über die Art und Weise, wie wir spielten, beklagte oder uns heruntermachte, fragte er den Dirigenten, was er denn genau von uns haben wolle, und machte ihm Vorschläge. Er hielt für uns den Kopf hin und wollte es auch gar nicht anders, weil er der Ansicht war, daß dies sein Job sei.»

Nach dem ersten Jahr ihrer Gewöhnung an die Länge von Bruckner- und Mahler-Symphonien – «Sie sind schwer ‹auszusitzen›, insbesondere dann, wenn man am ‹Schwanz› der zweiten Geigen sitzt, wo einem Blech und Schlagzeug in die Ohren dröhnen» – und an die technischen Anforderungen bei Bruckner – «man hat eine halbe Stunde zu tremolieren, bis man das Gefühl hat, daß einem die Arme abfallen, und man sich fragt: *Warum hat er das geschrieben? Er muß die Musiker gehaßt haben*» – begann sie Gefallen am Repertoire zu finden. Obwohl sie nie eine Liebe für Bruckner entwickelte, gleichgültig wie oft seine Symphonien aufs Programm gesetzt wurden, und modernen amerikanischen Komponisten wie Aaron Copland und Roger Sessions gegenüber weitgehend gleichgültig blieb, erfüllten sie wiederholte Aufführungen und Proben von Werken von Brahms, Beethoven und Mahler doch mit einer Liebe zu ihrer Musik, die sie zuvor nicht für möglich gehalten hatte. Sie hatte Mahler zum erstenmal als Studentin am Konservatorium und dann unter William Steinberg gespielt, aber die Musik hatte sie nicht übermäßig bewegt. In zwei aufeinanderfolgenden Jahren hatte dann Claudio Abbado die Zweite und Dritte und Leonard Bernstein die Neunte Symphonie dirigiert. «Ich mußte eine Menge Mahler spielen, bevor ich ihn verstand», sagte sie später. «Ich las in einer Biographie einiges über seine Erziehung und seinen Hintergrund und begann mich mit seinem Leben zu identifizieren. Nachdem ich unter Abbado und Bernstein gespielt hatte, kam mir die Erinnerung an das, was Steinberg gemacht hatte. Noch immer habe ich Mahlers Fünfte nicht sehr gut gespielt. Mahler scheint mir einfach, weil jede Nuance und jeder Tempowechsel genau vorgezeichnet ist. Alles, was man wissen muß, steht in der Partitur. Bei Beethoven gibt es nahezu nichts, von dem man ausgehen kann – manche Leute haben Doktordissertationen darüber geschrieben, um herauszufinden, was seine Partituranweisungen bedeuten.»

Wie die meisten Orchestermusiker ging Arzewski mit den Dirigenten, unter denen sie gespielt hatte, hart ins Gericht. Nur vier davon hatten ihre uneingeschränkte Billigung – Bernard Haitink, Claudio Abbado, Colin Davis und Leonard Bernstein. «Sie kennen die Musik, sie setzen sich mit dem auseinander, was der Komponist gewollt hat, sie kennen die Struktur des Stückes und die Struktur des Orchesters, sie lernen die Partitur nicht auf unsere Kosten, und sie wissen, wie man die Einzelteile zusammensetzt, so daß sie, wenn wir dann spielen, auch wirklich aus einem Stück ist.» Ihr erster Eindruck hochrangigen Dirigierens stammte nicht von William Steinberg – «Er war ein außerordentlicher Musiker und eine wirkliche Persönlichkeit, aber eben zu alt, als ich zum Orchester stieß» –, sondern von Bernard Haitink, als er das BSO in Strauss' *Ein Heldenleben* dirigierte. Sie hatte die Musik nie zuvor gespielt und auch weder von Haitink noch vom Amsterdamer Concertgebouw-Orchester gehört, aber sie spürte, wie sich das ganze Orchester von Anfang bis Ende um eine klare Konzeption des Stückes zusammenscharte. «Wir strömen alle nur so in eine Probe am Samstagmorgen, um unter ihm zu spielen; es ist wie Urlaub.» Colin Davis, erinnerte sie sich, war «beinahe immer magisch. Manchmal dachte ich, wir heben von der Bühne ab, wenn wir Haydn und Mozart spielten. Das, was ein gutes Orchester ausmacht, ist dasselbe, was einen guten Solisten ausmacht. Man muß Stücke spielen, die einen wirklich zur Arbeit zwingen, die es einem erlauben, musikalische Ideen und Stil und einen gewissen Ton zu entwickeln. Mozart erlaubt einem das, und Colin Davis war sehr gewissenhaft, klar, arbeitsam und musikalisch ernsthaft. Als er unser Haupt-Gastdirigent war, bekamen wir diese Art von Disziplin jedes Jahr vier Wochen oder mehr auferlegt.»

Ihre erste Begegnung mit Leonard Bernstein schockierte sie wegen ihrer Intensität. «Ich hatte nie zuvor jemanden gesehen, der so extravertiert war», erinnerte sie sich. Er kennt keine Demarkationslinien, keine Grenzen, und er macht Musik zu etwas extrem Aufregendem. Er ist wahrscheinlich einer der intelligentesten lebenden Musiker, eine Klasse für sich, auf allen möglichen Gebieten beschlagen. Ich halte ihn für ein Genie.»

Sie seufzte, als sie von der Zusammenarbeit mit Claudio Abbado erzählte. «Er ist sein eigener Herr, eine ganz eigene Persönlichkeit, dabei von größter Sensibilität und Intensität. Er ist natürlich ein bißchen Diktator, insofern als er einem wenig Raum läßt, etwas Eigenes zu tun, aber die Musik ist einzigartig, ganz anders, fabelhaft, wenn er dirigiert – man spürt, daß er einem an die Gurgel fährt, und doch ist das eine irgendwie positive Erfahrung. Er bietet keine Tanzeinlagen; er rührt die Füße nicht vom Podium und wendet dem Publikum auch nicht sein Profil zu, wie so viele andere. Sie alle brauchen ein Feedback vom Publikum, Abbado aber ist sehr selbstsicher und scheint das weniger nötig zu haben.»

Cecylia Arzewski erinnerte sich an alle Programme, die sie je unter diesen vier Dirigenten gespielt hatte, und wann immer sie ein bestimmtes Stück spielte, hörte sie es auf die Art und Weise, wie jeder von ihnen es dirigiert hatte. Sie neigte dazu, ihre Arbeit, ihre Kollegen und auch das Leben im allgemeinen in schroffen Schwarzweißtönen zu sehen; entweder liebte oder haßte sie eine Sache. Einer der Kollegen, der sie kannte, seit sie sich dem Orchester angeschlossen hatte, drückte es so aus: «Cecylia hat Leute im Orchester, die für sie sterben würden, aber sie wird aller Wahrscheinlichkeit nie einen Beliebtheitstest gewinnen. Sie ist eine Persönlichkeit. Sie war nie umgänglich.» Diese Art von Temperament erwies sich als äußerst heikel in einem Berufszweig, in dem die meisten Dirigenten, unter deren Leitung Arzewski gespielt hatte, ihrer Meinung nach nicht das künstlerische Niveau ihrer vier Favoriten erreichten und in dem sie, besonders wenn das Orchester auf Tournee ging, ein Standardwerk wie Beethovens Fünfte mehr als zehn Mal in einem Monat zu spielen hatte. «Die meiste Zeit machen wir nicht Musik – genau das ist es, was Silverstein meinte, als er sagte, Orchestermusiker führten ein Leben in Sünde. Besonders auf Tourneen beginnt man, sich selbst auszublenden. Man denkt daran, daß das Restaurant im Hotel nach Konzertschluß noch geöffnet hat, daß es, wenn das nicht der Fall ist, ja noch einen Zimmerservice gibt und man dann auch das Fernsehen einschalten kann. Man überlegt, wie viele Stunden Schlaf man vor der morgendlichen Abfahrt des Busses wohl bekommt, und dann ist das Konzert aus, und es wird applaudiert: Das Publikum ist zufrieden!» Auf Tourneen zog sie mit Ikuko Mizuno, der ersten Frau in der Streichergruppe, die ein Jahr vor Arzewski zum BSO gestoßen war, und Bill Rhein herum, einem Kontrabassisten und Manisch-Depressiven, der sich 1980 das Leben nahm. Sie erntete große Bewunderung für ihr Spiel, das im Orchester reif und abgeklärt wurde, aber gleichzeitig stieß sie ihre Kollegen durch etwas vor den Kopf, das sie «äußerste Negativität», «Herbheit» und «kompromißlose Bitterkeit» nannten. In einer Gruppe von Leuten, in der jedes Mitglied im Rufe hoher Ich-Ansprüche und einer kräftigen Dosis von Neurose stand, hatten Diplomatie und zwischenmenschliches Geschick natürlich hohen Kurswert. Arzewski aber machte aus ihrem Herzen nie eine Mördergrube, ohne allzuviel über den Kontext oder die Verästelungen dessen, was sie sagte, nachzudenken; alles andere wäre Heuchelei gewesen, meinte sie; und letztlich hatte sie die Konsequenzen zu tragen, die ihr aus der Ignorierung der Orchesterpolitik erwuchsen.

Im Jahre 1976 kaufte sie sich schließlich eine eigene große Violine. Ihr erstes Instrument hatte ihr Vater ihr in Berlin ausgesucht; an das zweite konnte sie sich nicht mehr erinnern; als Schülerin Galamians hatte sie auf einer Gagliano gespielt, einer Leihgabe der New Yorker String Society; und ein Jahr lang hatte ihr Wurlitzer (der Instrumentenhändler) eine Guadagnini geliehen, die ihr einen ersten Eindruck davon vermittelt hatte, wie eine große Geige klang. Dann hatte ihr Vater ihr eine Gagliano gekauft, die sie spielte, bis sie den Entschluß faßte, es sei jetzt an der Zeit, in ein Instrument zu investieren, das sie wirklich liebte. Der Entschluß fiel mit der Erkenntnis zusammen, daß sie das Geigenspiel nun wirklich liebte. Im Alter von fünfundzwanzig Jahren hatte sie eine Psychotherapie begonnen, und dem Arzt, mit dessen Hilfe sie sechs Jahre lang ihre Familiengeschichte aufarbeitete, verdankte sie die Einsicht, daß sie für sich selbst und nicht für ihre Eltern spielte. Sie schaute sich ein paar Violinen im Kellergewölbe von Jacques Français Rare Violins in New York an und fand eine Guarneri – 1714 von Petrus Guarnerius in Mantua hergestellt –, die ihr gefiel, die sie aber nicht sofort kaufte. Einen Monat später kam sie, mit dem Orchester auf Tournee, wieder nach New York und prüfte das Instrument bei einer Probe in der Carnegie Hall. Es war eine Probe für ein Pops-Konzert. Arthur Fiedler dirigierte, und das erste Stück, das er für die Probenarbeit ausgewählt hatte, war die *Pizzicato-Polka*. «Die *pizzicati* kamen nicht genau zusammen, so daß ich zehn oder fünfzehn Minuten lang da saß und dachte, ich würde verrückt», erinnerte sie sich. «Ich wollte spielen und hatte nichts anderes zu spielen als diese *pizzies*. Heute tue ich das immer, wenn ich eine neue Geige aussuche. Es gibt sehr subtile Dinge, die man hört, wenn man *pizzicato* spielt. Als ich schließlich zu spielen anfing, drehten einige Leute sich um und fragten mich, auf was ich denn da spielte.

Ich nahm die Geige mit nach Boston, und jeden Tag verliebte ich mich etwas mehr in sie. Jede Geige ist wieder anders, jede Geige bedarf eines anderen Strichs, und ich brauchte ungefähr ein Jahr, um darauf spielen zu lernen. Und zehn Jahre, um sie abzuzahlen.»

Bis dahin hatte sie sich auch entschlossen, sich für eine Laufbahn als Konzertmeister eines Orchesters zu bewerben, ein Entschluß, der, wie sie später sagte, mit ihrer wachsenden Liebe zum Orchester-Repertoire zusammenfiel. Sie absolvierte, hinter einem Schutzschirm, ein Probespiel für das innere zweite Pult, das heißt für die Position eines der beiden stellvertretenden Konzertmeister, und gewann 1978. «Die Eintracht, die unter jenen beiden ersten Pulten herrschte, war unglaublich», erzählte Cecylia Arzewski. Sie saß neben Max Hobart, «dem besten Pultpartner, von dem man nur träumen konnte», wie sie später sagte, «einem Mann mit Integrität, großem Respekt vor der Musik und eigenständigen Dirigenten». Sie saß hinter Emanuel Borok, einem russisch-jüdischen Emigranten, der Ensemblemitglied des Bolschoi-Theaters und stellvertretender Konzertmeister der Moskauer Philharmoniker gewesen war. Und sie konnte Joseph Silverstein beobachten, mit dem sie nun schon seit zehn Jahren zusammenarbeitete, und zwar aus größter Nähe.

Im musikalischen Sinne, erinnerte sich Silverstein, reifte Arzewski in diesen Jahren. «Es gelang ihr schließlich, sich auf der

Geige restlos zum Ausdruck zu bringen; ihr Spiel wurde in einem deutlich identifizierbaren Sinne das ihre.» Sie gab überdies 1978 ein Solo-Konzert in der Carnegie Recital Hall, das ausschließlich aus unbegleiteten Bach-Werken bestand, und übernahm dieses Programm auch für den *Internationalen Bach-Wettbewerb* dieses Jahres, bei dem sie einen Preis gewann. Sie gab Konzerte mit lokalen Orchestern und unterrichtete eine kleine Zahl von Schülern, doch zogen sie weder der Unterricht noch die Aufführung von Kammermusik auf die Weise an, wie das bei vielen anderen Musikern der Fall war. «Wozu sollte ich noch einer Gruppe angehören? Die Mitgliedschaft in einem Orchester ist schon genug!» sagte sie. Zu viele Stunden verringerten überdies ihre eigene Übungszeit. Sie übte gern drei Stunden täglich; etwas Bach – den sie für ihr Wohlbefinden ebenso unerläßlich fand wie andere Leute Joggen oder Schwimmen oder Yoga – und alles, was sie an neuen Stücken einzustudieren sich entschlossen hatte (etwa ein neues Werk des Komponisten Earl Kim oder das Violinkonzert von Alban Berg). Ihr musikalischer Stil war intensiv, ernsthaft und einzelgängerisch. Arzewski war «bewundernswert geeignet, diese kompromißlosen Stücke zu spielen», wie die *New York Times* über ihr Solo-Debüt schrieb. «Stetige Tongebung, genaue Intonation, Bogenfertigkeit und verläßliches Musikertum vereinten sich zu Darbietungen, die durchgehend einen bewundernswert hohen Standard aufrechterhielten.» Ihre Kollegen im Orchester nannten ihr Spiel «elegant», «untadelig» und «sicher», und Joseph Silverstein bat sie 1980, als Konzertmeister des Worcester Symphony Orchestra zu fungieren, dessen musikalischer Leiter er war. Die beiden Geiger fuhren stets zusammen nach Worcester, hörten sich Heifetz-Bänder im Autoradio an und hatten beide Spaß an der Arbeit. Noch nie hatte es einen weiblichen Konzertmeister bei einem Spitzenorchester irgendwo auf der Welt gegeben, aber Silverstein war davon überzeugt, daß Arzewski das Talent hatte, diese erste Frau zu werden. «Ich arbeitete mit ihr und stimmte sie auf diese Funktion ein», sagte er später. «Sie begreift die Rolle gut und füllt sie angemessen aus. Sie ist eine außerordentlich begabte Person. Vielleicht lag es an den Umständen, unter denen sie vorspielte und die nicht besonders günstig waren. Vielleicht hätte sie sechs Jahre später geboren sein müssen. Es gibt da eine ganze Reihe alter Brummbären, die keine Frau als Konzertmeister wollen. Als sie für die Position eines stellvertretenden Konzertmeisters beim BSO vorspielte, war sie großartig. Hätte sie ein anderes Persönlichkeitsprofil gehabt, hätte sie den Job bekommen.»

Cecylia Arzewskis Ziel, eine Konzertmeister-Stelle bei einem Spitzenorchester zu finden, hatte sich 1986 noch nicht erreichen lassen. Die Probespiele wurden noch immer nicht einheitlich hinter einem Schutzschirm abgehalten; Persönlichkeit und Ansehen zählten ebensoviel wie das Geigenspiel. Sie war so weit vorgedrungen, über einen Vertrag mit dem Montreal Symphony Orchestra unter Charles Dutoit zu verhandeln; am Ende aber fiel der Stuhl des Konzertmeisters doch dem anderen Finalisten beim Vorspiel, einem Mann, zu. Auf Empfehlung von Itzhak Perlman war sie zum Vorspiel beim Pittsburgh Symphony Orchestra unter Lorin Maazel eingeladen worden, aber nachdem sie eingetroffen war, bat das Auswahlkomitee des Orchesters darum, sie als erste hören zu dürfen, und empfahl danach, der Dirigent möge sie nicht in Betracht ziehen. Diese Erfahrung war, genau wie die in Montreal, für sie frustrierend. Es gab nicht mehr als ein halbes Dutzend Positionen auf der Welt, die im nächsten Jahrzehnt vakant werden würden; sie war sicher, daß sexistische Argumente eine Rolle bei den Auswahlverfahren spielten, und es widerstrebte ihr, ihren eigenen beruflichen Ehrgeiz und die Umzüge, die er nach sich ziehen mochte, auf ihre beiden Töchter zu übertragen, deren zweite, Maya, 1979 geboren war. Das Ideal wäre ein langsamer Aufstieg in Boston gewesen, aber auch da gab es Probleme.

Joseph Silverstein trat 1983 als Konzertmeister des BSO zurück und verließ Boston, um, nach dem darauffolgenden Sommer in Tanglewood, musikalischer Leiter des Utah Symphony Orchestra zu werden. Der stellvertretende Konzertmeister Emanuel Borok demissionierte ein Jahr später und trat die Konzertmeister-Stelle beim Dallas Symphony Orchestra an. In zwei Jahren verlor Cecylia Arzewski die Hälfte jener «Einheit» von Spielern, mit denen sie ein musikalisches Netz gebildet hatte, ein Verlust, zu dem auch noch der von Colin Davis kam, der sich als Haupt-Gastdirigent des Orchesters verabschiedete. Nach Silverstein war Malcolm Lowe zum

Konzertmeister berufen worden, und obwohl sie seine Musikalität respektierte, konnte er ihr den früheren Lehrer und Kollegen, den sie bewundert hatte, in keiner Weise ersetzen. Als die Zeit zum Probespiel für die Nachfolge von Borok kam, entschloß sie sich, sich um die Position eines stellvertretenden Konzertmeisters zu bewerben.

Für diese Position gab es, laut Bill Moyer, dem Intendanten des BSO, fünfzig Bewerbungen aus aller Welt und sieben aus dem Orchester selbst. Das Vorspiel fand hinter einem Schutzschirm statt, und zusätzlich zu den sieben BSO-Musikern, die aufgrund der Orchesterpolitik automatisch in die Endrunde einzogen, stießen zwei weitere Anwärter ins Finale vor. Nach geheimer Abstimmung waren, wie verlautete, drei Frauen Siegesanwärter – Cecylia Arzewski, Nisanne Lowe und Jennie Shames –, aber «Seiji Ozawa als musikalischer Leiter fühlte sich außerstande, eine klare Entscheidung zu treffen», wie Moyer sagte, «und bat darum, die Position erneut auszuschreiben und das Vorspiel im weiteren Verlauf desselben Jahres abzuhalten». Auch bei der zweiten Probespiel-Runde fiel die Wahl der Jury auf Cecylia Arzewski und Jennie Shames sowie auf eine dritte Frau, die Konzertmeister der Zagreber Philharmoniker war. Im September 1986 wurde Tamara Smirnova-Sajfar zum neuen stellvertretenden Konzertmeister des BSO berufen.

«Cecylia hatte glühende Befürworter gehabt. Nicht zwangsläufig Freunde, sondern Leute, die ihre Spielweise schätzten», sagte Moyer, «aber die Tätigkeit eines Konzertmeisters verlangt alle möglichen Eigenschaften, etwa auch Führungsbereitschaft und Verläßlichkeit. Der Konzertmeister muß ein ganzes Orchester inspirieren können und in der Lage sein, mit dem Dirigenten zusammenzuarbeiten.» Der neue stellvertretende Konzertmeister, jene Tamara Smirnova-Sajfar, hatte bei den Boston Pops als Konzertmeister zu fungieren, sprach aber kein Englisch, und für viele Musiker war es klar, daß sie engagiert worden war, «um nur ja nicht Cecylia oder Jennie Shames verpflichten zu müssen». Und doch deuteten die meisten an, daß es unrealistisch sei, zu erwarten, der musikalische Leiter Ozawa werde als stellvertretenden Konzertmeister eine Geigerin verpflichten, die ihre Mißbilligung seiner Person im Laufe eines Jahrzehnts nur allzu offenkundig geäußert hatte.

Drei Jahre nachdem Cecylia Arzewski sich dem Orchester angeschlossen hatte, war Seiji Ozawa zum Leiter des BSO berufen worden, und wie die Mehrzahl der Ensemblemitglieder war auch Cecylia anfangs von ihm entzückt. Ozawa war sechs Jahre lang Gastdirigent des Orchesters gewesen, und sie hatte unter seiner Leitung Bartók und Strawinsky gespielt. «Er probte nur sehr wenig und ging rasch vor», erinnerte sie sich, wies aber auch darauf hin, daß es nur sehr wenige Orchester gab, die mit ihren musikalischen Leitern fortgesetzt zufrieden waren. Die Position brachte unausweichlich Konnotationen wie die der Vaterrolle in bezug auf eine Orchester-Familie mit sich, und die meisten Orchester waren der Meinung, ihr musikalischer Leiter gebe sich nur allzu spärlich mit ihnen ab, als daß er ihnen die Aufmerksamkeit erwiese, die sie brauchten. «Wie alle Dirigenten, die Superstars sein möchten», sagte Arzewski, «widmet Ozawa dem Orchester sehr wenig Zeit – nur zweiundzwanzig Wochen –, und die Qualität dieser Zeit ist dürftig. Er steigt aus dem Flugzeug aus Paris und beginnt mit der Probe, und wenn er die Partitur einer Symphonie aufschlägt, kann es durchaus der Fall sein, daß er sie nicht mehr angeschaut hat, seit er sie das letzte Mal – vor einem oder vier Jahren – aufgeführt hat. Oft wiederholt er Abschnitte, die gar nicht geprobt werden müssen, nur weil er herausbekommen möchte, ob *er* sie richtig drauf hat. Wir nennen das ‹Panik-Zeit›, wenn er uns bevorsteht. Seine Trostworte an uns, wenn ihm die Zeit knapp wird und die Aufführung für den folgenden Tag bevorsteht, wissen Sie, wie die lauten? ‹Seien Sie vorsichtig; ich bin auch vorsichtig.›»

Arzewski war nicht die einzige, die an Ozawa etwas auszusetzen hatte. Die Kritik am musikalischen Leiter schäumte im November 1986 geradezu über, als *Boston*, die Stadtzeitung, einen langen biographischen Artikel über Ozawa brachte und mehrere BSO-Mitglieder interviewte. Der Kontrabassist Lawrence Wolfe war einer der zahlreichen Musiker, die auf Ozawas Unentschiedenheit verwiesen. Der Primarius der Bratschen, Burton Fine, sagte, es fehle Ozawa an einem klaren musikalischen Konzept. Der Primarius der zweiten Geigen, Marylou Speaker Churchill, sagte: «Wenn es sich um das deutsche Repertoire handelt, ist da immer ein Mangel an Verständnis im Spiel. Und gewiß, wir werden frustriert. Wir suchen verzweifelt nach jemandem, der kommt und uns bei der deutschen Orchesterliteratur leitet und inspiriert. Sie ist das Rückgrat des ganzen Repertoires.» Und die Geigerin Jennie Shames sagte: «Das Orchester ist wahrscheinlich eine Sammlung der besten Instrumentalisten der Welt, aber sie klingen mit Sicherheit nicht so. So, wie es jetzt ist, sind die Leute nicht stolz darauf, auf der Bühne zu sitzen.»

Keines dieser Ensemblemitglieder aber gab seiner Unzufriedenheit bei Proben und Konzerten so unverblümt Ausdruck wie Cecylia Arzewski. «Vorsichtig» war nie ein Wort gewesen, das man auf sie hätte anwenden können, und «Vorsicht» war keine Eigenschaft, die sie an Menschen besonders respektierte, und sie fand es schwierig zu begreifen, warum es wichtig für sie sein sollte, in ihren Beziehungen zu Ozawa vorsichtig zu sein, oder daß es unangenehm für ihn war, von seinem Pult herunterzuschauen und auf ihrem Gesicht, praktisch unter seiner Nase, Geringschätzung geschrieben zu sehen. Die langen Jahre, in denen sie das einzige weibliche Mitglied der ersten Geigen gewesen war, hatten ihr, wie manche Leute glaubten, eine extremere Einstellung auferlegt, als das in einer weniger streßgeplagten Umgebung der Fall gewesen wäre, und wenn sie mit dem Fahrrad zur Probe geradelt kam, in glänzenden schwarzen Hosen, einem weiten Sweater und Sonnenbrille, oder eine ihrer ätzenden kritischen Bemerkungen machte, sagten die Leute: «Nun gut, das ist eben Cecylia.» Seit 1978 hatte sie den Lehrstuhl von Edward und Bertha C. Rose am BSO inne. Ihr Job war ähnlich sicher wie der jedes gewerkschaftlich organisierten Arbeiters in einem finanziell gesunden Unternehmen, und sie verdiente über 60 000 Dollar pro Jahr. Aber wie viele Musiker, die als Wunderkinder begonnen hatten, und viele Nicht-Musiker, die sich dem mittleren Lebensabschnitt und dem toten Punkt ihrer Laufbahn nähern, war sie oft verwirrt und geängstigt angesichts dessen, wozu sie es gebracht hatte. Ungefähr 175 Geiger hatten 1986 für die drei Vakanzen am BSO vorgespielt. Eine dieser Vakanzen war das Ergebnis einer Pensionierung, eine andere das eines Umzuges in eine andere Stadt, und die dritte war Joel Smirnoff zu verdanken (der ausschied, um sich dem Juilliard-Quartett anzuschließen). Nur ein einziger Kandidat wurde vom Orchester der Aufnahme für würdig befunden, aber das zu wissen, machte sie auch nicht glücklicher.

Im Laufe ihres ganzen Berufslebens hatte sie einen Großteil ihrer Zeit für ihre Töchter und für einen Bereich geopfert, den sie entschlossen abdichtete und privat hielt. Sie hatte weder Maya noch Ilana ermutigt, mit dem Studium eines Musikinstrumentes zu beginnen, und obwohl beide Kinder ganze Sommer in Tanglewood zugebracht hatten und viele Musiker als eine Art erweiterte Familie betrachteten, wollten sie doch selbst nicht Musikerinnen werden. Cecylia unterrichtete überdies eine kleine Anzahl von Schülern im eleganten, lachsrot getönten Studio ihrer Wohnung, wo ein großes, nacktes Poster mit dem Titel *Oswiecim* (Auschwitz auf polnisch) neben dem Notenständer hing. Zu Hause hörte sie sich stundenlang Klaviermusik an: Glenn Gould oder Michelangeli mit Bach-Werken; Ivo Pogorelich mit Chopin; Horowitz «mit Horowitz, dann das Klavier, dann den Komponisten»; weiter Rubinstein, Lipatti, Josef Hofmann, Pollini, Martha Argerich oder Emanuel Ax.

In seinen letzten Lebensjahren hatte ihr Vater, Stanislaw Arzewski, als Pianist in einem Nachtlokal und Restaurant in Manhattan gearbeitet. Oft erinnerte sich seine Tochter, wie sie nach einem Konzert mit dem Boston Symphony Orchestra hereinkam und ihn auf Wunsch eines essenden Gastes etwa die g-Moll-Ballade von Chopin spielen hörte. Dann dachte sie daran, was er ihr von Kindesbeinen an eingetrichtert hatte, nämlich daß «das Wichtigste im Leben eines Musikers Selbstachtung sei, der Respekt vor sich selbst und der Respekt vor anderen Musikern». Die Alltagsroutine hatte etwas von dem Stolz abgetragen, den ihr die Orchesterarbeit einflößte; die Hauptschuld daran aber war, wie sie sagte, dem immer größeren Druck, der immer kürzeren Probenzeit und den ihrer Arbeit immer weniger verbundenen Dirigenten anzulasten. «Es ist nie genug Geld da, also versuchen sie ständig, es durch Veranstaltungen zu beschaffen, und zwar auf dem Rücken des Orchesters. Musiker werden für geschäftliche Zwecke ausgebeutet – künstlerische Qualität zählt nicht mehr und existiert bei amerikanischen Orchestern auf regulärer Basis auch tatsächlich nicht mehr. Dafür Quantität: Wie viele Konzerte lassen sich aus uns herauspressen? Jeden Sommer spielen wir in Tanglewood drei verschiedene Programme pro Woche. Zwei Proben pro Konzert. Wie kann man erwarten, daß das große Konzerte werden? Kürzlich war ich in München und hörte

Celibidache dirigieren. Er bringt dem Orchester das Stück richtig bei. Sie haben so viele Proben, daß er, wenn es zur Aufführung kommt, die Zügel schleifen lassen kann. Musik dieser Art wird in unserem Land schlicht und einfach nicht mehr aufgeführt. In Tanglewood geht es mehr wie in einer Fabrik zu, und das Schlimmste daran ist, daß das ein so schöner Ort ist. Ein wunderbarer Platz, um Musik zu machen, besonders dann, wenn das Wetter schön ist.» Und das ganze Jahr über verspürten die Orchestermitglieder Hunger nach Dirigenten mit Ideen, einen solchen Hunger, daß sie Bernard Haitink gebeten und mit Bittschriften bedrängt hatten, wiederzukommen und in der Saison 1986/87 als Gastdirigent aufzutreten.

Meistenteils arbeitete Cecylia allein und zu Hause an ihrer musikalischen Weiterbildung. Sie war nach Kalifornien gegangen, um einen Kurs bei Heifetz zu besuchen («in zweieinhalb Stunden lernte ich bei ihm mehr als bei Galamian in sieben Jahren»), und in Boston suchte sie nach älteren musikalischen Vorbildern wie Louis Krasner, der die Bostoner Premiere des Violinkonzerts von Alban Berg gespielt hatte, mit denen sie arbeiten konnte. Immer noch versuchte sie drei Stunden täglich zu üben («da bin ich geradezu besessen, könnte man sagen»), und gelegentlich trat ihre Arbeit auch ins Blickfeld der Öffentlichkeit. Es war schwierig, Konzerttermine ohne die Hilfe eines Managers und eines Presse-Agenten zu bekommen, aber immer wieder trat Cecylia Arzewski bei Konzerten in Erscheinung, und im Frühjahr 1986 gab sie ein Solo-Konzert, das den Kritikern ihre Bedeutung erneut in Erinnerung rief.

«Arzewski ist es gelungen, sich dem industriell geschliffenen internationalen Allzweck-Stil zu entziehen, der derzeit so in Mode ist, jener Art von Technik, die sich des gesamten Repertoires bemächtigt, als wäre es das Violinkonzert von Tschaikowsky, und des Violinkonzertes von Tschaikowsky, als wäre es ein Ausstellungsstück» schrieb der *Boston Globe.* «Arzewskis Bach klang wie Bach, ihr Beethoven wie Beethoven, ihr Prokofjew wie Prokofjew ... Arzewski rundete ihr Programm mit einer großartigen Darbietung von Nathan Milsteins Transkription eines Chopin-Nocturnes ab und legte dabei eine solche Sicherheit der *rubato-*

Technik an den Tag, die ihr kein Lehrer vermitteln könnte, und sie schloß mit Wieniawskis *Polonaise Brillante*. Das war brillant, weil sie es wie Musik spielte und nicht wie einen Sack voll Kunststückchen.»

Auch der *Boston Herald* gab Arzewski eine exzellente Kritik und verwies darauf, es sei «eine jener Gelegenheiten gewesen, die einen in die Musik geradezu hineinzwang, die einen zum Nachdenken über das verleitete, was der Komponist machte, und nicht über das teuflische Finger-und-Bogen-Feuerwerk der Solistin». Die Rezension begann mit einem Satz, wie er angemessener nicht hätte sein können: «Die Geigerin Cecylia Arzewski ist eine der hervorragenden Musikerinnen, deren individuelle Begabungen sehr oft hinter dem kollektiven Glanz des Boston Symphony Orchestra zurücktreten.»

Das BSO und die Stadt Boston bieten beide eine Basis, die man nur schwer aufgibt, und Cecylia Arzewski wäre sicherlich geblieben, resigniert und auf «Sparflamme» weiterarbeitend, hätte ihr Itzhak Perlman nicht im Sommer 1986 vorgeschlagen, sich zum Probespiel für eine Position zu melden, die im Herbst 1987 freiwerden würde, nämlich die eines stellvertretenden Konzertmeisters beim Cleveland Orchestra. Arzewski dachte eine Weile darüber nach. Ihre Pittsburgh-Erfahrung hatte sie in bezug auf die Auswahlkomitees von Orchestern vorsichtig werden lassen, und sie rief Kollegen in Cleveland an und bat sie, sich Klarheit darüber zu verschaffen, ob die Wahrscheinlichkeit groß sei, daß sie dort sexueller Diskriminierung ausgesetzt sein würde. Die Antwort, die sie erhielt, war ein einstimmiges Nein. Wieder einmal begann sie für ein Probespiel zu üben, und im November 1986 spielte sie vor Mitgliedern des Cleveland Orchestra und ihrem musikalischen Leiter, Christoph von Dohnanyi. Sie spielte dreißig Minuten und bekam noch am gleichen Nachmittag die Stellung angeboten. Im September 1987 wurde Cecylia Arzewski stellvertretender Konzertmeister des Cleveland Symphony Orchestra.

Personenregister